グッド・ライフ

幸せになるのに、遅すぎることはない

ロバート・ウォールディンガー　マーク・シュルツ〈著〉
児島　修〈訳〉

&books

私たちを育ててくれた家族と、
私たちが育んできた家族に

THE GOOD LIFE
by Robert Waldinger and Marc Schulz

翻訳監修
石川善樹

翻訳・編集協力
川上純子

ブックデザイン
アルビレオ

グッド・ライフ　幸せになるのに、遅すぎることはない

目次

はじめに

「ハーバード成人発達研究」は同一家族の二世代にわたる被験者群を八〇年以上追跡調査してきた。こうした研究は強い信頼関係がなければ成立しない。信頼関係を維持するには被験者のプライバシーをしっかり保護する必要がある。そのため、本書では被験者の名前や個人情報を変更した。しかし、引用した発言には手を加えていない。すべて、対面調査の筆記録や録音テープや録画データ、観察記録などに基づいている。

第1章　幸せな人生《グッド・ライフ》の条件とは？

かくも短き人生に、争い、謝り、傷心し、他人を責める暇はない。あるのは愛するための時間だけだ――たとえ、それが一瞬にすぎなくても。

――マーク・トウェイン（米国の作家）

一つの問いから始めよう。

健康で幸せな未来のために、今すぐ、たった一つだけ、「人生の選択」をするとしたら？　毎月の貯金額を増やす？　仕事を変える？　もっと旅行をしようと決意する？　晩年に振り返ったとき「幸せな人生だった」と確実に思えるための、唯一無二の選択肢は何だろうか？

ミレニアル世代（一九八一年～九六年生まれ）に人生の第一目標を尋ねた二〇〇七年の調査では、七六％が「お金持ちになる」と答え、五〇％が「有名になる」を挙げた。十数年後、大人になった彼らに同様の調査を行うと、「有名になる」は下位になり、「お金を稼ぐ」「仕事で成功を収める」「借金がない生活を送る」などが上位にランクインした。

万国の全世代に共通する、ありふれた目標だ。世界中どこでも、物心がついた子どもたちは「大人になったら何になりたい？」と訊《き》かれる。「将来どんな仕事に就きたいか」という意味だ。初対面の大人同士でも「お仕事は何を？」が会話のきっかけになる。成功のものさしといえば肩書や年収、業績が定番だが、多くの人は仕事の成功が幸せな人生に直結するわけではないと知っている。目標をいくつか、あるいはすべて叶《かな》えたのに、気分は前と変わらないという人は多い。

一方で、世間は「幸せになる方法」「人生で目指すべきこと」「『正しい』生き方」といったメッセージを絶え間なく浴びせてくる。広告は、このブランドのヨーグルトを食べれば健康になれる、あのスマートフォンを買えば毎日の暮らしが楽しくなる、特別な美容クリームを使えばいつまでも若さを保てる、と謳《うた》う。

日常生活の一部と化した気づきにくいメッセージもある。友達が新車を買うと、自分も車を買えば幸せになれるかも、と思い、SNS上で誰かの華やかなパーティーや素敵なビーチの写真を見かけただけで、自分の生活にはパーティーやビーチが足りない、と思ってしまう。付き合いの浅い友人や同僚には、理想の自分を見せようとするものだ。SNSではとくにそうだ。見栄を張るわけだが、よそゆきの顔と現実を比べると虚《むな》しい気分になる。

そのうち、自分の人生は**今はこんなふうだけど、幸せな人生に必要なものはどこか別の場所にある、あるいは未来にあると思い込むようになる。いつも手が届かないものなんだ、と思うのだ。**

すると、幸せな人生などありえない、あっても自分には縁がないと思い込みやすい。結局のところ、現実の人生が、頭の中で思い描いたあるべき「幸せな人生」と一致することはめったにない。私たちの人生はいつも厄介事だらけで複雑すぎて、幸せな人生とはほど遠い。

ここで種明かしをしてしまおう。幸せな人生は、複雑な人生だ。例外は、ない。

幸せな人生は喜びにあふれている……けれど、試練の連続だ。愛も多いが苦しみも多い。それに、**幸せな人生とは偶然の賜物《たまもの》ではない。幸せな人生とは、時間をかけて展開していく一つの過程《プロセス》だ。**波乱、安らぎ、楽しさ、重荷、苦闘、達成、挫折、飛躍、それに恐ろしい転落がつきものだ。そしてもちろん、幸せな人生も必ず死を迎えて終わる。

陳腐な話に聞こえるのは百も承知だ。

それでも、はっきり言おう。幸せな人生は楽な人生ではない。完璧な人生を送る方法など存在しないし、あったとしたら、ろくなものではない。

なぜかって？　**まさに困難や苦労こそが、豊かな人生――幸せな人生――をもたらす**からだ。

本書はしっかりとした科学的研究に基づいている。その中心は「ハーバード成人発達研究」だ。一九三八年に始まった桁《けた》外れの科学研究プロジェクトであり、あらゆる困難を乗り越え、今も順調に継続中だ。本書の著者であるボブ（ロバート・ウォールディンガー）は本研究の四代目の責任者、マーク（マーク・シュルツ）は副責任者だ。人の健康を研究するのに病気の要因ではなく生きがいに着目した、当時としては画期的な研究で、子ども時代の苦労や初恋から晩年の暮らしぶりまで、被験者の人生の変遷を記録してきた。被験者たちの人生と同じく、本研究自体、紆余《うよ》曲折《きょくせつ》の長い道のりをたどってきた。数十年の間に方法も進化し、被験者数も当初の七二四人から、今では三世代にわたる子孫を含む一三〇〇人超になった。研究は今も進化と拡大を続けており、人の生き方に関する史上最長の縦断研究になっている。

だが、人の一生全体について幅広く主張を行おうとするならば、どれほど豊かな研究であっても、一つの研究だけでは不十分だ。そこで本書はハーバード成人発達研究を直接的な根拠としつつ、世界各地で大勢の被験者を対象にした数百件の科学的研究からもさまざまな裏付けを得た。また、古今東西の叡智《えいち》も盛り込んだ。本書は何より、人間のありように関する現代科学の豊かな知見にも通じる、不朽の真理だからだ。人間関係がもつ力をめぐる本であり、まさに著者ふたりの長きにわたる実り多い友人関係の成果でもある。

しかし、本研究の被験者たちがいなければ、本書は存在しなかった。この稀有《けう》な研究が可能になったのは、被験者たちが研究者の問いに広い心で正直に答えてくれたからだ。例えば、ローザとヘンリーのキーン夫妻のような人々だ。

研究史上「最も幸福な男」が怖れたこと

「あなたがいちばん怖れていることは何ですか?」

ローザは質問を読み上げると、キッチンのテーブル越しに夫のヘンリーを見た。七〇代の夫妻は半世紀以上この家に暮らし、ほぼ毎朝、一緒にテーブルを囲む。テーブルの上には、紅茶の入ったポットと食べかけのオレオの袋、そしてオーディオレコーダーがある。部屋の隅にはビデオカメラが設置され、その脇にはハーバード大学の若い研究者のシャーロットが座り、夫妻を観察しながら黙ってメモを取っている。

「難しい質問ね」ローザが言う。

「**私**がいちばん怖れていること、かな?」ヘンリーがシャーロットに尋ねる。「それとも**私たち**

二人が?」

自分たちがとくに興味深い被験者であるはずがない、とローザもヘンリーも思っている。二人とも貧しい家庭に育ち、二〇代で結婚し、五人の子を育てた。たしかに、大恐慌時代をはじめ厳しい時代を何度も乗り越えたが、それは周りの人もみな同じだ。だからハーバード成人発達研究に関心をもたれた理由はもちろん、その関心が今も続いていて、いまだに電話がかかってきたり、質問票が届いたり、ときには研究チームがわざわざ飛行機で訪ねてくる理由は見当もつかない。

研究者たちがボストンのウエストエンドにある水道も通っていない集合住宅を初訪問したとき、ヘンリーはまだ一四歳だった。研究者たちは、戸惑う両親に「息子さんの人生を記録させてもらえませんか」と切り出した。一九五四年八月、ヘンリーがローザと結婚した頃には研究が本格化しており、「ローザがプロポーズに『イエス』と答えると、ヘンリーは、幸運すぎて信じられないと思った」という調査記録が残っている。ローザへの初めての対面調査は二〇〇四年一〇月で、結婚五〇周年を二ヵ月過ぎた頃だった。その二年前には研究チームがローザに被験者になってほしいと頼み、彼女は「そう言ってくれるのを待ってたわ」と答えていた。研究チームはヘンリーが一四歳のときからずっと追跡調査を続けていた。ローザはよく、夫は人前に出たがらない人なのに、今も研究に協力しているのは不思議だ、と言っていた。しかし、ヘンリーには義務感もあったし、被験者として参加するうちにものの見方が広がるからありがたい、と考えていた。だからこそ、六三年にわたって研究チームに人生の歩みを明かしてきた。実際、長年、たくさんのことを話したせいで、研究チームに何を話し、何を話していないのかも思い出せないくらいだった。でも、ローザ以外の誰にも話していないことも含め、研究チームは何もかも知っているはずだと考えていた。というのも、質問にはできる限り真実を話してきたからだ。

それに、質問の数も膨大だった。

「対面調査のため、私がミシガン州グランドラピッズの自宅に到着すると、キーン氏は見るからに上機嫌だった」とシャーロットは調査記録に書いている。「おかげでなごやかな雰囲気のなかで話を聴くことができた。ヘンリーは協力的で、興味津々の様子だった。一つひとつの質問にじっくり考えをめぐらせ、しばらく間を置いてから答えることが多い。気さくだが、物静かなところは典型的なミシガン州の人という印象だ」

シャーロットは現地に二日間滞在し、対面調査を行った。非常に長い時間をかけて、二人の健康状態、それぞれの生活、夫婦の生活について事細かに尋ねていく。駆け出しの若手研究者の例にもれず、シャーロットも、自分にとって幸せな人生の条件とは何だろうか、自分の今の選択が将来にどう影響するのだろうか、という疑問をもっていた。自分自身の生き方を考えるうえで、被験者の人生にヒントが見つかるのではないか？　それを知るには、質問を投げかけ、被験者を注意深く観察するしかない。何がその人にとって大切だったのか？　何が人生に意味を与えたのか？　経験から何を学んだのか？　何を悔やんだのか？　シャーロットにとって、対面調査は、さまざまな境遇や時代をくぐり抜けてきた人生の大先輩たちとのつながりを得る機会になった。

この日、シャーロットはヘンリーとローザの両方の対面調査を行う予定だ。人生で最も怖れているものについて二人が話す様子を動画に撮影する。また、個別に「アタッチメント・インタビュー」も行う。愛着《アタッチメント》を測定するための対面調査だ。ボストンに戻ったら、動画と対面調査の書き起こしを分析し、二人がお互いについて語るときの話し方、身ぶりや表情などの非言語的シグナルなど、さまざまな情報を整理し、二人の絆《きずな》の本質に関するデータとして、キーン夫妻のファイルに収める。一人の人物の生涯を伝える巨大なデータ中の、小さいけれど重要なピースになるはずだ。

「あなたがいちばん怖れていることは何ですか？」

この質問について、個別の回答はすでに収録した。ここからは、二人で話してもらう。

二人の会話はこんなふうに始まった。

「難しい質問に答えるのは好きよ」とローザ。

「それはいい。じゃあ、お先にどうぞ」とヘンリーが言った。

ローザは少し間を置いてから、いちばん怖いのはヘンリーが重い病気にかかること、あるいは自分が再び脳卒中で倒れることだと話した。そうなったら怖い、とヘンリーもうなずいた。だが、年齢的に避けられないことだろう、とも言った。それから二人は、どちらかが重い病に倒れたら、子どもたちや夫婦の生活にどんな影響が及ぶだろうか、と長々と話し合った。最終的には、ローザが「先のことなんてわからないし、今からくよくよしてもしかたがないわ」と自分を納得させるように言った。

「他に質問は？」とヘンリーがシャーロットに尋ねた。

「ヘンリー、あなたは何が怖いの？」とローザが言った。

「私の番を忘れてくれてたらいいと思ってたんだがね」とヘンリーが言い、全員が笑った。ヘンリーはローザのティーカップに紅茶をつぎ足すと、オレオを一枚手に取り、しばらく黙り込んだ。

「難しい質問ではないな」と彼は口を開いた。「でも、正直に言って、考えたくないことなんだ」

「ボストンからはるばるやってきた若者のために、答えてくださるとうれしいのですが」とシャーロットが言った。

「情けないけど」と言うヘンリーの声は震えていた。

「かまいません」

「先に死ねないとしたら怖い。ローザに先立たれることが」


ボストンのウエストエンドのヘンリーの元実家にほど近い、ブルフィンチ・トライアングル地区の街角にあるロックハートビルからは、メリマック通りとコーズウェイ通りの騒々しい交差点を見渡せる。二〇世紀初頭、レンガ造りの頑丈なビルはヘンリーの近所の人たちが働く家具工場だった。現在は医療機関やピザ店、ドーナツ店などが入居している。そして成人期の生活に関する史上最長の研究「ハーバード成人発達研究」の研究者たちの職場であり、膨大な記録の保管場所でもある。

キャビネットの「KA－KE」のラベルがついた引き出しの奥に、ヘンリーとローザのファイルがある。中には、紙が黄ばみ、端がボロボロになった一九四一年のヘンリーの対面調査記録もある。達筆の筆記体で書かれた記録だ。当時、一家はボストンの最貧層に属していた。ヘンリーは一四歳にして「落ち着いた、分別のある」青年で、「自分の将来を現実的にとらえている」とある。ヘンリー青年は母親とは非常に仲がよかったが、父親を忌み嫌っていた。アルコール依存症の父親のせいで、若くして一家の大黒柱になるほかなかったからだ。二〇代になると、父子の仲が完全に決裂する事件が起こった。父親が、ヘンリーの婚約者に向かって「息子が三〇〇ドルの婚約指輪を買っちまったせいで、うちは生活費もままならない」と口走ったのだ。婚約者はこんな家族とはつきあいきれない、と婚約を破棄した。

一九五三年、ヘンリーは大手自動車メーカーのゼネラルモーターズ（GM）に就職すると、父親と縁を切り、ミシガン州ウィローランに移った。この地でローザと出会った。ローザはデンマーク系移民で、九人きょうだいだった。一年後に結婚し、五人の子どもをもうけた（ローザに言わせれば、「たくさんだけど、十分じゃない」そうだ）。

結婚して一〇年は苦労続きだった。一九五九年には五歳の息子ロバートがポリオ（急性灰白髄炎）にかかった。夫婦にとっての試練だったし、家族も苦しんだ。ヘンリーはGMの組立工だったが、ロバートの看病のために欠勤が増え、降格を経て解雇され、一時は三人の子どもを抱えながら失業生活を送った。生活費を稼ぐため、ローザはウィローラン市の給与課で働き始めた。一時しのぎの就職のつもりだったが、同僚から大いに慕われ、フルタイムの職員として三〇年を勤め上げた。職場の人たちと親しい関係を育み、第二の家族だと考えるほどだった。ヘンリーのほうは解雇された後、三度の転職を経て一九六三年にGMに舞い戻り、昇進を重ねて工場の管理責任者になった。その直後にアルコール依存症を克服した父親と再会し、和解した。

夫妻の娘で現在五〇代のペギーも本研究の被験者だ。ペギーには、両親が研究チームに語った内容を一切伝えていない。先入観を与えたくないからだ。一つの家庭の環境や出来事を複数の観点から見ることで、研究データの幅と奥行きが増す。ペギーのファイルを丹念に見ていくと、「両親は自分の問題を理解し、苦しい時期には励ましてくれている」と成長期の彼女が感じていたことがわかる。ペギーの見るところ、両親は概ね《おおむ》「仲睦まじい」夫婦だった。また、「両親は別居や離婚を一度も考えたことがないと思う」とも話しており、結婚生活について夫妻が語った内容とも一致していた。

一九七七年、五〇歳のヘンリーは自分の人生をこう評価している。

結婚生活の楽しさ――非常に良い
過去一年間の気分――非常に良い
過去二年間の健康状態――非常に良い

ただし、研究チームは、被験者の健康状態や幸福度を、本人や家族への質問調査のみに基づいて判断するわけではない。脳スキャンや血液検査、深刻な悩みを話す様子を撮影した動画の分析など、さまざまな「レンズ」を通して、彼らの生活状態《ウェルビーイング》や幸福度を精査していく。毛髪サンプルからストレスホルモンを測定したり、目下最大の心配ごとや究極の人生目標を詳しく話してもらったり、頭の体操的なテストに挑戦した後の心拍数を測定したりもする。こうした情報によって、その人の人生をより深く、詳しく測定できる。

ヘンリーは内気な性格だが、近親者、とりわけローザや子どもたちとの関係を大切にしており、彼らとのつながりから深い安心感を得ていた。また、いくつかの強力な心理的対処メカニズムも実践していた（詳しくは主に第8章、第9章で後述する）。最も苦しい時期でさえ、調査のたびにヘンリーが「幸せだ」「とても幸せだ」と答えたのは、精神的安定と効果的な対処メカニズムが揃っていたからだし、彼の良好な健康状態と長寿もそれを裏付けている。

シャーロットが夫妻の自宅を訪問してから五年後、ヘンリーの最初の対面調査から六八年後にあたる二〇〇九年に、ヘンリーが最も怖れていたことが現実になった。ローザが亡くなったのだ。それからひと月半足らずで、ヘンリーも後を追うように世を去った。

しかし、二人の幸せな生き方は娘のペギーに引き継がれている。彼女はつい最近も、ボストンの研究チームのオフィスで対面調査に応じてくれた。三〇代でパートナーとなったスーザンと幸せな関係を育み、五七歳の今、孤独感はなく、健康だという。小学校教師としての評判もよく、地域の活動にも積極的に参加している。しかし、この幸せを手にするまで、彼女は険しい道を果敢に歩んできたのだった。ペギーの人生については後ほど詳しく紹介しよう。

人生における最高の投資とは

ヘンリーとローザが苦難に見舞われながらも幸せな人生を送れたのはなぜだろうか？　夫妻や他の被験者の人生のストーリーに、わざわざ時間をかけて読み解く価値があるのはなぜか？

人々の人生のありようを理解するといっても、彼らの選択や歩んだ道のり、その結果をもれなく把握するのは不可能だ。人生について私たちが知っていることの大半は人々から聞き出した回想をよりどころにしているが、記憶とはあやふやなものだ。試しに先週火曜の夕食に食べたもの、あるいはちょうど一年前の今日、話をした相手を思い出してみてほしい。記憶から失われるものの多さがわかるはずだ。細部の記憶は時間の経過とともに失われるし、思い出すという行為が実は記憶の内容を書き換えてしまうという研究結果もある。要するに、過去の出来事を研究する手段として、人間の記憶はせいぜい不正確なものでしかなく、最悪の場合は捏造されることもある。

しかし、人々の人生全体を生涯にわたって観察できたらどうだろうか？　被験者の健康や幸福にとって最も重要だった物事、人生において最も有益だった投資を、一〇代から晩年に至るまで研究できるとしたら？

それを実践したのが、私たちの研究だ。

ハーバード成人発達研究は、人々の健康と幸福を維持する要因を解き明かすため、膨大な質問とさまざまな測定方法を活用し、同じ被験者群を八四年間にわたって追跡調査してきた。すると身体の健康、心の健康、長寿との関連性において、際立って決定的な因子が浮かび上がってきた。それは、人々の想像に反し、社会的成功や運動習慣、健康的な食生活ではなかった。誤解しないでいただきたいが、これらも（とても）重要だ。だが、明らかに、絶えることなく重要性を発揮している因子が一つだけあった。

よい人間関係だ。

実のところ、よい人間関係は非常に重要だ。八四年にわたる本研究や他のさまざまな研究の知見をもとに、生きるためのたった一つの原則、人生において投資すべきたった一つのことを集約すると、次のようになる。

健康で幸せな生活を送るには、よい人間関係が必要だ。以上。

つまり、健康で幸福な人生を送るための唯一無二のベストな選択は、友好的な人間関係を育むことだ、と科学は答えている。あらゆる人間関係において、である。後に述べるように、一度きりではだめで、繰り返し、毎秒、毎週、毎年ずっと、人間関係を大切にし続けること。これが、喜びに満ちた幸福な人生を送り続けるための条件だ。だが、必ずしも簡単ではない。人間は、良かれと思って我が道を進み、間違いを犯し、愛する人に傷つけられる。幸せな人生への道は、つまるところ、楽ではない。だが、山あり谷ありの道をうまく進んでいくことは可能だ。ハーバード成人発達研究はその道筋を示すことができる。

ボストン都心部とハーバード大学で始まった研究

ハーバード成人発達研究は米国が世界恐慌から懸命に抜け出そうとしていた時期にボストンで始まった。社会保障制度や失業保険といったニューディール政策の導入が本格化するなか、人生を成功や失敗に導く要因への関心が高まっていた。この関心から、市内の二つの無関係な研究グループが、非常にタイプの異なる二つの若者集団を対象にして詳細な追跡調査を始めた。

一方の研究の被験者は二六八人のハーバード大学二年生だった。健康で社会に適応した人間になる可能性が高そうだという理由から研究対象に選ばれていた。同大学の保健衛生学の新任教授で学生保健管理センターの責任者でもあったアーリー・ボックは、当時の医学界に先駆けて、「なぜ人は病気になるのか」ではなく「何が人を健康にするのか」に着目した。被験者の少なくとも半数は奨学生や勤労学生から選んだが、裕福な家庭の出身者もいた。米国建国時までさかのぼる由緒ある家系の出身者もいれば、一三％は移民二世だった。

もう一方の被験者グループはヘンリー・キーンのような都心部に暮らす少年四五六人で、別の理由で選ばれていた。問題家庭の多い最貧困地区で育ちながら、非行に走っていなかったからだ。

六割は両親または片親が移民であり、大半は東欧、西欧の貧困地域、あるいはシリアやトルコなどの中東やその周辺地域の出身だった。少年たちは、貧困と移民家庭出身という二重のハンディを背負っていた。この研究を始めた弁護士のシェルドンとソーシャルワーカーのエレノアのグルエック夫妻の意図は、厳しい環境の中で少年たちが非行に走らなかった理由を探ることにあった。

二つの研究はそれぞれ別の目的で始まったが、のちに統合されて現在に至っている。

都心部の若者もハーバードの学生も、被験者になると全員が対面調査を受けた。健康診断も行われた。研究者たちは家庭を訪問し、両親の対面調査を行った。やがて一〇代の若者たちは大人になり、工場労働者や弁護士、レンガ職人、医者など、さまざまな職業に就いた。アルコール依存症になった者もいれば、数はわずかだが統合失調症を患った者もいた。社会の底辺から頂点まで登り詰めた者もいれば、逆の道をたどった者もいた。

研究が今も続いており、当初の予想を超える貴重で重要な発見を次々と生み出していると知ったら、創設者たちは大いに驚き、喜んだはずだ。現在の責任者（ボブ）と副責任者（マーク）として、筆者らも本研究の成果を読者に届けられることをこの上なく誇りに思っている。

時を見通すレンズ

人間は驚きと矛盾に満ちた存在だ。人は常に合理的に行動するわけではない。自分のことについてでさえ（あるいは、たぶん自分のこととなると、とりわけ）そうだ。本研究は人間の神秘を解き明かすための実践的なツールを与えてくれる。その理由を理解してもらうため、本研究をとりまく科学的背景を簡単におさらいしておこう。

人間の健康や行動に関する科学的研究は、一般に「横断研究」と「縦断研究」の二つに大別される。横断研究はある瞬間の世界を切り取って観察するもので、ちょうどケーキを薄切りにして材料を確かめるのに似ている。費用効率がよいため、心理学や保健衛生学の研究のほとんどは横断研究だ。所要時間も限られるし、費用も予測可能だが、根本的な限界もある。筆者の一人、ボブはよく、「横断研究だけを頼りにすると、マイアミにいるのはキューバに生まれてユダヤ人として死ぬ人たちだと結論づける羽目になる」という古いジョークを使って横断研究の限界を説明する。横断研究は人生の瞬間を写した「スナップショット」であり、時という最も重要な変数を含まないため、無関係な二つの物事を関連づけてしまうことがある。

他方、縦断研究は長期にわたって被験者の人生を追いかける。つまり、**縦断研究は時の経過とともに人生を観察・分析する**。方法は二つある。一つはすでに触れた最も一般的な方法、つまり被験者に過去を思い出してもらう方法で、レトロスペクティブ（後ろ向き）研究と呼ばれる。

しかし、前述のように、後ろ向き研究は被験者の記憶が頼りだ。ヘンリーとローザの例を見てみよう。二〇〇四年の対面調査において、シャーロットは二人の出会いについて夫妻に個別に質問した。ローザによれば、凍った道で滑って転んだとき、助けてくれたのが目の前のトラックに乗っていたヘンリーで、後日、友人たちと出かけたレストランで再会したのだという。

「おかしくて、みんなで笑っちゃったの。この人が左右色違いの靴下を履いてたからよ。それで、『私みたいな人がそばにいてあげないと』って思ったの」

ローザが凍った道で転んだことはヘンリーも憶えていた。

「しばらくして、ローザをカフェで見かけたんだ。私が彼女の脚をじろじろ見ていたと言うんだけど、赤と黒の左右色違いのストッキングを履いていたからなんだよ」

この手の記憶の食い違いはめずらしくないし、付き合いの長いカップルにはよくあることだ。二人の歩みについてパートナー同士の記憶が一致しない場合、後ろ向き研究の短所をまさに目《ま》の当たりにしていることになる。

ハーバード成人発達研究は、後ろ向き研究ではない。前向き研究だ。被験者には過去ではなく現在のことを尋ねる。二人の出会いのきっかけを尋ねたときのように、記憶の本質やしくみを研究するため、過去の出来事について尋ねることはある。だが、一般的には現在が研究対象だ。ちなみに、二人の出会いをめぐる靴下／ストッキング問題については、研究チームは正解を知っている。二人が結婚した年に、ヘンリーに尋ねた記録があるからだ。

「私が左右色違いの靴下を履いていて、彼女がそれに目を留めたんです。結婚した今では、彼女のおかげでそんなことは起こりません」とヘンリーは一九五四年に語っていた。

本研究のように被験者の生涯全体を追跡した前向き研究は極めて稀《まれ》だ。被験者が途中で脱落したり、改名や転居をきっかけに連絡がつかなくなったりするからだ。研究資金が枯渇したり、研究者が関心を失ってしまうこともある。順調に運営されている前向き縦断研究は被験者の三〇～七〇％を維持しているが、数年で頓挫する研究もある。ハーバード成人発達研究はあらゆる手を尽くし、八四年が経過した今も被験者の八四％を維持しており、現在も運営状態は良好だ。

大量の質問。本当に。膨大な。

ハーバード成人発達研究が収集した一つひとつの人生のストーリーには、被験者の健康や習慣の記録という基礎がある。これが物理的事実と行動を時系列で記録したマップになる。健康状態をもれなく追跡するため、本研究は被験者の体重や運動量、喫煙や飲酒の習慣、コレステロール値、手術歴、合併症などを定期的に測定・記録してきた。彼らの健康状態の全記録である。また、雇用状況や親しい友人の数、趣味やレクリエーション活動といった基本情報も記録した。さらに、主観的体験や計量化しにくい人生経験を詳しく尋ねる質問も用意している。仕事や夫婦関係の満足度、身近な人と衝突したときの解決方法、結婚、離婚、出産、死別などの心理的影響についても尋ねる。父母に関する最も心あたたまる思い出や兄弟姉妹との心の絆(あるいはその欠如)についても尋ねる。人生最悪の時期について詳しく語ってもらったり、夜中に目を覚まして恐怖にかられたときに電話をかける相手がいるのか、いるならそれは誰なのかも教えてもらう。信仰する宗教や政治的傾向、教会での礼拝習慣や地域活動への参加、人生の目標や悩みの種なども研究対象になる。被験者の多くは戦地に赴き、戦い、敵を殺し、仲間が殺される姿を目にした。被験者の戦争体験の口述や回想も記録している。

被験者には二年ごとに長い質問票を送るが、個人的な考えや思いを書ける大きな自由記述欄もある。五年ごとにかかりつけ医から詳細な健康データを収集し、約一五年ごとに直接会って対面調査を行う。場所は、例えばフロリダ州の被験者の自宅ポーチだったり、ウィスコンシン州北部のコーヒーショップだったりとさまざまだ。被験者の外見やふるまい、アイ・コンタクトの頻度、服装、生活状況などを観察して記録する。

研究チームは被験者のうち誰がアルコール依存症で誰が克服中かも把握している。誰がレーガン、ニクソン、ケネディに投票したかも知っている。実を言えば、研究チームは、ケネディ本人が大統領選で誰に投票したのかを、ケネディ関連の記録がケネディ図書館に保管される前から知っていた。彼も被験者の一人だったからだ。

被験者に子どもがいる場合は、子どもの状況も必ず尋ねる。今では子どもたち（ベビーブーマー世代、一九四五年～一九六〇年生まれ）も被験者だし、いずれはその子どもたちにも被験者になってもらいたいと思っている。

血液やDNAのサンプル、心電図やfMRI、EEG（脳電図）、その他の脳画像診断書もある。実物の脳も二五個ある。被験者が人生最後の寛大な協力として献体してくれたものだ。

これらのデータが将来の研究でどう使われるかはわからないし、そもそも使われるかどうかもわからない。文化と同じく、科学も常に進化している。本研究が過去に集めたデータの大部分は有用性が実証されているが、細かな項目のなかには問題のある仮説を前提とするものもあった。

例えば、一九三八年当時、知性はもちろん、人生の満足度も体型に表れると考えられていた（「中胚葉型」と呼ばれるアスリートタイプの体型はさまざまな点で有利だと信じられていた）。また、頭蓋骨の形や突起の形状は性格や知性を示すとされていた。それから、理由はわからないのだが、対面調査の皮切りの質問の一つに「あなたはくすぐったがりですか？」というものがあり、研究チームは念のため四〇年にわたって質問し続けた。

八〇年経って振り返ると、なんとなく的外れなものから明らかに間違っているものまで、多種多様な項目が含まれていることがわかった。さらに八〇年経てば、現在収集しているデータのなかからも、疑念や困惑をもって受け止められる項目が出てくる可能性は十分にある。

要するに、あらゆる研究は時代とその実施者の産物だ。本研究の場合、実施者の多くは高学歴で異性愛者の中年白人男性だった。文化的偏見もあったし、一九三八年のボストンとハーバード大学にはほぼ白人しかいなかったという事情から、研究の創設者たちは白人男性だけを被験者にするという都合のいい方法を採用した。よくある話ではあるが、これは本研究の問題点であり、筆者らも修正する努力を続けている。また、一九三〇年代の研究開始時の被験者群にのみ当てはまる知見については、根拠が限定的であるため本書では取り上げない。幸いなことに、現在では、初期の被験者群による知見と、後に彼らの妻や息子、娘が加わって拡大した被験者群による知見を比較できるし、多様な文化的・経済的背景、性自認、民族性の被験者を対象とした他の研究データと比較することも可能になった。これ以降のページでは、他の研究が裏付けた知見、すなわち女性や有色人種、LGBTQ+、世界各地の多種多様な社会経済集団を対象にして得られた知見を重視していく。本書の目的は、筆者らが人間のありようについて学んだことを提示し、人が生きるという普遍的な経験に関して本研究が得た知見を示すことにある。

筆者の一人であるマークは、二五年以上にわたって女子大で教鞭をとってきた。毎年、意欲あふれる聡明な女子学生たちが、ウェルビーイングや生き方の時代的進化を探る本研究に参加したいと申し出てくる。インド出身のアナンヤもそんな一人だった。彼女は逆境と成人期のウェルビーイングの関連性にとくに興味をもっていた。マークは彼女に、数百人の生涯を追い続けたハーバード成人発達研究には豊かなデータが揃っている、と教えた。だが、被験者はみな白人男性、しかもアナンヤより七〇年以上も前に生まれた人たちだ。彼女は、自分とあまりにも境遇が違う人たち、つまり、大昔に生まれた白人男性の人生から学べることなどあるのでしょうか、と疑問を口にした。

そこでマークはある被験者のファイルをアナンヤに渡し、週末に目を通してきたらあらためて話をしよう、と提案した。翌週、彼女は目を輝かせながらやってきて、マークが口を開く間もなく、この被験者を研究対象にしたい、と申し出た。被験者の人生の豊かさに心を動かされたのだという。この被験者の人生は彼女の人生とはいろいろな意味でかけ離れていた。生きた時代も、育った大陸も、肌の色も、ジェンダーも、学歴も。だがアナンヤは、被験者の心情や試練のなかに自分に通じる何かを見出していた。

筆者らにとってはほぼ毎年のように起こっていることだ。人々の心や世界に民族的・文化的背景と関連する深刻な分断が生じているこの数年は、さらに増えている。ボブ自身、本研究の責任者にならないかと打診されたとき、アナンヤと同じ理由で躊躇《ちゅうちょ》した。被験者のデータの適用性や初期の研究手法の古めかしさに疑問があったからだ。だが、週末を利用して数冊のファイルに目を通すと、アナンヤと同じく、すぐに夢中になった。本書の読者のみなさんにも夢中になってもらいたい。

第一世代の被験者が生まれてから一〇〇年が経過したが、人間が複雑な存在であることに変わりはないし、本研究にも終わりはない。次の一〇年に向けてさらにデータを収集し、研究に磨きをかけ続けていく。一つひとつのデータや個人の回想、あるいはそのときどきの感情が、人間のありようをさらに明らかにし、現時点では思いもよらない疑問への答えにつながるかもしれないからだ。もちろん、人間の生を完全に解明することはできない。

それでも、人間の発達をめぐる最もとらえがたい疑問の数々に取り組む私たちに、読者のみなさんがついてきてくださることを願っている。例えば、なぜ人間関係が人生を豊かにするカギになるのか？　幼児期のどんな因子が中年期や晩年の心身の健康にどんな影響をもたらすのか？　長寿と最も強く関連する因子は何か？　あるいは、良好な人間関係と最も強く関連する因子は？　手短に言えば、次の見出しのとおりになる。

幸せな人生の条件とは何か？

「人生に何を求めますか？」と訊かれると、多くの人が「幸せになること」と言う。正直に言えば、筆者の一人であるボブの答えもそうだ。どうしようもなく曖昧だが、究極の答えでもある。マークなら少し考えて、「幸せ以上の何か」と言うだろう。

しかし、「幸せ」とは何なのだろうか？　幸せな人生とはどんな人生なのだろうか？

この質問の答えを見つける一つの方法は、幸せをもたらす物事を人々に尋ね、共通項を探すことかもしれない。だが、**人は「本当に自分のためになる物事」を把握するのがとても下手だ**ということを理解しておいたほうがいい。この点については、あとで詳しく説明しよう。

「幸せとは何か」という質問に対する人々の答えよりも重要なのが、幸せな人生をめぐる通説だ。通説にはいろいろあるが、代表格は**幸せは達成するもの**という考え方だ。幸せを、まるで額に入れて壁に飾る賞状のようにとらえている。また、幸せは人生の最終目的地のようなもの、という通説もある。障壁を乗り越えて幸せになったら、あとは悠々自適になるという考えだ。

だがもちろん、そうはいかない。

今から二〇〇〇年以上前、古代ギリシャの哲学者アリストテレスは「ユーダイモニア」という概念を提唱した。**ユーダイモニアは人生には意味や目的があると感じる奥深い実感《ウェルビーイング》**を指し、今日《こんにち》でも心理学で広く使われている。これとよく対比されるのが「ヘドニア」（快楽主義《ヘドニズム》の語源）で、快楽がもたらす束の間の幸福感を意味する。つまりヘドニアは「一時的な幸福感」を、ユーダイモニアは「長く続く幸せな人生」を指す。ユーダイモニアは人生には意味や価値があるという感覚であり、一時的な楽しさやみじめさを超越した感覚だ。人生の浮き沈みを乗り越えて生きていくには、ユーダイモニア＝ウェルビーイングが必要だ。

もちろん、本書には「ユーダイモニア」のような難解な用語が頻出したりはしないので、ご安心いただきたい。だが、「幸せ」をめぐる用語については少し説明しておきたい。

心理学者のなかには「幸せ《ハピネス》」という言葉に異議を唱える人もいる。意味が広すぎて、刹那《せつな》的快楽からなかなか到達できないユーダイモニアの境地まで含まれてしまうからだ。そこで「幸せ《ハピネス》」の代わりに、ポピュラー心理学の書物では、「ウェルビーイング」や「ウェルネス」（心身ともに健康であること）といった、言葉がよく使われる。本書でもこれらの言葉を使用する。だが、折に触れて「幸せ」や「幸福」という言葉も用いる。理由は単純で、誰もが自分の人生について語るときに使う言葉だからだ。それに、普段のくだけた会話の中で本研究の話をするときには、著者の二人も「幸せ」や「幸福」を使っている。健康や生きる意味・目的について「幸せだ」「幸福だ」と言うときには、ユーダイモニアを意味している。孫が生まれたばかりの夫婦が「とても幸せだ」と言うときも、あるいは心理療法を受けている人が自分の結婚生活を「不幸せだ」と言うときも、刹那的な感情ではなく継続的な状態を意味している。本書でも、ユーダイモニアの意味で「幸せ」や「幸福」という言葉を使っている。

日常生活をデータでとらえる

健康や幸福にとっては人間関係が何より重要だ、と確信をもって言える理由をいぶかしく思う読者もいるだろう。経済状況、運不運、苦労の多い子ども時代など、感情を日常的に左右する環境要因から、人間関係を切り離してとらえることはできるのか? そもそも、**幸せな人生の条件とは何か?** という問いに答えることなど本当に可能だろうか?

数百人の生涯を研究してみると、すでに誰もが心の奥底では知っていたことを確認することができた。つまり、個人の幸福には多種多様な要因が影響するという事実だ。経済的要因、社会的要因、心理的要因、健康上の要因が織りなすデリケートなバランスは、複雑だし、常に揺れ動いている。ある一つの結果について、原因はこの一つだけだと絶対的確信をもって断定できることはまずないし、人間は常に驚くべき行動をとるものだ。とはいえ、**「幸せな人生の条件とは何か?」という質問の答えはたしかに存在している。**膨大な被験者、膨大な研究を横断的に分析し、同種のデータを繰り返し経時的に見ていくと、パターンが浮かび上がり、**幸福の予測因子**がはっきりと見えてくる。健康的な食生活から運動習慣や所得水準まで、健康と幸福の予測因子はたくさんあるが、よい人間関係は一貫して効果を発揮する、際立った予測因子だ。

ハーバード成人発達研究以外にも、世界には人間の心の健康や幸福に関する数十年規模の縦断研究がたくさんある。筆者らは他の研究にも当たり、知見が時代や集団の差を超えて通用するかを一貫した視点で慎重に見極めている。各研究には独自性があるため、複数の研究に共通する結果は科学的信憑性《しんぴょう》が高い。

代表的な縦断研究を紹介しよう。これらの研究の被験者数を合計すると数万人になる。

・「イギリス出生コホート研究」——特定の年に生まれた、イギリス国民の中でも代表的な五つの集団（第二次世界大戦直後に生まれたベビーブーマーの集団から、二一世紀が始まったときに生まれた集団まで）の生涯を追跡。
・「ミルズ縦断研究」——一九五八年に高校を卒業した女性の集団を追跡。
・「ダニーデン健康と発達に関する学際研究」——一九七二年にニュージーランドの小都市で生まれた子どもの九一％を追跡、彼らが中年期になった現在も調査継続中（最近では被験者の子どもたちも追跡）。
・「カウアイ縦断研究」——一九五五年にハワイのカウアイ島で生まれたすべての子どもたち（主に日系、フィリピン系、ハワイ系）を対象に三〇年間実施。
・「シカゴ健康加齢社会関係研究」——二〇〇二年に開始され、多様な属性の中年の男女を一〇年以上にわたって集中的に調査。
・「多様性地域における生涯の健全な老いに関する研究」——二〇〇四年以来、米国メリーランド州ボルチモア市の黒人および白人数千人（三五～六四歳）の健康格差を調査中。

・「学生自治会研究」——一九四七年にブリンマー大学、ハバーフォード大学、スワースモア大学の学生自治会の学生の追跡を開始した研究。ハーバード成人発達研究の研究者たちが研究設計に部分的に携わった研究であり、同研究の被験者に含まれていない女性の生涯を把握すべく設計されているのは明らかだ。調査は三〇年以上にわたり、最近になって開始時の資料が新たに発見された。ハーバード成人発達研究と関連が深いこともあり、本書でもこの研究の被験者の女性数名を取り上げる。

どの研究の知見も、人のつながりの重要性を示している。家族や友人、地域社会とのつながりが強い人のほうが、そうでない人よりも幸せで、肉体的にも健康だ。自分が望む以上に孤立している人は、他者とのつながりを感じている人よりも早い時期から健康状態が悪化する。また、孤独な人は短命だ。悲しいことに、他者とつながりを持てないと感じる人が世界中で増えている。米国では約四人に一人、つまり六〇〇〇万人以上が孤独を感じている。中国では近年、高齢者のあいだで孤独を感じる人が著《いちじる》しく増えているし、英国では孤独を公衆衛生上の一大課題ととらえ、孤独担当大臣を任命している。

今の時代、隣人、子どもたち、私たち自身の誰もが孤独感を抱えている。背景には社会、経済、テクノロジーの問題があるが、原因が何であれ、データははっきりと示している——孤独と断絶の影がテクノロジーで「つながっている」はずの現代社会を覆っていることを。

自分自身の人生について、打つ手はあるのだろうかと思っている人もいるだろう。社交性の有無は生まれつきなのか？　人に愛されるのか、孤独に生きるのか、幸せになるのか、不幸になるのかは運命の定めなのか？　子ども時代の経験によって人格が決まってしまうのか？　こうした質問は山のように寄せられる。実のところ、こうした疑問を突き詰めると、**私の人生はもう手遅れなのか？**　という不安に行き着く。

これこそ、本研究が答えるべく努力を重ねてきた問いだ。本研究の前責任者であるジョージ・ヴァイラントは、研究生活のほぼすべてを費やして、人生の試練への対処のしかたは変えられるのか、という問題に取り組んだ。ジョージや他の研究者たちの研究により、**「私の人生はもう手遅れなのか？」という長年の問いの答えははっきり出ている。**「いいえ」だ。

人生においては、何ごとも遅すぎることはない。たしかに、遺伝子や過去の経験は、ものの見方や人との関わり方、否定的な感情への対処のしかたに影響を与える。経済的な豊かさや人としての基本的な尊厳を得る機会は万人に平等に与えられてはいないし、非常に不利な境遇に生まれる人がいるのもたしかだ。しかし、この世でどう生きるかは、石のように固まっていて決して変えられない、というわけではない。石というより砂で固められている感じだ。子ども時代が運命を決めるわけではない。生まれつきの気質も、生まれ育った環境も、運命を決めたりはしない。研究の知見ははっきりそう示している。過去の経験のせいで、他者とのつながり、生きがい、幸せのありようが決まってしまうことは決してない。成人したら人生も生き方も定まってしまう、と思っている人は多い。だが、成人の発達に関する研究全般を見ていくと、実際はそうではない。人生を有意義なものに変えることは可能だ。

ところで、先ほど、**自分が望む以上に孤立している人**という独特の表現を使ったが、理由があってのことだ。孤独とは、他者と物理的に離れていることだけを意味するわけではない。知り合いの数は、人とのつながりや孤独感に必ずしも直結しない。生活環境や配偶者やパートナーの有無もそうだ。群衆の中で孤独を感じることもあれば、結婚していても孤独を感じることもある。実際、愛情が乏しく諍《いさか》いの多い結婚は、離婚より健康に悪影響を与えうることもわかっている。むしろ、大事なのは人間関係の質だ。単純に言えば、心の通う人間関係の中で生きることが、心と身体を守ってくれる。

つまり、重要なのは**守られているという感覚**だ。人生は楽ではない。最凶モードの試練に見舞われることもある。苦難や老いのつらさから人を守ってくれるのは、心が通い合う人間関係だ。

研究チームは、本研究の被験者たちの人生を八〇代まで追跡した時点で、中年期の状況から八〇代で幸せで健康な生活を送る人とそうでない人を予見できるかどうかを検討したいと考えた。そこで、被験者が五〇歳のときの全データを集めて分析した。すると、老年期の状態を予見していたのは、中年期のコレステロール値ではなかった。人間関係の満足度だったのだ。**五〇歳のときの人間関係の満足度が高い人ほど、（精神的にも肉体的にも）健康な八〇歳を迎えていた。**

この関連性をさらに調べていくと、証拠はどんどん積み上がった。パートナーがいて幸福度も最高レベルの八〇代の男女は、身体的な痛みがいつもより強い日でも幸せな気分が変わらなかった。一方、不幸な人間関係の中にいる人は、身体的な苦痛があると気分が悪化し、精神的な苦痛も増していた。人間関係の重要性についての他の研究でも同じ結果だった。先に挙げた縦断研究のなかから、代表的な例をいくつか紹介しよう。

黒人と白人の成人（三五〜六四歳）三七二〇人を被験者とした「多様性地域における生涯の健全な老いに関する研究」では、社会的サポートがたくさんあると答えた人ほどうつも少なかった。

シカゴの住民を対象とした代表的な研究である「シカゴ健康加齢社会関係研究」では、人間関係に満足している人のほうが幸福度が高かった。「ダニーデン健康と発達に関する学際研究」では、学業成績よりも青年期の社会的つながりのほうが成人期のウェルビーイングを予見していた。

科学的証拠はいくらでもある。しかし、当然ながら、科学だけが幸せな人生について考察してきたわけではない。実際には、科学はこの分野の新参者だ。

科学はようやく先人の知恵に追いついた

数千年にわたり、さまざまな哲学者や宗教が、健全な人間関係は有益だと述べてきた。たしかに、歴史を通して、人生の探究者たちが常に同じような結論に達してきた点には注目すべきだ。だが、当然のことでもある。テクノロジーや文化がどれほど変化しようとも、変化がどれほど加速しようとも、人生のありようは基本的に変わらないからだ。アリストテレスは世界だけでなく人間の内面にある感情も探究し、ユーダイモニアの概念を提唱した。古代人であれ現代人であれ、感情は感情だ。二四〇〇年ほど前に老子が述べた「他人に与えるものが多いほど、自分が豊かになる」という逆説的な言葉は、現代人の心にも響く。時代は変わっても、人の世は人の世だ。だからこそ、私たちは先人の知恵を受け継ぎ、活用すべきだ。

古代の知恵との類似性に着目すると、科学が掲げる疑問や知見の普遍性が、かえってはっきりと見えてくる。わずかな例外を除けば、科学はこれまで先人の知恵を無視してきた。啓蒙主義以降、科学は過去を断ち切り、科学だけをよりどころに知識と真実の探究に邁進してきた。だが、数百年という時間を経て、幸福研究という領域においては、人類の知恵が一周して元の位置に戻りつつある。科学は今、時の試練に耐えてきた古代の知恵にようやく追いつこうとしている。

筆者の二人は日々、「幸せな人生の条件とは何か?」という問いに取り組んでいる。年を重ねるうちに、驚くような成果も見出した。現実は想定とは違っていた。違うだろうと思っていたことが正しかったこともある。以降の章では、そのすべて、盛りだくさんの内容をお届けする。

第2章から第6章では、人間関係の基本的性質を掘り下げ、本書の教訓を日常生活に活かす方法を詳しく説明する。人生における自分の現在地を知り、日々の生活の中で人生の意味や幸福を見出す方法についても述べる。**ソーシャル・フィットネス**(人間関係の健全度)という非常に重要な概念を取り上げ、これが身体の健康と同じくらい大切な理由についても説明する。好奇心と注意力(気配りや配慮)が人間関係を改善し、幸福度を高める理由を掘り下げる。また、人間関係がもたらす人生最大の試練についても、いくつかの戦略を提供する。

第7章以降では、家庭、夫婦や恋愛、職場など、人間関係を種類別に深く掘り下げる。長期にわたる親密な関係において大切なこと、子ども時代の家庭環境が幸福に与える影響とその対処法、見逃されていることの多い職場でのつながりや、友情がもつ驚くほどのメリットを説明する。科学的根拠も提示するが、約一世紀にわたる本研究の被験者たちの実体験にも耳を傾けていく。

責任者と副責任者として、筆者の二人は本研究に取り組み、その知見が幸福について教えてくれることを探究し続けてきた。ありがたいことに（そして悩ましいことに）、筆者らは人間という存在に魅了されている。ボブは精神科医・精神分析医で、毎日数時間、深い悩みを抱えた患者と対話している。ハーバード成人発達研究の責任者を務め、若い精神科医たちを相手に心理療法の指導もしている。結婚して三五年、二人の息子はすでに成人し、プライベートの時間はもっぱら座禅を組んだり、瞑想を教えたりしている。マークは臨床心理学者で、大学教授として三〇年間、若き心理学者や研究者を指導してきた。彼も心理療法家であり、長い結婚生活の中で二人の息子を育てている。スポーツが好きで、プライベートではテニスコート（若い頃はバスケットボールコート）で仲間と交流していることが多い。

二人の共同研究と友情が始まってから三〇年近くになる。出会ったのはマサチューセッツ精神保健センターという大きな地域医療機関で、社会的・経済的に非常に不利な状況のなかで精神疾患と闘う患者を診察していたときだ。臨床の現場でも、幸福と健康に関する縦断研究でも、自分たちとは背景が大きく異なる人々の生き方を理解する必要性を感じていた。

二人は今も友人であり共同研究者であり、やがて百周年を迎える本研究のライフストーリーの宝庫を適切に管理・活用すべく全力を尽くしている。被験者やその家族について学ぶなかで、自分自身や自分の生き方に役立つ貴重な教訓も学んだし、今も学び続けている。本書の目的は、被験者たちからの貴重な贈り物である人生の教訓を読者に届けることだ。彼らが被験者になったのは、研究者のためではなく、世のため人のためという思いがあったからだ。彼らの人生こそが、本書を血の通うものにしている。

筆者らは、本研究の知見を世間に広く伝えることで得られる効果をすでに目にしてきた。本研究に携わるうちに、本書でこれから紹介する知見をテーマにして、講演を何百回も行ってきたからだ。また、非営利団体「ライフスパン研究財団」にも知見を提供してきた。この財団は、成人の発達に関する専門知識を学術誌の世界から一般に広げ、人々が幸せな人生を送るための道具として活用してもらうことを目指している。講演やワークショップのあとで、演壇に駆け寄ってきた人々に「この研究の知見を知ってものすごく安心した」と言われたことは何度もある。幸せな人生は決して手の届かないものではないという教訓が、すっきりと腑に落ちるからだ。幸せな人生とは、夢のような社会的成功をつかんだ先にあるわけではない。大金を手に入れれば向こうからやってくるものでもない。幸せな人生はあなたの目の前にあるし、手を伸ばせば届く。そして、幸せな人生は、今ここで、すぐに始められる。

第2章　なぜ人間関係が重要なのか

至高の叡智は暗がりの奥に隠れているのではない。それは私たちのすぐ目の前の、ありふれた光景の中に潜んでいる。

――リチャード・ファーソン（米国の心理学者）、ラルフ・キース（米国の作家）

ハーバード成人発達研究「質問票による八日連続調査」（二〇〇三年）の六日目の質問票より

質問　**上手に年をとる秘訣は何ですか？**

答え　幸せでいること、思いやること。食べ物に気をつけること。外に出て散歩や軽い運動をするようにすること。友達をもつこと。友達がいるのは本当にすばらしいことだから。

――ハリエット・ヴォーン、被験者、八〇歳

誰かを愛しく思うとき、あるいは逆に愛されているとわかったとき、どんな気分になるだろうか？　そのときに身体で感じる感覚、ぬくもりと安らぎを思い浮かべてほしい。今度は、苦しいときに親しい友人が助けてくれたときに感じる気持ちを思い浮かべよう。愛と似ているけれど違うつながりの感覚だ。尊敬する人に誇りに思うと言ってもらえたときには、高揚感が続く感じがする。感動して涙があふれるときの感覚も思い浮かべてみよう。同僚と笑い合うと、元気がわいてくる。大切な人を失えば、身体的な痛みを感じるものだ。あるいは、郵便配達員に手を振るだけで、ふと喜びを感じることもある。

激しいものからかすかなものまで、感情はすべて生物学的プロセスとつながっている。お腹に食べ物が入ると脳が反応してうれしいと感じるが、他者とポジティブな交流をしたときにも脳は同じように反応する。実際、脳は「そう、もっとそれをちょうだい！」と訴えてくる。ポジティブな交流をすると「今は安全だ」というメッセージが身体に伝わり、神経の興奮が鎮まって幸福感が高まる。逆に、ネガティブな体験や交流は「今は危険だ」というメッセージとなり、その刺激によってアドレナリンやコルチゾールといったストレスホルモンが分泌される。警戒心を高め、危機対応を促す一連の身体的反応のなかでストレスホルモンが分泌されるのだ。この反応は「闘争・逃走反応」と呼ばれる。ストレスという感覚の大半は、この反応が原因だ。

人生の苦難を切り抜け、チャンスをつかむときも、ストレスホルモンや快楽のシグナルが頼りだ。危険を避けろ、人とつながれ、というシグナルだ。

報酬や脅威が関わる状況において起こる反応は、長年の進化の賜物だ。ホモ・サピエンスは何十万年もの間、こうした生物学的システムを頼りに地球上を歩き回ってきた。おどけて赤ちゃんを笑わせたときに感じる小さな喜びは、紀元前一〇万年に遠い祖先が赤ちゃんを笑わせたときに感じた喜びと、生物学的につながっている。

先史時代の人類は、現代人の想像を絶する大きな脅威に日々さらされていた。体つきは変わらないが、原始的な技術では厳しい自然や捕食動物の脅威に太刀《たち》打ちできず、怪我や病気の治療法もないに等しかった。歯痛で死ぬことさえあった。短くてつらい人生は、恐ろしいことばかりだった。それでも、人類は生き延びた。なぜだろうか？

大きな理由の一つとして、初期ホモ・サピエンスには生存競争を勝ち抜いた多くの動物種と共通する特徴があった。身体と脳が仲間との協力を促すよう進化していたのだ。

人類が生き延びたのは、社会性があったからだ。

ヒトという動物は今もほとんど変わっていないが、生き延びるために必要なことは一変し、複雑になった。過去数世紀と比べると、二一世紀の生活はこれまでにないスピードで変化している。人類は自ら多くの問題を生み出している。気候変動や格差の拡大、通信技術の高度化・複雑化によって生じる新たな脅威に、私たちは知性で対処しなければならない。孤独がかつてないほど広がっているが、集団の安全を求めるしくみをもつ古い脳は、孤独にまつわるネガティブな感情を脅威ととらえ、ストレスや病気を引き起こす。人類の文明には、五〇年前には想像もしなかった問題が年々生じている。また、文明の進歩によって生き方の選択肢が増え、かつてないほど多様化している。だが、変化のペースが上がり、選択肢が増えても、ヒトという動物が仲間とのつながりを求めるよう進化してきた事実は変わらない。

「人間には心の通う関係が必要不可欠だ」という言葉はきれいごとではない。厳然たる事実だ。数々の科学研究が繰り返し伝えてきた事実がある――人間には栄養が必要で、運動が必要で、目標が必要で、そして**仲間が必要**なのだ。

ハーバード成人発達研究の知見を一言で説明してもらえないか、とよく頼まれる。人はこの研究から得られたいちばん大事な教訓を知りたがる。筆者の二人はどちらも、こういう場合に単純な回答を述べることに抵抗を覚えるタイプの人間だから、相手が望むような短い話にはまずならない。だが、本研究の八四年間のデータ分析と何百本もの研究論文が一貫して示していることを考えてみると、メッセージは単純だ。

ポジティブな人間関係は、人間のウェルビーイングに不可欠だ。

思い切った推測をしてみると、読者のみなさんは、人生の知恵、あるいは少なくとも幸せな人生を送るための条件を知りたいと思い、本書をお手に取られたのだろう。意味も目的も喜びもある人生を送りたい、健康な人生を送りたい、と思っている。さらに踏み込んで推測すると、自分なりにベストを尽くし、幸せで健康な人生を送るべく、すでに「努力している」方々だと思われる。自分の性格や好き嫌い、感情の傾向や社会的能力もそれなりにわかっている。来る日も来る日も、最高の人生を送ろうとすでに努力を重ねている。そして、たいていの人がそうなのだが、努力は必ずしも実を結んではいない。

本書では、多くの人が「幸せで満足のいく人生を送るのは難しい」と感じる理由を取り上げていく。だが、その前に押さえておくべき一般的な真理が二つある。

一つめは、**多くの人にとって幸せな人生を送ることは重大な関心事だが、現代の多くの社会にとってはそうではない**、ということだ。今日、人々はさまざまな社会的、政治的、文化的優先事項がせめぎあうなかで生きているが、なかには「幸せに生きること」にほとんどつながらない事柄もある。現代社会では、人が幸せに生きること以外の事柄が優先されすぎている。

二つめは、ヒトという動物に関連する、もっと根本的な事実だ。**ヒトの脳は、既知の宇宙における最も高度にして神秘的なシステムだが、長続きする喜びや満足を求めることに関しては、判断を誤ることが多い**。今や人類の知性や創造性は驚くべきレベルに到達し、ヒトゲノムを解読し、月面を歩くまでになったが、幸せな人生を送るための決断となると、本当に自分のためになる選択を誤ることが多い。この件については世間の常識も当てにならない。本当に重要なものを見極めるのは非常に難しい。

二つの事情――現代社会の文化の問題と、脳が幸せにつながる事柄を見分けられないという問題――がからみあい、日々の人生に作用する。そして、生涯にわたり大きな影響を及ぼす。人は文化の中で生きており、文化は、時として気づかぬうちに人を特定の方向に導いていく。人は、外面的には自分の行動の意味を理解しているそぶりを見せながら、内面では常にかすかな戸惑いを抱えて生きていく。

人を幸せな人生から遠ざけてしまう文化や個人の判断というものがあるわけだが、そこに踏み込む前に、ハーバード成人発達研究の被験者二人の人生に目を向けてみよう。さまざまな試練をくぐり抜けた二人の生き方は、人生において重要なものとそうでないものについて何を教えてくれるだろうか。

選択肢のある人生が幸せとは限らない

一九四六年、ジョン・マースデンとレオ・デマルコは人生の岐路に立っていた。二人ともめでたくハーバード大学を卒業し、第二次世界大戦の志願兵になった。ジョンは健康上の理由から米国本土での軍務に就き、レオは海軍兵として南太平洋で従軍した。戦争が終わると、二人は新たな人生を歩み始めた。二人とも人がうらやむ境遇にあった。ジョンの家族は裕福で、レオの家族も上位中流階級だった。超一流大学を卒業していたし、白人男性という社会的に優位な立場にあった。そのうえ退役軍人には国からも地方自治体からも手厚い社会的・経済的援助があった。二人の将来には、幸せな人生《グッド・ライフ》が待っているように見えた。

ハーバード成人発達研究開始時の被験者の約三分の二はボストンの最貧地区の出身者で、残りの約三分の一はハーバード大学の学部生だった。ハーバードの学部生には成功が約束されており、米国における「幸せな人生」を送るはずだと思われていた。ジョンやレオのような裕福な家庭の出身者も多く、多くが専門職に就き、結婚し、経済的にも職業的にも成功していた。

まさに常識が人を惑わせる例がここにある。物質的な豊かさは幸せを決める条件だ、と当たり前のように思い込んでいる人は多い。恵まれない境遇にある人は幸せになりにくく、恵まれている人ほど幸せになりやすい、と考える。だが、科学によれば、現実はもっと複雑だ。数千人の被験者の人生を分析してみると、人々の予測や常識に必ずしもそぐわないパターンが浮かび上がってくる。ジョンとレオのような個人の人生をたどってみると、人生において本当に大事なことが見えてくる。

ジョンには選択肢があった。地元のオハイオ州クリーブランドに残り、父親が営む衣料品チェーンに入社して最終的に会社を引き継ぐか、長年の夢を追って法科大学院に進学するか（シカゴ大学の法科大学院から入学許可を得たばかりだった）。ありがたいことに自分で選べる立場にあった。傍目には、どちらの道を選んでもジョンは幸せになると思われた。

ジョンは進学を決意した。いつだって勤勉な学生だったし、努力家だった。本人によれば、成功したのは頭がよかったからではなく、必死に勉強したからだ。本研究の調査でも、失敗したくない一心で勉強に打ち込み、気が散るからとガールフレンドさえつくらない時期もあった、と話していた。トップクラスの成績でシカゴ大学を卒業すると、魅力的な仕事のオファーがいくつも舞い込み、最終的には、かねてからの希望どおり、公共サービス支援を得意とする事務所に就職した。政府の公共サービス運営に関するコンサルティング業務を担当し、シカゴ大学で教鞭を執った。父親は家業を継いでもらえず落胆したが、息子を大いに誇りに思っていた。ジョンの人生は順風満帆だった。

他方、レオの夢は作家かジャーナリストになることだった。ハーバード大学では歴史を専攻し、戦地では克明な日記をつけていた。いつか本を書くときに使えるかも、と思っていた。戦争体験を通して自分の目指す道――歴史が庶民の生活に与える影響について書くこと――は正しいと確信した。だが、海外での従軍中に父親の訃報が届き、帰国するとすぐに母親がパーキンソン病と診断された。三人きょうだいの長子だったレオは、母親の介護のために故郷のバーモント州バーリントンに戻ることを決意し、やがて高校教師の職に就いた。
教師になってすぐ、レオはグレースという女性に出会い、熱烈な恋に落ちた。二人はすぐに結婚し、一年足らずで子どもが生まれた。その後のレオの人生の道筋はほぼ決まった。四〇年間にわたり高校教師を続け、作家になる夢を追うことはなかった。

時計の針を二九年後に進めよう。一九七五年二月、二人は五五歳になっていた。ジョンは三四歳で結婚し、年収五万二〇〇〇ドルの成功した弁護士になっていた。レオは今も高校教師で、年収は一万八〇〇〇ドルだ。ある日、二人のもとに、同じ内容の質問票が届く。

ジョンは法律事務所での忙しい一日の合間を縫って、レオはバーリントン高校の教室で生徒が歴史の試験に頭を悩ませている間に、質問票に答えを記入する。健康状態や最近の家庭の状況を問う質問に続き、一八〇問の「はい／いいえ」形式の設問に答え始める。例えば、こうだ。

> **「はい」または「いいえ」で回答してください。**
> 人生には喜びよりも苦しみのほうが多い。

ジョン（弁護士）の答え　はい
レオ（教師）の答え　いいえ

次の質問。

愛に飢えていると感じることがよくある。

ジョンの答え　はい
レオの答え　いいえ

飲酒習慣（二人とも毎日一杯）、睡眠習慣、政治的信条、宗教的活動（二人とも毎週日曜に教会に通っていた）に関する質問の後、以下の二つの質問に答える。

次の文章の空欄に、好きな言葉を入れて完成させてください。

人は、　　　　ときにいい気分になる。

ジョンの答え　自分の内なる欲求を満たした
レオの答え　どんなことがあっても家族から愛されていると感じた

誰かと一緒にいるのは　　　　だ。

ジョンの答え　楽しいこと
レオの答え　楽しいこと（ある程度までは！）

ジョンは最も出世した被験者の一人だが、幸福度が最も低い集団に入っていた。最後の質問への回答が示すように、ジョンもレオと同じく他人と親しくしたいと思っていたし、家族のことは毎回愛していた。だが、生涯を通して「人とつながれず悲しい」という思いがあり、質問票には毎回そう書いていた。最初の結婚はうまくいかず、子どもたちとも疎遠になった。六二歳で再婚したが、夫婦になって間もない時期から愛のない結婚生活だと感じていた。それでも死ぬまで離婚はしなかった。ジョンが絶望に至った道のりや苦悩を生み出したと思われる要因については、のちほど詳しく説明するが、ここでジョンの人生に見られる一つの特徴に私たちは気づく。ジョンは懸命に幸せを求めていたが、どのライフステージでも常に自分自身のこと、彼が「内なる欲求」と呼ぶもので頭がいっぱいになっていた。社会に出た頃は他人の役に立ちたいと思っていたが、年月が経つにつれ、人助けより出世を重視するようになった。仕事の成功が幸せをもたらすと強く信じていたが、結局、幸せへの道を見出すことはできなかった。

一方のレオは、何より人間関係を通して自分をとらえており、質問票に対する回答には、家族や同僚、友人がよく登場した。また、レオは本研究において最も幸せな被験者の一人と考えられている。しかし、中年期のレオに対面調査を行った研究チームの担当者は、「直接会って話を聞いたが、何というか、いささか凡庸な人物であるという印象を受けた」という感想を残している。だが、本人の弁によれば、レオの人生は非常に豊かで充実していた。夜のニュースに登場するような有名人ではないし、地元の人以外には知られていないが、四人の娘と妻は彼を慕っていたし、友人や同僚、生徒たちからの信頼も厚かった。本研究の質問票にも、生涯にわたってずっと、現状は「とても幸せ」あるいは「最高に幸せ」と答えている。ジョンとは異なり、仕事そのものに意義を見出していたが、それは教えることで他者の役に立てるのがうれしかったからだ。

二人の人生を振り返れば、各人の考え方や決断が人生の道筋に関わっているのは火を見るより明らかだ。しかし、決断するとき、幸せにつながる選択肢を選ぶのはなぜこんなに難しいのだろうか？　人はなぜ、目の前にある幸せの種を見過ごしてしまうのか？　シカゴ大学の研究者たちが実施した実験が、この謎を解く最大のヒントを与えてくれる。

「電車の中の見知らぬ他人」という実験

一人で電車に乗っているとしよう。周りには見知らぬ人たちが座っている。車内でできるだけ楽しく過ごしたいなら、選択肢は二つある。近くにいる見知らぬ乗客に話しかけるか、黙ったまま過ごすか？　あなたなら、どちらを選ぶだろうか？

たいていの人は、誰にも話しかけないほうを選ぶ。電車の中でわざわざ見知らぬ人に話しかける人などまずいない。延々としゃべり続ける話し好きにあたったら面倒だ。また、車内では仕事を片付けたり、音楽やポッドキャストを楽しみたいものだ。

何をしたら幸せな気分になれるだろうかと考えるのは、心理学で「感情予測」と呼ばれるプロセスの一つだ。人はみな、大小さまざまな事柄について、感情予測を常に繰り返している。

シカゴ大学の研究者たちは通勤電車を舞台にして感情予測の実験を行った。まず、被験者に「見知らぬ人と話す」と「誰にも話しかけない」という二つのシナリオのうち、どちらが気分よく過ごせるかを予測させた。次に、一方のグループには車内で隣の人に話しかけること、もう一方のグループには誰にも話しかけないことを指示し、あとで感想を尋ねた。

乗車前の段階では、「見知らぬ人に話しかければ不快な経験になるだろうから、黙って過ごすほうがはるかに快適に過ごせるはず」という予測が圧倒的多数だった。自分が何をすれば幸せな気分になり、何をすればみじめな気分になるかを予測したわけだ。しかし、現実は予測とは正反対だった。隣の人に話しかけた被験者の大半は、普段の通勤時より気分のいい体験になったと言い、普段は通勤電車内で仕事をしている被験者たちも、隣の人に話しかけても作業の生産性は落ちなかったと答えた。

人間は自分の感情を予測するのが不得手だという事実を示す研究は、他にもたくさんある。電車内実験のような短期的状況だけでなく、長期的状況でも同じだ。人は人間関係がもたらすメリットを予測するのがとくに下手だ。人間関係は面倒で厄介だし、何が起こるか予測できないのは事実だ。だから一人でいることを好む人は多い。単純に孤独を求めているわけではない。他者と関わることで起こりうる面倒を避けたいのだ。だが、面倒事を過大評価し、人とのつながりがもたらすメリットを過小評価するのが人間だ。これは、人間の意思決定全般に通じる特徴だ。つまり、潜在コストを重視し、メリットを小さく見積もってしまうのだ。

この行動パターンにはまってしまう人は多い。**嫌な気分になりそうだと思うことは避け、いい気分になれそうだと思うことを求める。**本能的な判断が必ず間違うわけではないが、大事な場面で間違うことはある。ジョンのように、一見とても合理的だが実は間違った考え方に基づいて、人生の非常に大きな決断（職業選択など）や小さな決断（見知らぬ人に話しかけないなど）を下してしまう人は多い。しかも、それが誤りだと気づくチャンスはめったにない。

外部から影響する力がまったく存在しない真空のような世界にいたとしても、決断することは難しい。しかも決断を下すときには文化の影響が作用するのだから、問題はもっと複雑だ。文化は道を誤らせる考え方をはらんでいる。**人は幸せになるための条件を、自分だけで予測しているのではない。私たちが暮らす社会の文化もまた、私たちのために予測しているのだ。**

文化が人を惑わせる

二〇〇五年、米オハイオ州・ケニオン大学の卒業式のスピーチにおいて、作家のデヴィッド・フォスター・ウォレスは一つの寓話によって、不朽の真理を語った。

若いおサカナが二匹、仲よく泳いでいる。ふとすれちがったのが、むこうから泳いできた年上のおサカナで、二匹にひょいと会釈して声をかけた。「おはよう、坊や、水はどうだい?」。そして二匹の若いおサカナは、しばらく泳いでから、はっと我に返る。一匹が連れに目をやって言った。「いったい、水って何のこと?」

一つの国に広がる文化から、ある家族内の文化まで、どんな文化であっても、その中で生きる者の目には見えない部分が必ずある。社会の中で重要とされる前提、価値基準、慣習といったものがあり、それらは先の寓話の「水」のような存在になっていて、私たちは自覚も承諾もしないまま、その中を泳いでいる。文化のこうした特徴は、生活のあらゆる側面に影響を及ぼす。基本的にはよい影響であり、人と人とを結びつけたり、アイデンティティや人生の意味を生み出すものでもある。だが、逆の側面もある。**文化のメッセージや慣習が、人を幸福や健康から遠ざけてしまうことがある。**

ウォレスが卒業を迎えた学生たちに呼びかけたように、私たちも少し立ち止まって、自分たちがその中を泳いでいる「水」、すなわち文化に目を向けてみよう。

一九四〇年代から五〇年代にかけて、ジョンやレオを含む本研究の最初の被験者たちが成人になった頃、幸せな人生とはこういうものだという文化的前提が米国にはたくさんあった（今もそうだし、これからも変わらないだろう）。こうした前提は被験者たちの生き方に浸透していたし、さらに重要なのは、彼らの人生の選択に影響を与えていた点だ。例えばジョンの場合、法律を専攻し、弁護士——尊敬を集める職業だ——になることが将来の幸福の土台になると強く信じていた。この信念は自明の理だと思わせる状況を、彼が育った文化がつくりだしていたからだ。

問題は複雑だ。というのも、文化に促されて人々が追い求めるもの——お金、仕事の成果、社会的地位など——は意味のない幻とは言い切れないからだ。お金があれば、幸せな人生に必要なものを手に入れられる。仕事の成果は満足感をもたらすし、成果を目指すことで人生の目標が生まれ、新しい、わくわくするような世界に足を踏み入れるきっかけにもなる。社会的地位があれば周りから尊敬されるし、結果として社会を良くしていくための影響力も得られる。しかし、お金、仕事の成果、社会的地位などはどれも、人生において大切な他の事柄よりも重視されやすい。これも人類の古い脳の機能の一つなのだが、人はいちばん目につきやすくて切迫したものに意識を集中してしまう。人間関係の価値は一定せず、数値化しにくいが、お金は数えられる。仕事の成果は履歴書に書けるし、ＳＮＳのフォロワーを増やしてくれる。数値として目に見えるものはときめきを与えてくれる。あの古い脳の反応がもたらす快感だ。人生を歩むうちに、目に見えるものがどんどん積み上がっていく。ゆえに、**追い求める理由を深く考えず、目標に据えて邁進してしまう。**やがて、文化の影響下での幸福の追求が、自分や他者の人生にポジティブな影響を与えるというレベルを超えてしまい、目標の追求自体が目的化してしまう。追い求めることの中身はどうでもよくなり、ひたすら生活水準の向上を求める堂々めぐりの競争に陥ってしまう。

　欲望の対象やそれを生み出す心理について語るべきことはたくさんあるが、話をわかりやすくするために、古今東西の文化に見られ、一向に衰退の気配がない、文化的前提の代表格に目を向けてみよう。

「お金が幸せな人生の土台になる」という考えだ。

　もちろん、こういう考えを堂々と口にする人はめったにいないが、世の中のいたるところに目に見えて強い影響を与えている。高収入の仕事は「よい」仕事とされ、人々は超富裕層に憧れ、学校教育はますます実用主義に傾き（よい仕事に就くために学校に行く）、消費者向け製品の謳《うた》い文句が大げさになるなど、生活のさまざまな側面に浸透している。哲学者、作家、芸術家が数千年前から富の誘惑に警鐘を鳴らしてきたにもかかわらず、富は「文化」という名の水の一部になってしまっている。

　例えば、二〇〇〇年前、アリストテレスはこんなふうに説明した。「金儲けのために生きるのは、衝動に突き動かされて生きるのと同じであるし、富は私たちが求める善ではないのは明らかだ。なぜなら、それは単に役に立つもの、別の何かのためになるものでしかないからだ」

同様の見解は、歴史を通して繰り返し語られてきた。一八世紀の米国の政治家・発明家のベンジャミン・フランクリンは「金が人間を幸福にしたことはないし、これからもない」と述べているし、二〇一四年に他界した米国の活動家・詩人のマヤ・アンジェロウは「お金を目標にしてはいけない。好きなことを追い求めて、周りから注目されるようになりなさい」と述べている。その心を一言にまとめれば、嫌というほどよく耳にする、「お金で幸せは買えない」というおなじみのフレーズになる。

当たり前すぎて、世界中の資本主義社会にも浸透している考えだ。人々はいつも「金がすべてではない」と言い合っている。だが、世界中どこに行ってもお金は欲望の最大の対象であり続けている。

その理由は不思議でもなんでもない。「幸せはお金で買える」という考えの魅力が褪《あ》せないのは、お金が人々の生活に及ぼす影響力の大きさを誰もが日々、目にしているからだ。

米国ではこの数十年間に貧富の差がますます広がり、さまざまな格差につながっている。貧困層は医療サービスもまともに受けられなくなる一方、高所得者は通勤時間が短くなった。お金が人生に及ぼす影響は非常に大きく、高所得者は低所得者よりも一〇年から一五年長生きすることがわかっている。本研究でも同じ結果が出ている。ハーバードの大学生のほうがボストンの低所得者よりも平均的に収入が多く、九・一年も長生きだった。

となると、お金が幸福の形を決める大きな要因だという考えは、ある意味、常識的な見解なのかもしれない。だが、幸福の根本的な真理を反映しているわけではない。幸福やウェルビーイングに対してお金がどの程度まで影響を与えるのか？　それを理解するには、アリストテレスのように、もう少し深く考察しなければならない。

お金は何のためにあるのか？　と。

お金について語るときに私たちの語ること

二〇一〇年、プリンストン大学の経済学者アンガス・ディートンと心理学者ダニエル・カーネマンは、ギャラップ社が一年間実施した調査を活用し、お金と幸福の関係の定量化を試みた。ギャラップ社の調査は米国の典型的な国民をサンプリング抽出した一〇〇〇人を対象とした電話調査で、一日当たりの回答が四五万件という膨大なデータを分析したものだ。

ディートンとカーネマンは、当時の米国における幸せの「魔法の数字《マジックナンバー》」が約七万五〇〇〇ドルであることを明らかにした。世帯収入が七万五〇〇〇ドル（調査時の米国の平均世帯年収に近い）を超えると日常生活のなかの「楽しさ」や「笑い」――感情面の幸福度を示す指標――の量は収入の増加に比例しなくなる。

この研究結果は「お金で幸せは買えない」という考えを裏付けているように思われた。だが、別の面でも重要な発見があった。年収七万五〇〇〇ドル以下では、収入と幸せに正の相関が見られたのだ。

お金に不自由していると、最低限の生活すら送れず、ストレスが信じられないほど大きくなるし、一ドルの重みが増す。生活の基本的なニーズを満たせるお金があれば、人生をある程度コントロールできるし、多くの国では医療サービスに手が届き、生活レベルが改善される。

幸福感が高止まりする収入額を明らかにした点で、ディートンとカーネマンの研究は重要だが、研究主旨自体は目新しいものではなかった。経済レベルの異なる国や社会で、異なる手法を使って実施した他の研究でも、概ね同様の結果が出ている。これらの研究はお金が個人の幸せにどう影響するのか、国全体の富の増加は国民全体の幸せに影響するのか、という二点に注目していたが、手法や場所は違っても、結論はほぼ同じだった。低所得者層ではお金が何より重要だった。最低限の生活ニーズと安全の確保のために、お金が必要だからだ。それらが満たされるレベルを超えると、幸福とお金の重要度の相関はあまり強くなくなる。ディートンとカーネマンが述べたとおり、「幸福はお金で買えるわけではないが、収入が低いと感情面の苦痛をもたらす」

低収入の人にとって、お金は具体的なメリットをもたらす。生き延びるため、そして安全や自立を確保するためにお金が必要だからだ。しかし、収入が少し増えると（七万五〇〇〇ドル未満でも）、お金は地位や自尊心に近い、より抽象的な存在になる。

別に驚くことではない、と思う人もいるだろう。お金は物や地位ではなく自由をもたらすものだという人もいるだろう。世界中どこに行ってもお金には大きな力があるし、だからお金がたくさんあるほど自由な選択や自立が可能になると考える人もいるだろう。

その気持ちも理解できる。お金は現代社会の基礎の部分に深く関わっている。仕事の成功、社会的地位、自尊心、自由、決断、家族を養い、家族に喜びをもたらす力、人生の楽しみなど、お金はあらゆるものに結びついている。世の中と関わり、人生のさまざまな目標を叶えるうえで、お金がいちばん重要だととらえるのも当然だ。

家族や生徒とのつながりを人生の基礎としていたレオでさえ、お金の重要性を強く意識していた。老後資金をしっかり貯めていたし、何年もかけてコツコツと貯金し、釣り用のボート（長女の名をとって「ドロレス」と名付けた）を買っていた。子どもたちにとっては父親との思い出が詰まったボートになった。レオは個人的な目標のためにお金を活用した――大切な人たちとの絆を深めるという目標だ。

しかし、手段ではなく目的になるとき、お金は文化が規定する欲望の対象の一つに成り下がる。名声や出世のようなものだ。あるいは、リチャード・セネットとジョナサン・コブが著書『The Hidden Injuries of Class』（階級の隠れた負傷者たち、未邦訳）で述べたように、お金は「有能であることを示すバッジ」にもなる。つまり、個人の能力を人の目に見えるようにする機能をもつ。

また、周囲の人を見るときに何に着目するかも、幸福度に影響する。自分と他人を比べるのは人間の性《さが》だ。実生活、エンタテインメント番組、あるいはＳＮＳなどで生活の差を目の当たりにすると、自分の人生はどのあたりまで実現可能なのだろうかと考えてしまう。研究によれば、他人と比較すればするほど（たとえ自分のほうが優位に立っているときでも）、幸福度は下がる。他人との差が大きくなるほど、不幸だと感じるようになる。つまり、幸福に関連するものや事柄の例にもれず、お金がもたらす影響も単純にして複雑だ。**幸せはお金で買えるのか**という問いの答えが決して見つからないのは、おそらく問いが間違っているせいだろう。

正しい問いは、たぶんこうだ――**幸せになるのに必要なものは何か？**

人間関係は格差を超えて影響力を発揮する

一四歳のアラン・シルバは映画に夢中だった。一九四二年の夏、ボストンのトンプソン・スクエアで靴磨きの仕事を始めると、週二回はチャールズタウンの映画館に行き、午後は当時の花形スターのジェームズ・キャグニーやスーザン・ヘイワードの主演作を観て過ごせるようになった。たいていは友達が一緒だったが、連れがいないときは一人でも出かけていった。どの映画も必ず二回観て、つまらなかったときは二回目のあとでチケット係に文句を言った。アランは地元のセーリングクラブの少年部に所属しており、映画の帰りには、誰か来ていないだろうかとマリーナに寄り道することもあった。マリーナで面白そうなことがなければ、チェルシー通りに向かい、お目当てのタイプのトラックを待った。荷台に手すりのあるトラックが通りかかると、後ろからそっと荷台に飛び乗り、そのまま家の近所まで乗っていった。このことは家族には秘密にしていた。本研究の調査でも、「うちの子はトラックの荷台に飛び乗ったりしません」とアランの母は話していた。「脚がなくなるよ、と言ってありますから」

被験者となったボストンの他の少年たちの多くと同じく、アランの家も貧しかった。アランの父はポルトガルからの移民で海軍造船所の機械工だったが、収入は家族を食べさせるだけで精一杯だった。気が強くて活発な少年だったアランは、幸いなことに両親の金銭的な苦労に気づいていなかった。

一四歳のアランに対面調査を行った研究員は、「冒険心が非常に旺盛」と記していた。「いつも息を切らして走ってきて、話し出すと止まらないんです」と母親は言っていた。彼女は息子にある程度の自由を与えており、三部屋しかないアパートで同居していた姑《しゅうとめ》はそのことにいつも文句を言っていた。アランが不良の仲間になり、盗みを始め、人生を台無しにするのではないかと心配していたのだった。

「息子にはあまり厳しくしないんです」母親は言った。「他の子と同じようにさせています。それが普通ですからね。私の母は厳しい人で、私はそれが嫌でした。今は児童心理学の本を読んで子育ての参考にしています」

アランには冒険心だけでなく大志もあった。映画館やセーリングクラブやトラックの荷台の上にいないときは、父親がクリスマスに買ってくれた組立玩具《エレクターセット》に夢中だった。彼はものづくりをとことん知りたいと思っていた。人生は思いどおりに生きられると信じており、だから他の被験者の少年たちにはない信念があった。大学にも行けると思っていたのだ。

本研究の被験者を構成する二つのグループ——ボストンの少年とハーバードの学生——の人生はさまざまな点で異なっている。合わせて検討してみると、二つのグループは貧困の影響や、労働者階級と知的職業階級の格差という厳しい現実を反映している。

しかし、恵まれた人間関係は社会経済的格差を超えて影響力を発揮する。アランの場合、愛情深い母親がいた。母親は常にアランの味方となり、信頼を寄せ、大きな夢を後押しした。母の励ましと支えもあって、アランはボストンの被験者グループのなかで大学に進んだ数少ない少年の一人となった。電気工学を専攻し、卒業後は電話会社に就職して長年勤め、五六歳で退職した。九五歳になったアランは、新作映画に興味はないが、ときどきテレビで懐かしの名画を楽しんでいる。二〇〇六年の対面調査において、人生で最も誇りに思っていることを尋ねると、彼が口にしたのは仕事の業績や大学の学位ではなかった。

「妻と結婚して今年で四八年になる。すばらしい子どもたちと孫たちにも恵まれた。私は家族を誇りに思っている」

アランのストーリーは、人間関係の力について本研究が得た教訓を生き生きと語るものだ。また、大事な真理を思い出させてくれる。誰の人生にも、自分の力ではどうにもならないことどうにかなることが混在している。一人ひとりが、配られた手札で道を切り拓いていくほかない。

意志の力で変えられること

幸福と自由は、一つの原則をしっかり理解することから始まる。自分の意志で思いどおりになることと、ならないことがある、ということだ。

——エピクテトス『語録』

アリストテレスと同じく、エピクテトスも古代ギリシャの偉大な哲学者だ。エピクテトスという名はギリシャ語で「買われた者」を意味する。奴隷として生まれた彼にとって、自分の思いどおりに人生を生きられるかどうかは、個人的な関心事でもあった。

自分の意志では変えられないことに執着するとみじめになる、とエピクテトスは述べた。だから、人生で大切なのは、変えられるものと変えられないものを区別することだ、と。神学者ラインホルド・ニーバーの「平安の祈り（ニーバーの祈り）」は、その現代版で、本人の言葉遣いとは少々異なるが、以下の文言で引用されることが多い。

神よ、私に自分の力で変えられないものを静かに受け入れる力と、
変えられるものを変える勇気と、
変えられないものと変えられるものを区別する賢さを与えたまえ。

世の中には自分の力ではどうにもならないことがあり、だから本当の幸せに手が届くはずがない、と信じ込む人は多い。「生まれつき才能がないから」「内向的だから」「トラウマにずっと苦しんでいるから」「世の中は不公平なもので、自分は他の人ほど恵まれていないから」と考える。人生にはくじ引きのようなところが多分にある。お気に召さないかもしれないが、幸福に影響する**生まれつきの才能や境遇**というものはあり、意志の力ですぐに思いどおりに変えられるものではない。遺伝、ジェンダー、知性、障害、性的指向、人種などは人生を左右する。こうした影響が生じるのは、もちろん、文化による偏見や慣習のせいだ。例えば、アフリカ系米国人は米国において社会的に不利な立場に置かれている。平均的に、他の人種よりも貯蓄が少なく、受刑率が高く、健康状態もよくないせいで、社会経済的に不利な状況にはまりやすく、抜け出すのも難しい。ディートンとカーネマンの研究をはじめ、多くの研究が示すように、社会経済的状況は幸

福感や心の健康に影響を与えうる。

このことは、本研究の被験者の人種構成に対する重大な疑問を思い出させる。二〇世紀半ばの米国で育ったジョンやレオ、ヘンリーら白人男性の人生から得られる知見は、現代を生きる女性や白人以外の人種、国や文化、境遇がまったく異なる人々にも当てはまるのか？　被験者が属する集団にしか当てはまらないのではないか？

この疑問を投げかけられたとき、筆者のマークは、『サイエンス』誌に掲載された驚くべき重要な論文を思い出した。世界五地域で男女を対象に実施された五つの研究を分析し、人間関係と死亡リスクの関連性を調べた論文だ。

五地域には、ジョージア州エバンス郡とフィンランド東部が含まれていた。

一九六〇年代に米国南部で育ったアフリカ系の女性とフィンランドの凍てつく湖の岸辺で暮らしていた白人男性では、人生のありようはかけ離れていたはずだ。少し考えれば想像がつく。五つの研究はすべて前向き縦断研究だった。本研究と同じく、時間とともに展開する人生を観察し続けたものだ。

他の多くの研究と同じく、男女の両方において、重要なのは地理と人種だった。平均死亡率はエバンス郡が最高で、フィンランド東部が最低だった。エバンス郡内では黒人のほうが全年齢層で白人より死亡リスクが高かったが、この差はフィンランドとエバンス郡の差よりも比較的小さかった。とりまとめると、こうした違いは際立っており、重要な意味があった。しかし、もっと重要な発見もあった。少し俯瞰して見ると、五地域の男女のデータには目立って共通するパターンがあった。**人間関係が良好な人ほど、年齢に関係なく死亡リスクが低かった**のだ。ジョージア州の片田舎に暮らす黒人女性であれフィンランドの白人男性であれ、人とのつながりが強いほど、どの年のデータでも死亡率が低かった。

場所や属性の異なる集団に一貫して見られる結果は、科学において「再現性」と呼ばれるもので、なかなかお目にかかれない貴重な現象だ。科学では、一つの研究で興味深い知見を得ただけでは、一件落着とはならない。とりわけ研究対象が人生のように複雑なものである場合、複数の研究において一貫性や同じ方向性のある結果が得られることが何より重要だ。再現性のある結果が得られてようやく、まぐれではないという確信が得られる。

五地域の研究分析論文の発表から二〇年余りが経った二〇一〇年、はるかに大規模なもう一つの研究によって、人間関係と死亡リスクの関連性は揺るぎないものになった。ジュリアン・ホルト＝ランスタッドらは、世界各地（カナダ、デンマーク、ドイツ、中国、日本、イスラエルなど）で実施された一四八件の研究（合計被験者数三〇万人以上）を分析した。結果は、先の『サイエンス』誌の論文の内容と一致していた。年齢層、性別、民族を問わず、よい人間関係と長寿には強い正の相関があった。実は、ホルト＝ランスタッドらは相関を数値として割り出していた。驚くことに、**どの年のデータでも、良好な人間関係は生存率を五〇％以上高めていた**。全研究を通してみると、他者とのつながりが最も少ない人の死亡率は、つながりが最も多い人に比べ、男性で二・三倍、女性で二・八倍高かった。喫煙とがんの相関に匹敵する強い相関だ（米国では、喫煙は予防可能な死因の筆頭とされている）。

ホルト＝ランスタッドの研究は二〇一〇年に完了した。その後も、ハーバード成人発達研究も含め、数多くの研究が、場所や年齢、民族、背景にかかわらず、良好な人間関係と健康にはつながりがあると裏付けた。大恐慌時代にサウスボストンで育った貧しいイタリア系移民の子どもの人生は、一九四〇年にハーバード大学を卒業して上院議員になった人の人生とは違うし、現代の有色人種の女性の人生とはもっと違う。だが、人間であるという基本条件は同じだ。ホルト＝ランスタッドらの研究のように数百件の研究を分析すれば、良好な人間関係がもたらすメリットは、地域や都市、国、人種が違っても大して変わらないことがわかる。もちろん、多くの社会に格差があるし、社会の慣習やしくみが多くの格差や苦痛を生んでいるのは議論の余地のない事実だ。しかし、人間関係が幸福と健康に与える影響力には普遍性がある。

本書では、暮らしている社会や肌の色とは関わりなく、幸せな人生を歩むためにできることに着目していく。境遇の差を超えて、人生の質に影響を与えていることが明らかな、変えられる因子に大きく注目していく。人生に影響を与える因子、意志の力で変えられる因子だ。

だが、どんな種類の影響を与えるのだろうか？　人生において自分の意志で変えられることと変えられないことのどちらが重要なのだろうか？

筆者の二人はこの手の質問をよく受ける。講演の後や雑談の場で、ふと相手が心配そうな表情になることがある。口を開く前から何を尋ねたいかわかるくらいだ。

「お金や健康面に不安があると、人生に悪影響があるでしょうか？」

「内気で友人をつくるのが苦手だと、幸せな人生には手が届かないということでしょうか？」

ボブがある女性から受けた質問はこうだ。「ひどい子ども時代を送ったから、人生がまったくうまくいかないのでしょうか？」

ある事柄が重要だと述べることと、その事柄が運命を定めると述べることは、意味がまったく異なる。科学研究においては集団間の差異に着目し、差異が信頼できると思われるときには「統計的に有意である」と言う。だが、小さな差異でも統計的に有意なものはある。数字的にはごくわずかな差異であってもだ。つまり、ある事柄が重要だと述べる場合には、それが**どのくらい**重要なのかも考える必要がある。

適応能力が人を強くする

心理学者のソニア・リュボミアスキーは説得力のある証拠を揃え、「幸せの条件とは何か？」という問いへの答えは存在する、と主張した。エピクテトスですら感心しそうな分析を行い、人間の幸福度はどの程度まで変わるのかを検証したのだ。

幸福度の変わりやすさを研究するため、彼女は「異なる家庭で育った双子の幸福度」から「ライフイベントとウェルビーイングの関連性」まで、膨大な数の研究成果を検討した。過去の研究では、「幸福の設定値」、つまり幸福の基準値というものがあり、主に遺伝や個人の性格で決まるものとされていた。ひどく不幸だと感じる時期や、逆に最高に幸せだと感じる時期があったとしても、幸福度はやがて設定値に戻っていく。心理学の文献が何十年も主張してきた揺るぎない知見だ。一般的に、ある出来事によって強い幸せや悲しみが生じても、気分の上振れや下振れはやがて小さくなっていき、いつも感じている幸福感に落ち着いていく。例えば、宝くじに当選しても、一年後には幸福度が他の人と変わらなくなる。

しかし、幸せの設定値がウェルビーイングを決めてしまうように見えるとしても、それで決まるのはせいぜい人生の半分弱、という点が重要だ。リュボミアスキーらは研究データを活用し、幸福に関しては意志に基づく行動が非常に大事だと推定した。幸福の半分近くは自分の行動や選択で決まる。自分の意志でコントロールできる部分は結構大きい。

こうした知見は、人間について本質的で希望のわく真理を明かしてくれる。人には適応能力があるという事実だ。人は想像を絶する苦難を乗り越え、つらい時期を笑顔で乗り切り、試練を経てさらに強くなる。打たれ強く、勤勉で、創造力にあふれる存在だ。幸せの設定値という概念や宝くじ当選者をめぐる研究が示すように、人間には、よい状況にもやがて慣れてしまうという面がある。幸福感は無限に高まるわけではない。どこかで頭打ちになり、そのレベルが当たり前になる。これは、お金について考えるときに非常に重要なポイントだ。年収が一〇万ドルを超えれば、転職すれば、使い古した車からランクが上の新車に乗り換えれば幸せになれると思うかもしれないが、夢が実現すればすぐに慣れ、脳が新しい挑戦、新しい欲望を求める。宝くじの当選者だって、永遠に有頂天ではいられない。

これは人間の欠陥ではない。事実として生物学的にそうできているせいだ。良い経験も悪い経験も、脳内の同じ部位に起こる神経学的・心理学的反応だ。この点で、科学はストア哲学や仏教をはじめとする宗教的伝統の教義と一致する。つまり、人生経験の受け止め方は、外の世界で起こることだけでなく、むしろ心の持ちようで決まる部分が大きい。

前述のケニオン大学の卒業式のスピーチの中で、ウォレスは西洋の近代文化(西洋以外にも当てはまるものだが)が人の心に及ぼしてきた影響を指摘している。

類のない巨富と快適さと個人の得手勝手。そこでの勝手気ままな自由とは、せいぜいがあらゆる創造の中心にぽつんと孤立して、頭蓋骨サイズのちっぽけな王国でふんぞり返る暴君の自由です。まあ、こういった自由にも見るべきものはあるでしょう。しかしもちろん、まったく別種の自由もあるのです。なによりも貴重なその自由があなたがたの耳に聞こえないのは、渇望と達成、これ見よがしに明け暮れる広大な外の世界では、あまり語られることがないからです。ほんとうに大切な自由というものは、よく目を光らせ、しっかり自意識を保ち、規律を守り、努力を怠らず、真に他人を思いやることができて、そのために一身を投げうち、飽かず積み重ね、無数のとるにたらない、ささやかな行いを、色気とはほど遠いところで、毎日つづけることです。

よい人生を動かすエンジン

高校教師のレオには四人の子どもがいた。三人は今も本研究の被験者だ。二〇一六年には、娘のキャサリンにボストンの研究室まで出向いてもらい、対面調査に加え、心身の健康状態、ネガティブな感情への対処法を評価する調査を行った。半日ほどの調査では、苦労した時期や落ち込んだときの記憶を語ってもらう。こうした経験は、人間を知るという意味でも科学的にも学ぶものが多い。というのも、苦労こそ人をつくるものだし、困難への対処法も示してくれるからだ。苦労した時期について尋ねると、キャサリンは以下の体験を記してくれた。

夫と私が親になろうと決意した頃、短期間に四回の流産を経験しました。生まれて初めて、人生には思いどおりにならないことがあるんだ、と思い知りました。人は成功よりも失敗から多くを学ぶと言いますが、そう学んだのはあの頃を振り返ってのことです。夫婦にとっての試練でしたが、親になりたいという気持ちに振り回されないようにしよう、と二人で心に決めたのを憶えています。夫婦にとってつらい時期でした。振り返ってみれば、困難を通して夫婦がチームになることを学んだ時期でもありました。また、子どもをもつことが夫婦の生活のすべてにならないように意識しました。互いをパートナーとして選んだのだから、子どもがいてもいなくてもお互いを大切にしなければ、と思ったんです。

人間関係は、人生において何かを達成するための足がかりや、健康や幸福の基礎になるだけではない。人間関係を育むこと自体が人生の目的だ。キャサリンは心から子どもを望んでいたが、親になるという願いが叶うかどうかにかかわらず、夫婦の関係を大切にした。筆者らは科学者として、人間関係がもたらすさまざまな効果を数値で測定しようとする。だが、人間関係は、二度と戻らない瞬間ごとの豊かな経験に満ちており、単調な日々の生活に生き生きとした力を与えるものだ。また、他者は常にとらえどころのない謎めいた存在だ。だからこそ人間関係は興味深いし、即座に見返りがあろうとなかろうと、真摯《しんし》に向き合う価値がある。哲学者のハンナ・アーレントも、「愛はその本質において、世俗的価値を超越する」と述べている。

人間関係は日々の生活の中心にあるため、人生というパズルにおいて、重大かつ実利的な影響力を発揮する。人間関係の実利的価値は、近代以降、正当に評価されていない。人間関係は人生の基礎であり、人間の行動と存在の中心をなすものだ。収入や仕事の成功など、一見人間関係とは無縁に思えるものでも、実のところ人間関係から切り離すのは難しい。評価してくれる人が周りに誰もいなかったら、仕事で成功しても意味がない。ともに分け合う相手がいなければ、意味のある使い方をできる相手がいなければ、収入にも意味はない。

よい人生《グッド・ライフ》を動かすエンジンは自分自身だ、とジョン・マースデンは信じていたが、それは違う。むしろレオ・デマルコの人生が示すように、他者とのつながりこそがエンジンだ。失恋による心痛から友情の絆がもたらすささやかな感動、恋愛の高揚感まで、人間は祖先からさまざまな感情を受け継いできたが、感情とは、人間関係というエンジンの動きそのものだ。マインドフルネスの指導者として知られるジョン・カバットジンが、映画『その男ゾルバ』のセリフを借りて述べたように、人生は「厄介ごとだらけ《カタストロフィ》」だ。厄介ごとだらけの人生のなかでふとしたつながりを感じるとき、幸せが生まれる。

ここで、読者のみなさんは、「なるほど、そうか。でも人間関係を改善するにはどうしたらいいんだろう？　簡単にできることじゃない。どう変えたらいいんだろう？　何から手をつけたらいいんだろう？」とお思いかもしれない。

人生を変えること、とりわけ毎日の生活習慣を変えるのはなかなか難しい。前向きな気持ちでとりかかっても、心にしみついた思考に癖や社会的慣習の力にすぐに屈してしまう。面倒なことに直面すると、「努力はしたけど、どうすればいいかわからないから、もう今までと同じでいいや」とめげてしまいたくなる。

筆者らも臨床現場でそんな光景を日々目にしている。ずっと同じ目標に向かって人生を歩んできた人ほど、その道ではだめだと思ったとき、他の道を進む可能性を受け入れにくい。キャサリンの状況も、もっと悪くなる可能性があった。だが彼女は、自分の意志ではコントロールできないこと（目標として定めた期限までに妊娠する）と、できること（夫との関係を育む）をきちんと分けて考えることができた。試練の渦中、夫妻は互いを許し合い、親密な関係を保つことができた。幸い、彼女はついに妊娠し、「奇跡の赤ちゃん」と呼ぶ息子を出産した。しかしそれ以前に、彼女は大事な戦いにおいて勝利を収めていた。彼女は苦難に正面から向き合い、正しい対処法を選択し、夫婦の関係を育むことに心を砕いた。この行動が厳しい試練をくぐり抜ける力を与えてくれた。

さまざまな縦断研究が記録したさまざまな人生は、誰の人生にも紆余曲折があること、自分の意志による選択が重要であることを教えてくれる。人生のあらゆるステージ、あらゆる状況に、よい人生につながる可能性がたくさん詰まっている。被験者たちの人生がその証拠だ。

以降の章では、研究結果や被験者の人生をたくさん紹介する。被験者の人生のストーリーを読みながら、自分自身を振り返り、大切な人について思いをめぐらせていただきたい。失敗と再起をめぐるストーリーや断絶と愛をめぐるストーリーから、自分に通じる部分を見出し、自分の人生のなかで順調な部分と改善したい部分を考えてみてほしい。人はみな、さまざまな経験を積み重ねている。そうした経験が幸せへの道を示してくれる。

まず、広角レンズで、人生全体を衛星画像のようにとらえてみよう。大きな地図の上で現在位置を確認すれば、いいスタートが切れるだろう。目的地にたどり着くには、まず自分がどこにいるのかを知る必要がある。

第3章　紆余曲折の人生を俯瞰して見てみよう

運命を避けようと進んだ道で、運命が私たちを待ち受けている。

――ジャン・ド・ラ・フォンテーヌ（フランスの詩人）

ハーバード成人発達研究の質問票（一九七五年）より

若い頃はそれほど重要だとは思わなかったのに、五〇歳を過ぎて重みを増した問題はありますか？　その問題にどう対処しようとしてきましたか？

六〇歳に近づいた頃、ウェス・トラバースは考え込むようになった。人生を振り返り、過去の経験と現在の状況のつじつまを合わせようとしていた。どうやって今に至ったのか？　何が節目になったのだろうか？　おぼろげながら、しきりに脳裏をよぎる記憶が一つあった。ウェスが七歳のとき、父親は小さなバッグに荷物を詰め、ボストン市内のウエストエンドにあったアパートを出ていった。二度と戻ってこなかった。残された母親、ウェス、三人のきょうだいは、先行きを案じて呆然としながらも、どこかほっとしていた。父親は、子どもたちがごく幼い頃こそ優しかったが、やがて人が変わった。気が短く、すぐ暴力をふるったし、年長の子どもたちは血を流すほど殴られることもあった。真夜中に泥酔して帰宅したし、浮気もしていた。父親が家を出ると生活は一変し、平穏な日々が訪れた。しかし、子どもたちには新たな苦労やお金の問題がのしかかり、年端《としは》もいかぬうちから大人のような苦悩を抱える羽目になった。父親の不在は人格形成期のウェスに大きな影響を与えた。

「もし父親がそばにいたら人生は違っただろうか、と思うんです」とウェスはのちに研究チームに語っている。「もっとましだったか、悪くなったかはわからない。でも、考えてしまうんです」

ハーバード成人発達研究の研究者が一四歳のウェスに対面したとき、彼の人生はすでに試練の連続だった。内気で口下手だったため、研究者たちに自分の状況を正確に伝えるのも一苦労だったが、基本的な情報を伝えることはできた。学校生活はつらかった。集中力がなく空想にふけりがちだったし、どの科目も成績はふるわなかった。

一〇代前半にはありがちなことだが（実はどの年代もそうなのだが）、ウェスには広い世界に目を向ける余裕がなかった。目の前の問題で手一杯で、将来の計画はなく、希望もないに等しかった。しかし、彼が進む道はまだ定まっていなかったのだ。時をさかのぼって一〇代のウェスに会い、将来の姿を見せたら、とても驚いたはずだ。のちほど詳しく紹介するが、ウェスは思いもかけなかった人生を送ることになる。

「鳥の目」で人生を眺める

生涯縦断研究の長所は、被験者が一生をかけて歩んだ道の全体像を見渡せる点だ。人生に起こる出来事や試練を一連の流れとして把握できる。人生の紆余曲折や行き止まり、浮き沈みを追いかけながら、長い旅路を見ていく。出来事そのものだけでなく、他の出来事との関係も考える。この種の記録はまるでストーリーのようだ。被験者の人生の歩みは胸を打つ。一人の人物による一生涯をかけた冒険の記録なのだから当然だ。しかし、数百人の冒険の記録を集めて丁寧に数値化すると、科学研究の材料となり、共通するパターンが見えてくる。

自分の人生の年表を、本書を読んでいる他の読者の年表と一緒に並べてみれば、本研究の被験者の人生に似たパターンが浮かんでくるはずだ。一人ひとりの人生には唯一無二の特徴があるけれど、ジェンダー、文化、民族、性的指向、社会経済的条件の違いを超えた、明らかな類似点も浮かび上がってくる。ウェスは父親の虐待に怯えていたが、両親の不仲のせいで心に強い不安を抱えていた人や、学習障害があったためいじめに遭い、学校に行くのが怖かったという人もいた。共通する経験や繰り返し出現するパターンを見ていると、人知れず苦労や試練を重ねている人も、過去や今この瞬間にも似たような体験をくぐり抜けている人がいるんだと認識できる。この意味で、人の心と無縁に見える科学研究の材料が、誰かの心を動かすことがある。自分は独りではないと気づかせてくれるのだ。

それに、人生は常に変化し続けるという事実も万人に共通している。気づかないほど緩やかな変化だ。そのため人は、自分は川底の動かない岩で、世界が水のように周りを流れている、ととらえている。だがこの認識は間違いだ。人は現在から未来に向かって絶えず変化し続けている。

本章では、人々の人生に共通するパターンや、人が曲がりくねった人生の道を変化しながら進んでいくようすを「鳥の目」で眺めていく。一歩引いて大きな絵としてとらえれば、自分の経験のさまざまな側面――自分がどう変化していて、どんな変化が起こりうるか――、また他の人々が人生をどう切り拓いているのかが、はっきりと見えてくる。二〇歳と五〇歳、あるいは八〇歳では、人生は違って見える。「人の行動はその立場によって決まる」という古い格言のとおりだ。どの場所に立って見るかによって、世界の見え方は変わる。

筆者の二人が心理療法家や対面調査の担当者として初対面の相手と接するときも、この立場から出発する。相手が三五歳なら、これまでどんな紆余曲折があり、この先どんなことが起こりそうか、多少の推測ができる。完全に型どおりの人生は一つもない。人生はもっと奥深いものだ。だが、現在どのライフステージにいるのかを考えれば、その人の人生のありようは格段に理解しやすくなる。この方法は、人生で出会う相手や、自分自身を理解したいときにも有効だ。こんな目に遭っているのは自分だけではない、多くの人が直面する変化なんだ、とわかっていれば、人生はわずかながら楽になる。

本研究の被験者に「八〇年に及ぶ研究に参加していちばんよかったことは何か」と尋ねると、「定期的に自分の人生を見直す機会が得られた」と答える人が多い。ウェスも、自分の気持ちや人生を振り返る時間が得られたことで、自分が手にしているものへの感謝の気持ちがわき、本当に求めているものがわかった、と繰り返し言っていた。幸いなことに、研究の被験者にならなくても、同じことは実現可能だ。少しがんばって自分を振り返るだけでいい。本章では、みなさんに具体的な方法を紹介していく。

ミニ・ハーバード研究をやってみよう

自分の母親や父親の若い頃の写真を見ると、意外な姿に驚くものだ。自分の親というより、通りすがりの他人のように見える。屈託のない表情は別人のようだ。若い頃の自分の写真を見れば、見た目の変化を目の当たりにし、あきらめた夢や当時の秘めた思いが蘇《よみがえ》ってくる。懐かしさや切なさに襲われることもあるだろう。あるいはウェスのように、若い頃を振り返ると、封印してきた悲しみや苦労を思い出す人もいるだろう。

こうした思いがわいてくるなら、それはその人の人生において重要な領域だ。だから、心のエクササイズに役立てることができる。著者二人が運営に関わるライフスパン研究財団（www.lifespanresearch.org　英語のみ）のために開発した、自分の心を探る簡単にして効果的なエクササイズだ。気が向いたらぜひやってみてほしい。

まず、今の年齢の半分くらいの頃の自分の写真を用意する。三五歳未満の人は、成人した頃の写真を使おう。実際、今よりずっと若い頃の写真ならどれでもいい。ただし、頭の中で思い返すのではなくて、必ず実際の写真を探して使うこと。写真がとらえたリアルな姿、具体的な場所や時期、表情といったディテールがエクササイズの効果を生むからだ。

次に、写真の中の自分をよく見ること。なぜあんなに茶色の服が好きだったんだろうと思ったり、スリムな体型や髪の量に驚くのはやめて、写真が撮られた瞬間の自分に戻ってみてほしい。

数分かけて（結構長い時間だ）じっくり写真を見つめ、当時のすべてをありありと思い出してみる。あの頃、何を考えていたのか？　何に悩み、どんな夢をもっていたのか？　将来に向けてどんな計画を立てていたのか？　誰と一緒に過ごしていたのか？　何がいちばん大切だったのか？　そして、当時を振り返ったとき、自分は何を後悔するのか？　これが最も難しい質問だ。

これらの問いへの答えを言葉にすることが大事だ。思い浮かんだことをメモしていく。好きなだけ詳しく書くといい。本書に興味をもっている人が身近にいるなら、その人にも昔の写真を用意してもらって、一緒にこのエクササイズに取り組もう。（縦断研究の専門家としては、プリントした写真が手元にあるなら、本書の読書中は栞《しおり》として使い、読み終えたら、書いたメモと写真をこのページに一緒に挟んでおくことをおすすめする。将来、身内の誰かが本書を手に取り、エクササイズを試すときに、写真とメモから得るものがあるかもしれないからだ。家族や大切な人の過去の記録はとても貴重で価値あるものだ。）

人々の生涯から有益なデータを抽出しようと試みたのは本研究が初めて、というわけではもちろんない。人類は、数千年にわたり、共通するパターンから人生の秘密を解き明かそうとしてきた。パターン分析には多種多様な方法があるが、多いのは人生を段階《ステージ》に分ける方法だ。

古代ギリシャ人のライフステージ論は諸説ある。アリストテレスは三つ、ヒポクラテスは七つあると主張した。シェイクスピアは『お気に召すまま』の有名な「この世はすべて舞台」というセリフにおいて、「人生は七つの時代から成る」と書いた。人生には複数のステージがあるという考えは、当時の観客にもおなじみだったと思われる。シェイクスピア自身、おそらく学校でそう教わったのだろう。

イスラムの教えにも「人間の魂の七段階」というものがある。仏教では、悟りへの道を牛を飼うことになぞらえ一〇段階で説明する「十牛図《じゅうぎゅうず》」がある。ヒンドゥー教では人生を四段階に分けて「アーシュラマ（四住期）」と呼ぶ。現世について学ぶ「学生期」、仕事に打ち込み、家族の世話をする「家住期」、家族と離れて修行する「林住期」、霊性の探究に専念する「遊行期」から成るが、現代心理学のライフステージ理論に大いに通じる部分がある。

科学にも、人間の生物学的・心理学的発達をめぐる理論はたくさんある。だが、科学は長い間、幼児期の発達にばかり注目してきた。最近まで、心理学の教科書は成人の発達をほとんど扱っていなかった。成人になれば人格は完成し、老化が始まるまで肉体的・精神的に重要な変化は起こらない、ととらえていた。

一九六〇年代から一九七〇年代にかけて、この見方が変わり始め、成人期は重要な変化や機会が生じる時期だととらえる専門家が次々と現れた。一九七二年から二〇〇四年までハーバード成人発達研究のディレクターを務めたジョージ・ヴァイラントもその一人だ。本研究の縦断的データを見れば、成人期の重要性を否定するのは困難だ。人間の脳の「可塑性《かそ》」についての新発見もあった。成人の脳は加齢とともに小さくなり機能が衰える一方で、生涯にわたって機能が向上し活性化する面もあることが発見されたのだ。

つまり、最新科学によれば、人間は人生の全ステージにおいて変化し続けるし、変化は悪いものばかりではない。よい変化も起こりうる。

重要なライフイベントとタイミング

ライフサイクルを理解するうえで、とりわけ役立つ理論が二つある。米国の発達心理学者のエリク・エリクソンと画家のジョーン・エリクソン夫妻は、成人は老いに向かう途上で重要な課題に次々と直面しながら発達する、ととらえた。米国の心理学者バーニス・ニューガーテンは、人生において重要な出来事（ライフイベント）があるべきタイミングは、その人が属する社会や文化が決める、ととらえた。

エリクソン夫妻は、認知的課題、生物学的課題、社会的課題、心理的課題に基づいて人の一生をライフステージに分け、それぞれのステージに生じる課題を「危機」ととらえた。人は課題（危機）にうまく対応できることもあれば、できないこともある。また、どのステージにおいても、複数の課題がある。例えば、青年期には、人と親密な関係を育めるのか、それとも孤立するのか、という危機に直面し、「愛する人が見つかるだろうか？　それともずっと一人で生きていくのだろうか？」と自問する。中年期には、「ジェネラティィビティ（次世代育成能力）」を発揮して次の世代にバトンを渡せるのか、それとも人生は停滞したままなのか、という危機に見舞われる（次世代の育成に貢献できるのか、それとも自己本位な人間のままであり続けるのかと悩む）。数十年にわたり、心理学者や心理療法家は、人生のハードルを役立てるという観点から、エリクソンのライフステージ理論を活用してきた。

もう一人の成人発達研究の先駆者であるバーニス・ニューガーテンの見解は、エリクソン夫妻とは異なる。人間の発達は生物学的な年齢（「発達の時計」）に完全に従うのではなく、むしろ社会や文化に大きく左右される、とニューガーテンは主張した。親の育て方やしつけ、周囲の影響（友人やニュース、SNS、映画）が、人生の重大事《ライフイベント》を迎えるべき時期を決める「社会の時計」（暗黙のスケジュール）になる。社会の時計は文化や世代によって異なる。生まれ育った家を離れる、長く親密な関係を始める、子どもをもつといった重要なライフイベントの一つひとつに、社会的な価値や意味、望ましいとされる時期があり、社会の期待に沿っているかどうかによって、「スケジュールどおり」または「スケジュールから外れている」と見なされる。重大なライフイベントのいくつかは伝統的な異性愛者のライフスタイルを基準にしているため、LGBTQ+の人の多くは、自分の人生が「スケジュールから外れている」と感じている。ニューガーテン自身、「自分はスケジュールから外れていた」と言っていた。結婚したのは早かったし、心理学の道に進んだのは人より遅かった。彼女の理論によれば、「スケジュールどおり」のライフイベントは人生が順調に進んでいるという安心材料になるが、「スケジュールから外れた」ライフイベントは、人生が軌道から外れているのではないかと不安を抱かせる。スケジュールから外れていること自体がストレスになるのではなく、他者（と自分自身）の期待に沿っていないと感じるために不安を感じてしまうのだ。

　二つの理論——人生は課題（危機）の連続だとする考え方と、ライフイベントの重要性やタイミングは社会によって異なるという考え方——は、人が発達途上で抱く感覚や世間との関わり方を説明するうえで大いに役立つ。

　しかし、人生の紆余曲折の道のりをとらえる方法は他にもある。人間関係というレンズを通して見る方法だ。人は本質的に社会的な存在なのだから、人生に重大な変化が生じるとき、その中心にあるのは人間関係だ。一〇代の若者が一人暮らしを始めるときにわくわくするのは、新しい場所に暮らすからだろうか、それとも**親元を離れて新しい友人ができるからだろうか？**　二人の人間が結婚するとき、人生を変えるのは、結婚式という儀式やイベントだろうか、それとも**二人が培《つちか》う絆だろうか？**　時とともに人が成長・変化していくなかで、自分という人間の本質や人生の歩みに最も影響を与えるのは人間関係だ。

幸せな人生には、成長と変化が欠かせない。人は、年をとっていけば自然に変化し、成長するわけではない。経験し、耐え、行動することのすべてが成長の軌跡を左右する。**成長過程において最も重要なのは、人間関係だ。**自分の意欲をかきたて、人生を豊かにしてくれるのは、他者という存在だ。新たな人間関係が始まれば、新たな期待、新たなトラブル、新たな課題が生じるが、そのとき「準備が整っている」ことはまずない。例えば、準備が完璧に整った状態で親になる人はまずいない。しかし、親になり、小さな子どもの責任を引き受けることで親になる準備が整っていく。目の前の状況が人をつくる。人間関係やライフステージが変わるたび、やらねばならないことに対応しながら生きていくのが人であり、その過程において人は変化する。それが人の成長というものだ。

ここからは、人生を形づくるさまざまな人間関係を通して、各ライフステージの簡単なロードマップを見ていく。ライフサイクルに関する膨大な研究文献に比べれば、レストランのナプキンにさっと描いた地図のようにシンプルなマップだ。ライフサイクルについて詳しく知りたい人は、巻末の参考文献リストを参照していただきたい。これから述べるライフステージの中には、自分の人生や課題に当てはまるものもあれば、そうでないものもあるだろう。自分に当てはまらなくても、知り合いや大切な人の人生に当てはまるステージもあるかもしれない。

人間関係から見たミニ・ロードマップ

・青年期（一二〜一九歳）――「綱渡り」のような危うい時期

まずは、悪名高いライフステージである一〇代から始めよう。急成長する時期だが、矛盾と混乱に満ちた時期でもある。青年期の若者は、大人への階段を上りながら、燃えるような日々を過ごす。家庭内に一〇代の子どもがいる時期は、親子の両方が不安にかられる。米国の心理学者リチャード・ブロムフィールドの言葉は、この時期の「綱渡り」のような親子関係をよくとらえている。一〇代の子どもが大人に求めているのは、

抱きしめてほしいけど、子ども扱いはしないこと
評価してほしいけど、恥ずかしい思いはさせないこと
導いてほしいけど、管理はしないこと
自由にさせてほしいけど、見捨てないこと

周りの人も不安定になるライフステージだが、本人はもっと不安にかられている。大人になるにはいくつかの大きな課題を達成する必要がある。最も重要なのはアイデンティティの確立だ。

新たな関係に飛び込み、今ある関係を変えていくことになる。人間関係が一変することもある。一〇代の若者は、他者との出会いを通して、自分自身や世の中、他者に対する新しい視点を培っていく。

一〇代の若者は、**内面的には**、わくわくする気持ちと怖れを抱いている。可能性はたくさんある。だが、人生に対する根本的な疑問がわいてきて、不安も尽きない。例えば、こんな疑問だ。

・自分はどんな人間になろうとしているのか？　誰のようになりたくて、誰のようにはなりたくないのか？
・人生で何をすべきか？
・今の自分、目標にしている自分に誇りを持てるか？　尊敬している人のようになるには、どのくらい努力すべきなのだろうか？
・自分の手で人生を切り拓いていけるだろうか？　それとも、誰かの支えが常に必要になるのだろうか？
・友人たちから本当に好かれているだろうか？　彼らを信じてもいいのだろうか？
・性や恋愛のことで頭がいっぱいになっている。親密な関係を求める強い衝動をどうコントロールしたらいいのだろう？

一〇代のどこかの時点で、親は仰ぎ見る存在ではなくなり、普通の（ときに退屈な）大人になる。このとき、人生のロールモデルとなる存在が一時的に不在になる。親の支え（食事、送り迎え、お金）はまだ必要だが、現実には友人関係のほうが重要になる。刺激し合う友人関係が生まれ、ときどき波乱はあるものの、新たなレベルのつながりや親密さが生まれる。いちばん重要なのは「自分は何者なのか」という問いだ。服装のスタイルから政治的信条、性自認まで、試行錯誤を繰り返しながら、仲間と一緒に自分のアイデンティティを見出していく人が多い。一〇代ほど、親しい友の存在が大切な時期はない。

外面的には、青年期は矛盾の塊に見える。中年の親にとっては、ＳＦ映画『ボディ・スナッチャー／恐怖の街』の世界だ。映画では、街の人々の肉体が次々と宇宙人に乗っ取られていく。そんなふうに、かつては素直だった子どもが、気難しい一〇代の少年少女に変貌する。子どもっぽく甘えてきたと思えば、次の瞬間には何もかもわかったような尊大な態度をとる。臨床心理学者アンソニー・ウルフの育児書のタイトルは、一〇代の子どもの心理をうまくとらえている――『Get Out of My Life, but First Could You Drive Me and Cheryl to the Mall?』（私にかまわないで。でもその前に、私とシェリルをショッピングモールまで送ってくれる？　邦訳のタイトルは『10代の子のために、親ができる大切なこと』）。一方、一〇代の子を育てた経験がある祖父母には、別の光景が見えているかもしれない。祖父母から見れば、孫の姿は明るい未来の象徴だし、孫の心境の変化は大人になるのに必要な試行錯誤だ。

どの見方も理解できる。車で長旅を続けると、見える景色が移り変わっていく。それと同じで、世の中を見渡すとき、ライフサイクルのどの位置にいるかによって、見えるものは違ってくる。他者のものの見方を想像し、受け止めることは、学んで身につけられるスキルだ。多少の想像力や努力は必要だ。不満があるときにはとくにそうだ。だが、不平不満や批判を口にしたり、相手がもっと変わってくれたら、と望んだりするよりも、人とのつながりを育むことに時間をかけたほうが自分のためにもなる。

青年期の若者の親や祖父母、教師、メンター、コーチ、ロールモデルという立場にある人のなかには、次のような疑問を抱く人もいるだろう。子どもが自立したがっているときに、支えてあげるベストな方法はあるのだろうか？　子どもがたくましく成長し、立派な大人になるために、どんな手助けができるだろうか？　また、子どもの青年期を、自分はどう乗り越えたらいいのだろうか？

まず、一〇代の子どもに特有の虚勢、「自分で何でもできる」という強がりに惑わされないことだ。彼らは大人の助けを必要としている。それを態度で示す子どももいるが、助けなんていらないと言い張る子どももいる。それでも、大人の支えは不可欠だ。実際、人生においては一〇代のときほど大人との関係が大切な時期はないかもしれない。研究によれば、青年期に親との関係を維持しながら自立していった若者のほうが、人生において大きなメリットを得ている。

「学生自治会研究」（米国北東部の三大学の学生自治会の学生を対象とする、本研究とも関連した縦断研究。第1章で紹介）のある被験者は、成人になって振り返って、一〇代の頃のもやもやした気持ちの理由がわかったと話している。四人の子どもの親になったことで、母親に対する見方が変わったと言い、研究者に次のように語った。

マーク・トウェインの有名なジョークに、「僕が一四歳のとき、父親は世の中のことを何もわかっていないように思えた。だが二一歳になったとき、何でも知っているように見えた。

父がわずか数年のあいだに多くを学んだことに驚いた」という言葉がありますね。これは私と母との関係にもぴったり当てはまります。もちろん、変わったのは母ではなくて私のほうです。長い間、母との距離がすごく近かったんです。思春期になると母がそばにいると不安になった。母が私の人生を生きていて、思いどおりには生きられないんじゃないかと思っていた。でも今になってみると、本当にすばらしい母親だったと思います。

そばにいることは重要だ。今の若者はオンラインメディアに囲まれて育ち、著名人の生き方にも影響を受ける。だからこそ、生身のロールモデルが身近にいることが極めて重要だ。人生の舞台として、オンラインが占める割合はますます大きくなっている（これについては第5章で詳述する）。だが、リアルな生身の存在は、今でも本当に重要だ。青年期の若者が将来を思い描くとき、人生のひな型《テンプレート》となるのは、同世代の仲間、教師、コーチ、親、友人の親（過小評価されているロールモデル）、そして年上のきょうだいだ。そう、ウェス・トラバースのケースがまさにそうだった。

きょうだいが親代わりになる場合

父親が家を出てから七年後、ウェス・トラバースは一四歳で本研究の被験者になった。ウェスの母親に父親の不在が子どもたちの生活に与えた影響を尋ねると、父親はもう子どものことにまったく関心がないし、子どもたちも父親への関心はない、と答えた。父親がいなくなり、生活は苦しくなったが、かえって家族は団結した。子どもたちは互いに助け合い、それぞれ働きに出て金を稼ぎ、毎週一人当たり平均一三・六八ドルを家に入れた。きょうだいの誰かに靴やコート、かばんがいるとなると、みんなでお金を出し合った。兄や姉は末っ子でおとなしいウェスの世話を焼き、就職しなくてすむようみんなで守った。進学してもらいたいと思っていたからだ。ウェスを守りながら、姉や兄は自分の子ども時代を思い出していた。幼い頃から働きに出るほかなく、悔しい思いをした。ウェスには子ども時代をたっぷりと送ってほしかった。姉のバイオレットはベビーシッターとして働き、ウェスに小遣いを渡していた。ウェスが大好きなサマーキャンプに毎年行けたのも、兄や姉がお金を貯めてくれたおかげだった。ウェスは本研究の対面調査で、「キャンプに行けたから非行に走らずにすんだ」と話していた。ボストンで夏を過ごしたウェスの知り合いの少年たちは、みんな非行に走っていた。ウェスは兄を尊敬していた。働き者で「家では悪態をつかない」兄は、弟のウェスの手本だった。一九四五年にトラバース家の初の対面調査を担当した研究者の手書きのメモがある。これを読めば、ウェスが家族の中で特別な存在だったことがわかる。

「ある日、ウェスが思いがけずキャンプから帰宅していたので、うれしくて泣いてしまった、と姉のバイオレットは言っていた」

だが、兄や姉はウェスを守り切れなかった。研究チームが一家を初訪問してからわずか一年後、一五歳のウェスは高校を中退した。家計を支えるためだった。それから四年間は、いくつかのレストランで皿洗いや雑用係の仕事をした。同年代の友人はおらず、暇な時間のほとんどは自宅で過ごした。生きがいを見つけたい、何者かになりたいという若者らしい夢もなかった。後の調査でウェスは「あの頃はつらかった。自分には価値がないと思っていた」と語っている。

兄や姉の庇護のもとから、突然大人の世界に放り込まれた。長時間労働に追われ、気晴らしの時間もほとんどなかった。つまり、ウェスは青年期の発達にとって重要な経験を得られなかった。単調な仕事に追われ、生きるだけで精一杯だった。恵まれない環境で育つ子どもにはよくあることだが、親友をつくる、アイデンティティを見出す、他人と親密なつながりを築くなど、発達において重要な過程が先送りされてしまった。自尊心が低かったし、自分探しのきっかけになる機会もほとんどなかった。

ウェスが一九歳のとき、米国が朝鮮戦争に参戦した。人生の見通しが立たず、ボストンにいても未来はないと考えたウェスは、本研究の被験者の多くと同じ行動をとった。軍に入隊したのだ。これが青年期から抜け出すきっかけになった。また、他の階層出身の同年代の若者とも友人になった。ウェスにとっては新しい体験だった。新たな役割を探し、生きがいについて深く考える機会が与えられたのだ。永遠に続くかと思われた苦難の日々を経て、ウェスは新たな発達段階に入った——成人期初期だ。

・成人期初期（二〇〜四〇歳）——自分のセーフティネットをつくる

ペギー・キーン、五三歳、本研究の第二世代被験者

二六歳のとき、私は本当にすばらしい男性と婚約していました。心から愛されていると感

じていました。でも、結婚式の日が近づくにつれ、心が落ち着かなくなった。心の底では「結婚してはだめ」とわかってたんです。実を言えば、自分が同性愛者だとわかっていました。でも、式の計画は進んでいたし、怖くて言い出せなかった。式が終わるとすぐに、私は心を閉じてしまいました。結婚生活がうまくいかない理由を夫のせいにしようとしました。数ヵ月もしないうちに離婚届を出しました。何もかもが最悪でした。同性愛者であるという事実を受け入れたからではありません。あんなにいい人をものすごく苦しめてしまったからです。私のせいで家族も嘆き悲しみました。自分が恥ずかしくてたまりませんでした。もちろん、同性愛者であることが理由ではありません。**自分という人間をもっと早く理解できなかったから**、それと、二人を支え、わざわざ遠方から式に出席し、祝福してくれた両家の家族や友人たちを悲しませてしまったからです。

成人期初期のペギーは、こんなふうに孤独に苦しんでいた。両親（第1章で紹介したヘンリーとローザ）は敬虔《けいけん》なカトリック教徒だったから、親子関係もぎくしゃくした。彼女は途方に暮れ、孤立した。

青年期が「私は何者なのか？」と問い始める時期だとすれば、成人期初期には、その問いに対する答えの真価が問われる。生まれ育った家庭から独り立ちし、親離れによって生じた空白を埋めるために新たな絆を結ぶ人は多い。キャリアや経済的自立が人生の中心になる。この時期に身につけた仕事と生活《ワーク・ライフ》のバランスの習慣は、その後の生き方のベースになる。同時に、成人期初期には親密な愛着を強く求める。恋愛だけとは限らない。信頼できる人と人生や責任を分かち合う関係だ。

成人期初期は、**外面的には**、仕事に集中し、恋人との親密な関係を深め、自分自身の家族を求め、生まれ育った家族から巣立つ時期だ。薄情でわがままな子どもだ、と誤解する親もいる。晩年を迎えた人は、成人期初期をうらやましく思うかもしれない。あるいは、ストレスが多く、人生の美しさが目に入らず、時間と選択肢がたくさんあって可能性もたくさんあるのに、それが目に入っていなくてかわいそうだ、と思うこともあるだろう。ことわざにもあるように、「若者は若さを無駄にする」ものだ。

成人期初期には自分の人生に責任が生じる。一方で、**内面的には**、将来への道が定まっておらず、不安にとらわれやすい。また、強い孤独感に苦しむこともある。やりがいのある仕事や、友達や仲間、恋人がなかなかできない場合、人生を順調に歩む他人の姿を目にするのすらつらい。

この時期には次のような疑問をもつことが多い。

・自分は何者なのだろうか？
・人生でやりたいことに取り組む能力はあるだろうか？
・正しい道を進んでいるだろうか？
・どんな主義や主張を支持しているのか？
・愛する人を見つけられるだろうか？　自分を愛してくれる人はいるだろうか？

成人期初期の若者を駆り立てる二大原動力——目標を達成し、世の中で成功を収めたい——という強い思いが罠になることもある。たしかに、個人的目標や仕事の目標を達成すれば、生きがいや自信につながるが、目標達成に邁進しすぎると、人間関係がおろそかになる。だが、人間関係は仕事と同じくらい生きがいをもたらすものだ。

目標達成にとらわれるあまり、孤立することもある。成人期初期には親密な友情がとても大切だ。自分のことを理解し、心の底を打ち明け合い、一緒に憂さ晴らしできる親友が一人でもいれば、人生は大きく変わる。家族との関係も引き続き重要だ。ただし、成人期初期における家族との関わり方は、社会によって大きく異なる。アジアや中南米の国々では、結婚前も後も親と同居し続けることはめずらしくない。対照的に、米国では親元から何百、何千キロと離れた土地で暮らすことが多い。物理的に離れているのは必ずしも悪いことではないが、親やきょうだいと心が通じていれば、成人期初期の試練を乗り越えるのが楽になり、自信をもってリスクをとれる。

また、最後になったが、恋愛関係や非常に親密な関係は、心のよりどころになる場所、悩みや秘密を打ち明け、心から頼れる避難所になる。

発達のペースは人それぞれ

研究チームは二〇代半ばになったウェスに連絡を取ろうとしたが、行方がわからなくなっていた。ボストンのアパートに住み続けていた母親に尋ねると、朝鮮戦争に従軍した後、政府機関に就職し、海外勤務をしているという。当初、研究チームはこれを疑っていた。

「母親は、ウェスが海外の政府機関に勤めていると言っていた。だが、ウェスが家族に現実を知らせたくなくて嘘をついたのか、本当に政府機関で働いているのか、真相はわからない。私は前者だろうと考える」

実は、ウェスは軍を退役した後、米国政府に雇われて、西欧や中南米など世界各地で外国の軍隊の訓練を行う仕事をしていた。二九歳で退職したときには、人生や文化、世の中全般について、以前とはまったく違う視点をもつようになっていた。姉によれば、ウェスは海外在勤中に「とことん倹約して」金を貯めていた。それに、辞めてからは、ありがたいことに軍からの恩給がもらえたため、帰国後は経済的な不安がほとんどなくなった。母親のために家を買い、生まれたときからずっと家族で暮らしてきた安アパートを引き払った。

ウェスは手先が器用で家の修理もできたので、友人や近所の人からちょっとした大工仕事を請け負うようにもなった。

当時は独身で、付き合っている女性もいなかった。研究チームにも、結婚する気はないと語っていた。この年頃で成人期初期の転換点を迎える人は多い。「自分は特定の誰かと真剣に交際したいと思っているだろうか？　その準備はできているだろうか？」と思う時期だ。ウェスが真剣な交際に慎重になっていたことは、のちの記録からもわかる。両親の不毛な結婚生活を見てきたし、兄や姉の結婚も波乱に直面していたから、意識的に恋愛を遠ざけていた。もっぱら母親に買った家の修理をして過ごしていた。

ウェスは苦労の多い青年期を送ったが、今では自分の人生を歩んでいた。若くして追い立てられるように社会に出て、現実から逃げるように軍隊に入り、二〇代はずっと外国で暮らした。そして母国に戻った今、これまで正面から向き合ってこなかった青年期や成人期初期の課題に直面していた。面白そうなことをあれこれ試したが、実際に面白いものもあればそうでないものもあった。ソフトボールクラブや木工クラブに入り、新しい友人をつくった。傍目には、ウェスは世間の「スケジュールから外れて」、おぼつかない足取りで人生を歩んでいるように見えたかもしれない。だがウェスは、自分なりのやり方で、重要な発達課題に取り組んでいた。自分のペースで人生を歩んでいた。

大人になれない若者たち

ウェスの例が示すように、特定の年齢になれば青年期の課題が必ず終わるわけではない。一八歳や二五歳、あるいは三〇歳に達したら、一〇代が直面する発達の課題は過ぎ去り、成人期への移行が完了するわけではない。自分の道を歩む努力は続けなければならないし、優先せざるを得ない事情があると、感情面や職業人としての重要な発達が先延ばしになりやすい。発達のタイミングは人によって異なる。また、社会の変化に伴い、成人期初期の道筋はますます多様化しており、可能性は増えたが、危険も多い。

近代以降、経済的に豊かな国々では青年期が長くなり、二〇代の間ずっと続くことも多い。米国の心理学者ジェフリー・アーネットはこの時期を「成人形成期」と名付けた。成人期初期の若者は、多くの面で親に依存しながら、社会の中での居場所を探し求めていく。なかには巣立ちに失敗し、発達が停滞する若者もいる。

責任ある大人になる道は非常に複雑だ。楽に進める道ではない。

スペインには、「ニニ（NiNi）世代（勉強もせず、働きもしない／ni estudia ni trabaja）」と呼ばれる、親離れしない若者たちがいる。英国などでは、「ニート（就学、就労、職業訓練をしていない／not in education, employment, or training）」という公式名称で呼ばれている。

日本では「引きこもり」と呼ばれる深刻な現象がある。他国とは少し違い、若い女性よりも若い男性に多い問題だ。ニニやニートと同じく社会に出ないが、心理的・社会的な発達の停滞、強い社会的嫌悪、ゲームやSNSなどのインターネット中毒も伴う複合的な問題だ。

米国ではこうした現象はそれほど広く見られず、一般的な呼称もない。だが、親元で暮らす成人期初期の若者は相当数おり、人生の道を見つけるのに苦労している人も多い。二〇一五年の調査では、一八～三四歳の米国人の三分の一が親元で生活しており、その約四分の一にあたる二二〇万人が就学も就労もしていない。

自立できていないため、一人前の大人なんだという自覚がもてない。親への依存が大きくなると、自信がもてなくなり、親密な関係にも大きな悪影響が生じる。だが、彼らだけが悪いわけではない。昨今の経済環境は過酷だ。若者たちは、大学で特定の専門知識を身につけても、多額の借金を抱え、無一文で、就職難の社会に出ていかなければならない。だから親がセーフティネットになることが多い。

これは主に、先進国の経済的に余裕のある層に生じている現象だ。対照的に、発展途上国や、先進国でも経済的に恵まれていない層では、家計を支えるために子どもが一五歳前後で働き始めることもある。ウェスがそうであったように。

仕事と家族のバランス

ウェスは青年期の発達課題のいくつかを先延ばしにした。だが、社会人として生きていくための能力は、同年代の中でもかなり早い段階で身につけた。一九歳で軍隊に入り、厳しい訓練を経て昇進した。パラシュートで敵地に降下した経験もある。内気な少年時代を送ったウェスは、成人期初期に身につけた能力によって大きな自信を得た。普段は謙虚で控えめだったが、三四歳のときの対面調査では、「世界のどんな場所に放り出されても、生き延びて成功を収める自信はありますね」と柄にもなく自慢気に語っていた。米国に戻ると、どんなことにもひるむことなく挑戦した。独学で大工仕事を学び、自宅を建てた。自分で稼いだお金で母親と姉が住むための家を買ったことで、目的意識や誇りが生まれた。幼い頃に世話をしてくれた人たちに、自分なりの方法で恩返しできたからだ。

成人期初期には、仕事と家族という人生の二大領域において自我の確立を模索する人が多い。仕事と家族の両方でうまく発達を遂げる人もいれば、片方だけで能力を高める人もいる。

仕事と家族のバランスを見出すことは、この時期の発達における大きな課題だ。解決策はジェンダーによって異なる。ウェスの家族がいい例だ。除隊後のウェスは、姉と母親の愛情と支えで成人期に移行した。適切な基盤や環境があったから、ウェスは自分は一人前だという意識をしっかりもてた。だが一九五〇年代や一九六〇年代、彼の姉にはそうした支えがなかった。二一世紀になった今も、ジェンダーに基づく規範が成人期初期の発達に影響を与え続けている。仕事でも家族の中でも同じだ。進歩はしているものの、いまだに女性が育児や家事の多くを負担させられている社会は多い。役割分担のバランスが悪いため、男性はキャリアを追求する自由をたっぷりと手にしているが、女性は成長や目標の実現が遅れやすいし、妨げられることさえある。

ウェスには姉と母親の支えがあった。だが、成人期初期を通して誰かと親密な恋愛関係になることはなかった。ウェスは長い時間をかけて、一人前の大人としての能力を身につけた。自分の人生を生きているという実感があった。気のおけない友人も増え、社交的な生活を送っていた。しかし、本研究の記録によれば、恋愛となるとどうも気が進まず、迷いや不安があった。恋人として心を許せる相手、長い時間を一緒に過ごせる相手はいなかった。人生に恋愛は不要だ、と考える人もいる。だが、ウェスは恋人がいないことで大きな心の空白を感じていた。かといって、何をすべきかもわからなかった。家をつくることはできたが、家族のつくり方は見当がつかなかった。

・中年期（四一～六五歳）——自分自身を超えていく

四三歳のジョン・マースデンへのハーバード成人発達研究による質問票（一九六四年）より

質問　最後に、今回の調査票の質問以外で、あなたにとって今いちばん気になっていることを自由に書いてください。

答え

1．年をとったと感じる。初めて死を現実として意識している。

2. 人生で望んだことを達成できないかもしれないと感じている。
3. 子どもの育て方に自信がもてなくなった。以前はそんなことはなかった。
4. 仕事で強いストレスを感じる。

人は人生のある時点で、「自分はもう若くない」と悟る。上の世代が老いていき、自分の肉体でも同じく老いが始まっているのを実感する。子どもがいる場合は、子どもが一人前の大人になるに従って親としての役割も変わっていき、子どもの将来を心配するようになる。友情は青年期と成人期初期にはとても大事だったが、中年期になると後回しにされやすい。人生で成し遂げてきたことを誇りに思い、現状に満足する部分もあれば、違う生き方、やり方をすればよかったと思う部分もある。かつては手にしていた可能性のいくつかを失いつつあるようにも思えてくる。同時に、学んで身につけたこともたくさんある。だから、たいていの人は過去に戻りたいとは思わない。

外面的には、中年期は安定していて、予測可能な時期に見えるものだ。若い世代の目には、退屈な時期にさえ見えるだろう。高齢者なら、昔を振り返って、中年期こそ知恵と生命力のどちらも充実した人生の最盛期だった、と思うかもしれない。この二つの見方は表裏でしかない。パートナーや家族がいて、安定した仕事があり、日常生活のルーティンを繰り返している中年期の成人を見れば、「この人はすべて手に入れ、思いどおりに生きているんだ」と思う。同世代をそんなふうに眺めている人は多い。しかし、中年期の苦悩は、他人の目に見えるとは限らない。

内面的には、外に見える姿と心の中の思いにズレがあるのが中年期だ。安定した仕事と家庭があり、それらを誇りに思う一方で、かつてないほどのストレスを抱え、責任や不安に圧倒されている。中年期になると、子育てや老親の世話に追われ、家庭と仕事の両立に苦労する。誰かに悩みを打ち明ける機会も気力もないと感じていることも多い。中年期に入って生活の安定やルーティン化した日常に心の安定を見出し、**自分を確立したし、盤石《ばんじゃく》な人生を送っている**と思う人もいる。だが、それを停滞ととらえる人もいる。来し方《こかた》を振り返り、正しい道を選んできたのだろうか（**あのときこうしていたら、今頃は……？**）と思う人もいるだろう。そしてもちろん、ある時点で人生の短さを実感し始める。前述のジョンの回答がまさにそうだ。実際、人生の折り返し地点はおそらく過ぎているはずだ。控えめに言っても、身の引き締まるような自覚が生まれる。

人生の中盤では、次のような疑問がわいてくるものだ。

・他人と比べ、自分はうまくいっているのだろうか？
・マンネリに陥っていないか？
・自分はいいパートナー、いい親だろうか？　子どもといい関係を築いているだろうか？
・人生はあと何年あるのだろう？
・自分の人生には、自分のためだけではない大きな意味があるだろうか？
・自分にとって本当に大切な人は誰だろう？　本当に大切な目的は何だろう？（そして、彼らのために、その目的のために、自分にできることは何だろうか？）
・人生でやりたいことは、他にもあるだろうか？

多くの年月が過ぎ去ってしまったことを自覚し、人生を振り返り、能力の限界や今の生き方が行き着く先を見通して、**（私の人生は）これで全部なのだろうか？**と思う人もいるだろう。

単純に言えば、答えはノーだ。それで全部ではない。中年期とは一つの転換点だ。若さから老いへの転換点であるだけではない。成人期初期にありがちな自己中心的で内向きの態度から、広い心で外に目を向ける態度へと、生き方が変わる転換点でもある。自分という枠を超えて、広い世界に関心を広げること――これこそ、中年期の最も大切な課題、生きがいをもたらす課題だ。

心理学では、自分の人生以外の物事に関心や活動を広げることを「ジェネラティビティ（次世代育成能力）」と呼ぶが、これが中年期を生きる力やわくわくする気持ちを引き出す。ハーバード成人発達研究の被験者の中で幸福度や充実度が最も高い人たちも、「自分のために何ができるだろうか？」という問いを、「自分以外の世の中のために何ができるだろうか？」にうまく切り替えることができていた。

元米国大統領のジョン・F・ケネディはハーバード成人発達研究の被験者の一人だったが、彼も中年期を迎えてそうした自覚をもった。「国があなたのために何ができるかを問うのではなく、あなたが国のために何ができるかを問うてほしい」という大統領時代の有名な言葉には、政治だけでなく、人としての心構えや中年期の発達指針も込められていた。

晩年を迎えた被験者に、「ほどほどにしておけばよかったなと思うことは？　もっとやっておけばよかったと思うことは？」と質問すると、男性も女性も中年期に言及し、心配することに時間を使いすぎた、**生きがいを感じられる行動に使う時間が少なすぎた**、と後悔していた。

「あんなに時間を無駄にしなければよかった」
「あんなに先延ばししなければよかった」
「あんなに心配しなければよかった」
「もっと多くの時間を家族と過ごせばよかった」

「僕は、何につけても大して身を入れなかったから、ほどほどなんて言ってたら何もしなかっただろうね！」と気の利いた答え方をしてくれた人もいた。七〇代、八〇代の被験者に人生を振り返ってもらうと、こうした回答がたくさん返ってくる。だが、時間の使い方を考え直すのに、晩年まで待つ必要はない。

人間関係は生き方を改善し、後世に残せる何かをつくりだすための手段になる。人間関係をしっかり活用しよう。そうすれば、「これで全部なのだろうか？」という疑問は、封の切られたアイスクリームの大箱をひっぱり出して「ずいぶん軽いな」と感じたときだけになるはずだ。

中年期にも人生は開花する

四〇歳になっても、ウェスは独身だった。一九六〇年代後半のボストンではめずらしかった。心理学者のニューガーテンの言葉を借りれば「スケジュールから外れて」いた。ウェスは三六歳のときからエイミーという女性と付き合っていた。彼女には離婚歴があり、三歳の息子がいた。

育児は手伝ったが、籍は入れなかった。三人はサウスエンドのアパートで一緒に暮らした。

ウェスはボストン警察の採用試験に応募し、数年の待機期間を経て採用された。

警察への就職は、ウェスにとって極めて有益な経験になった。同僚との関係は良好で、職場にもとけこんでいた。ボストン中の人々と顔見知りになった。自分はボストン警察でいちばんマイペースな人間だから、ものすごく緊迫した状況でも「平和維持活動家」として場を落ち着かせることができるんだ、と言っていた。

四〇歳を過ぎて、ウェスはエイミーに結婚を申し込んだ。

数年後、研究チームが自宅にウェスを訪ね、エイミーについて質問し、回答を記録した。少々長いが、ぜひとも引用しておきたい。


エイミー（トラバース夫人）は三七歳で、夫妻は一九七一年に結婚した。エイミーはバプテスト派のキリスト教徒で大卒だ。トラバース氏は妻は「最高にすばらしい人だ」と言い、本当にそうなんだと念押しした。建前ではないと感じた。

妻の最大の長所は「優しくて思いやりがあるところ」だ、とウェスは言った。彼女のすべてが好きだし、出会ってすぐに人柄に惹かれたし、今も彼女は魅力的だと言っていた。エイミーは恵まれない人やものを思いやる人で、昨年のウェスの誕生日に子猫をもらってきたのも、頭に犬に襲われた傷跡があり、耳が半分欠けていたからだそうだ。健康そうな猫を選ぶこともできただろうに、傷のある子猫をあえて選んだのは彼女らしいし、自分にも似たようなところがあるから、たぶん同じ選択をしたと思う、と彼は話した。

妻について、気に障るところは思い当たらないとも話した。たまに小さな口げんかをしても、一、二時間もすれば仲直りするし、意見が大きく食い違ったことはない。別居や離婚が頭をよぎったこともない。結婚生活は「時が経つほどに良くなっている」と話していた。
最後に、籍を入れるまでずいぶん時間がかかったのはなぜか、と尋ねた。「自分はこだわりが強すぎるタイプかもしれないという不安がありました。彼女にひどいことをしてしまうかも、と怖かったんです」と彼は言った。また、結婚という親密な関係に対して、それなりの恐怖心があったそうだ。しかし、今では結婚生活を通じて成長したように見えたし、そうした感情や怖れはもう抱いていない。

ウェスは成人してからずっと、女性と深く付き合うことを避けていた。幼少期に体験した両親の不仲が少なからず影響していたと思われる。めずらしいことではない。自分自身や世の中に対して間違った考えをもっていた、とあとで気づくことがある。ウェスの場合、そう気づくのに長い時間がかかったが、愛するパートナーの力もあって恐怖心を克服した。自分でも驚いていた。そして、昔の自分を懐かしく思うことは決してなかった。

・老年期(六六歳〜)——何(誰)が重要かを考える

二〇〇三年に行われたある研究で、二つの被験者グループ——高齢者のグループと若者のグループ——に、新型カメラの広告を見せた。広告は二種類あり、どちらにも同じかわいい鳥の写真が使われていたが、コピーは違っていた。

広告A――「特別な瞬間をとらえよう」

広告B――「未知の世界をとらえよう」

被験者には、好きなほうを選んでもらった。

高齢者のグループは「特別な瞬間」のほうを、若者のグループは「未知の世界」のほうを選んだ。

しかし、別の高齢の被験者グループに「自分が思っているよりも二〇年は健康なまま長生きすると想像してください」と伝えると、高齢者のグループは「未知の世界」のほうを選んだ。

この研究は老いについての根本的な真理を示している。つまり、自分に残されていると考える時間の長さが、物事の優先順位を決めるのだ。時間がたっぷりあると思えば、未来のことをたくさん考えるようになる。時間があまりないと思えば、今この瞬間を大事にしようとする。

老年期に入ったとたんに、時間がとても貴重に思えてくる。自分自身の現実として死と向き合いながら、以下のように自問し始める。

・自分にはあとどのくらい時間が残されているだろうか?
・いつまで健康でいられるだろう?
・頭が衰えてきてはいないか?

・限られた時間を誰と過ごしたいだろうか？
・幸せな人生、充実した人生を送ってきただろうか？　有意義だったのはどんなことだろうか？　何を後悔しているだろうか？

外面的には、何よりもまず、心身の衰えが目につく。若者にとって、老いはぼんやりとした抽象的な概念に思えるものだ。若者の日常とはかけ離れているため、自分も老いていくという事実すらうまく想像できない。中年になると、高齢者の衰えを身近に感じるし、自分自身も老いつつあることを実感する。老いといえば衰えていくイメージがあるが、高齢者の知恵に対しては、深い敬意が払われるという面もある。敬老の精神が非常に強い社会もある。

内面的には、老年期はそれほど単純ではない。死が近づくにつれ、残された時間がますます気にかかるだろうが、楽しむ能力も高くなっている。人生において楽しめる瞬間が少なくなるほど、その価値は高まる。過去に抱えていた不平不満や執着は消え、雪の日の美しさ、子どもたちや成し遂げた仕事への誇り、大切な人間関係など、目の前にあるものが大切になる。高齢者は不機嫌で気難しいと思われやすい。だが、研究によれば、老年になるほど幸福感が増すことがわかっている。うれしいことがあれば目一杯喜び、落ち込む時間はできるだけ短くするのがうまくなる。些細な失敗にイライラしないし、大事なものとそうでないものを見分けるのもうまい。ポジティブな経験がもたらす価値はネガティブな経験による損失を補って余りあるものだととらえ、喜びをもたらすものを優先する。つまり、心の知恵が深まり、その知恵のおかげで豊かに生きられるのが老人だ。

しかし、まだ身につけるべきことはあるし、成長する余地もある。そして、老年期の幸せを最大化するカギは、人間関係にある。

人を助けたり、人に助けられたりする生き方をなかなか身につけられない人がいる。年をとるにつれて、そうした傾向が強くなる人もいる。だが、人と助け合うことは、老年期において最も重要な発達課題の一つだ。年をとるにつれて、困窮することだけでなく、助けが必要なときに誰もそばにいない状態を怖れるようになる。もっともな不安だ。社会から孤立するのは危険なことだからだ。年をとり、仕事や育児など、長年勤《いそ》しんできた活動が終わっていくと、そうした活動に付随していた人間関係もなくなっていくものだ。仲のよい友人や大切な家族とのつながりのほうが大事になるし、それを楽しむべきだ。時間が限られているという感覚があるからこそ、あらゆる人間関係が大切になる。死への意識と前向きな生き方のバランスが大切だ。

人生を導くのは想定外の出来事だ

ウェス・トラバースが七九歳のとき、研究者が夫妻の家を訪問することになった。研究者は午後半ばにアリゾナ州フェニックスの空港に到着し、ウェスに電話をかけた。ウェスは空港から高齢者用居住施設まで、そして施設の入口から夫婦が暮らすメゾネット住宅までの道順を丁寧に教えてくれた。説明はわかりやすく、少々詳しすぎるほどだった。車が目的地に近づくと、空港からの移動時間を夫妻が正確に見積もっていたことに気づいた。夫妻が彼女を待ち受けていたからだ。玄関に立って手を振る夫妻の姿が見えた。

ウェスは朝の散歩から戻ったところだった。エイミーは研究者にコーヒーと水、焼きたてのブルーベリーパンを用意してくれた。

仕事——DNA採取のための採血と対面調査——にとりかかる前に、研究者は息子のライアンについて尋ねた。

エイミーは少しの間沈黙し、それから家族に最近起こったとても悲しい出来事について話してくれた。前年にライアンの妻が脳腫瘍と診断され、一二月に亡くなったのだ。まだ四三歳だった。エイミーとウェスはできる限り支えようとしていたが、ライアンと子どもたちはみな苦しみ、もがいていた。

「自分の子ども時代を思わずにはいられません」とウェスは言った。「七歳のときに父が蒸発し、家族の生活は一変しました。もちろん、父はライアンの妻のリアとは正反対でしたよ。本当にひどい人間でした。でも、急にいなくなったことで家族の生活が一変した点は同じです。ライアンや孫がこの体験を乗り越えられるかどうか、心配なんです。シングルペアレントの子育ては大変です。私の場合は父がいなくなって結果的によかったのかもしれません。でもライアンの子どもたちにとっては……大変な生活になるでしょう」

ここで少し立ち止まって、人生に起こる想定外の出来事について考えてみよう。生涯発達理論では、ライフステージは予測可能であり、合理的に進行すると強く主張する。だが、ウェスの人生は一つの事実、私たち研究者が、本研究を含むさまざまな研究の被験者の人生において繰り返し目撃してきた事実を示している。つまり、人生には想定外の出来事がつきものだ、という事実だ。偶然の出会いや予期せぬ出来事は必ず起きる。だから、個人の生涯をライフステージという「システム」で完全に把握することは不可能だ。個人の人生は即興演奏のようなものだ。状況や偶然に左右されながら、進む道が決まっていく。さまざまな人生に共通するパターンはあるけれど、最初から最後まで、計画外の出来事のせいで思わぬ方向に進むことが一度もない人生はあり得ない。人生が進む方向を決め、人を成長へと導くのは、思いもかけなかった出来事であって、計画ではないことを示す研究もある。機械の中にふと投げ入れた一本のレンチのほうが、設計したとおりに動くギアよりも重大な作用を生むことがある。

人生における想定外の衝撃の多くは、人間関係から生じる。人は大切な人に寄り添うものだ。大切な人は自分の一部であり、その人を失ったり、仲がこじれたりすると、まるでその人がいた場所に物理的な穴があいたかのように、心が抉《えぐ》られる。しかし、強烈な変化は、たとえトラウマが残るようなつらい変化であっても、ポジティブな成長につながる機会になる。本研究の第二世代の被験者であるイヴリンは、中年期の男女にはめずらしくない出来事を経験した。

イヴリン、四九歳

夫と私は大学時代から一緒に暮らしてきましたが、三〇代が終わる頃には心が離れ始めていました。ある晩、話がある、と言われました――出張中に知り合った女性を好きになったんだ、と。足元の地面が崩れていく感じがしました。一年間は、心を抉られるような痛みを感じていました。毎朝、全力を振り絞らなければ、起きて仕事に行けませんでした。結局私たちは離婚して、夫は彼女と再婚し、夫が別れ話を切り出してから六年後に私も再婚しました。あの経験がいい結果をもたらすとは思ってもみませんでしたが、実際にはそうなりました。キャリアは花開き、人生をともにできる男性にも出会い、充実した生活を送っています。今では、自分が一人でもちゃんと生きていけることを知っているし、喪失や拒絶を経験した人たちに対して、前よりもずっと思いやりや共感をもてるようになりました。自分が望んだ選択ではなかったけれど、結果的にはよかったと思っています。

社会の変化、さらには地球規模の変化も、既存の秩序に衝撃を与える点では同じだ。二〇二〇年に始まった新型コロナウイルス感染症のパンデミックは、人々の生活に大きな変化をもたらした。経済危機や戦争も同じだ。一九四〇年代初頭、本研究の被験者になった大学生の全員が、卒業を前に人生の計画を立てていた。そんなとき、真珠湾攻撃が起こり、彼らが思い描いた計画はすべて水の泡となった。被験者の大学生の八九％が兵士として戦い、その体験から深い影響を受けた。だが、彼らのほとんどは従軍したことを誇りに思い、数々の苦難があったけれど、人生の中で最良の、最も有意義な時期だったと記憶していた。

第1章で紹介した「ダニーデン研究」も同様の結果を示している。一九七二年から七三年にかけてニュージーランドで生まれた子ども一〇三七人を現在に至るまで追跡調査している研究だ。青年期に苦労を重ねた被験者の多くは、兵役がポジティブな結果をもたらす重要な転機になった、ととらえていた。

戦争が予期せぬ転機となった世代もあれば、一九六〇年代の市民運動や学生運動、二〇〇八年のリーマン・ショック、あるいはコロナ禍が転機になった世代もある。個人レベルでは、悲劇的な事故やメンタルヘルスの問題、突然の病気、愛する人の死も予期せぬ転機になりうる。ウェスの場合、父親に捨てられたこと、働くために学校を中退せざるを得なかったことなど、さまざまな転機があった。人に想定可能なことがあるとすれば、想定外の出来事と、それに対する対処のしかたが人生の流れを変えていく、ということだけだ。イディッシュ語のことわざにあるように「人が計画すれば、神は笑う」のである。

それに、想定外の出来事は常に苦難をもたらすわけではない。人生にポジティブな変化をもたらす運命のいたずらもある。そのほとんどは人間関係に関わるものだ。人生で出会う人たちが、人生の行方を大きく左右する。人生は混沌としているが、よい人間関係を育めば、混沌の中にあるポジティブな面が強く作用し、人生を豊かにする出会いのチャンスを増やしてくれる（詳しくは第10章で説明する）。先ほど用意してもらった昔の写真にも、ポジティブな変化をもたらした偶然の出会いの証拠が写ってはいないだろうか。「もしあのクラスを受講しなければ、あの人に会うことはなかっただろう」「もしあの日にバスに乗り遅れなかったら、この出会いはなかったはずだ」――人生にはそんな瞬間が次々と訪れるものだ。

運命を思いどおりに操ることはできない。これは真実だ。幸運に恵まれたとしても自分の力でつかんだものとは限らないし、不運に見舞われたとしても自分のせいとは限らない。人生の混沌を振り切って逃げることはできない。しかし、よい人間関係を育むほど、人生の浮き沈みを切り抜け、幸せになれる確率も高まる。

ライフサイクルという視点をもっておく

先ほどの研究者が自宅を訪問してからちょうど二年後の二〇一二年、八一歳になったウェスは、キッチンのテーブルでコーヒーを飲みながら、本研究が隔年で実施している質問票に答えを記入していた（質問票の紙には今もかすかなコーヒーの染みがいくつか見受けられる）。彼の回答をいくつか紹介しよう。

質問8　助けが必要なときに本当に頼りにできる人は誰ですか？　全員の名前を挙げてください。

答え　多すぎて書ききれない。

質問9　お子さんとの関係を、「1」（悪い。敵対的、疎遠）から「7」（良い。愛情にあふれていて、親密）で示してください。

答え　7

質問10　どれくらいの頻度で孤独を感じますか？　該当する答えを丸で囲んでください。

まったく感じない　　ときどき感じる　　頻繁に感じる　　常に感じる

質問11

a　どれくらいの頻度で「話し相手がいない」と感じますか？

ほとんどない　ときどき　頻繁

b　どれくらいの頻度で疎外されていると感じますか？

ほとんどない　ときどき　頻繁

c　どれくらいの頻度で周りから孤立していると感じますか？

ほとんどない　ときどき　頻繁

質問票には「配偶者と一緒に行う活動のうちでいちばん楽しいことは何ですか？」という質問があった。従軍して勇敢な兵士となり、世界中を旅し、独学で大工仕事を身につけ、家を建て、義理の息子を幸せで健康な大人に育て上げ、地域のボランティア活動に毎日参加してきたウェス・トラバースは、こう答えた——「ただ一緒にいること」。

人生をわざわざ大きな視点でとらえる必要はあるのだろうか？　人生全体のプロセスについて考えることは、日々の生活に本当に役立つのだろうか？

たしかに役に立つ。目の前の現実のことしか考えられず、身近な人のことを思いやったり絆を深めたりする余裕のない時期もある。それでも、ときどき一歩下がって視野を広くし、自分や自分にとって大切な人たちを、長い人生というコンテクストの中でとらえてみると、人間関係にとって欠かせない共感や理解を深めることができる。人生観はライフサイクルに従って変わっていくことを思い出せば、不満を互いにぶつけ合うことも避けられるし、絆も深められる。

最後に、大切なのは、これまでに歩んできた道とこれから歩む道を俯瞰《ふかん》することだ。そうすれば、この先にある険しい曲がり道を予測し、心の準備をするために助け合えるようになる。古いトルコのことわざにもあるように、「いい仲間と一緒なら、どんな道も長くない」のだから。

第4章 ソーシャル・フィットネス
――よい人間関係を維持するために

悲しい魂は、細菌よりもはるかにすばやく人を殺す

――ジョン・スタインベック（米国の作家）

ハーバード成人発達研究、第二世代への対面調査（二〇一六年）より

質問　あなたのお父様はハーバード成人発達研究の被験者でした。お父様の人生を振り返って、自分が学んだことはあると思いますか？

答え　父は働き者で、優れたエンジニアでしたが、自分の気持ちを表現するのはもちろん、理解するのも苦手でした。だから、何をしていいかわからないから、仕事をしていたんだと思います。テニスもしたし、友人もいましたが、結婚生活は破綻しましたし、六六歳で他の女性と再婚しましたが、うまくいきませんでした。八〇歳で亡くなったときは、一人ぼっちでした。そんな父を気の毒に思います。父の周りの

人たちもそう思っていたと思います。

――ベラ・エディングス、第二世代被験者、五五歳

心の傷が及ぼす影響は、よく心理学の研究対象になる。だがここでは**傷をつくることから始まった研究**について紹介したい。肉体的な傷だ。

傷をつけると言ってもそんなにひどいものではない――まず、被験者の肘のすぐ上の皮膚を、鉛筆の端に付いている消しゴムくらいの面積分だけ、「パンチ生検」と呼ばれる手法で切り取る。検査用に皮膚の一部を採取する際の一般的な医療処置だが、この研究が注目したのは切除した皮膚ではなく、後に残ったもの、つまり傷のほうだった。

研究を率いた心理学者のジャニス・キーコルト゠グレイザーは、心理的ストレスを調べていた。ストレスが免疫系に影響を与えることは過去の研究からわかっていた。今回はストレスが傷の治癒などの生体プロセスに与える影響を知りたいと思っていた。

二つの女性被験者グループからサンプルを採取した。一方のグループは認知症になった家族や大切な人の介護をしている女性たち、もう一方のグループは一つめのグループとほぼ同年代(六〇歳前半)だが介護はしていない女性たちだ。

実験自体は非常に単純だった。被験者全員にパンチ生検を行い、傷の治癒状態を調べた。

結果は驚くべきものだった。介護をしていない被験者の傷は約四〇日で完全治癒したが、介護をしている人の場合はさらに九日かかっていた。認知症とは人生の中で培った人間関係がゆっくりと失われていく病《やまい》だ。認知症にかかった大切な人を介護する心理的ストレスが、身体の回復を妨げていた。

何年も後になって、キーコルト゠グレイザー自身、同じ状況に身を置くことになった。夫であり共同研究者でもあった夫のロナルド・グレイザーが、急速に進行するアルツハイマー病にかかったのだ。定期健診のときに内科医の問診を受けた彼女は、夫の病気のためにストレスを感じていることを話した。内科医は、自分の身体を大事するように、と助言し、介護者のストレスと健康をテーマにした研究もありますから、と言った。まさに彼女が切り拓いた研究テーマだった。心理学の研究が医学界にも広がり、研究者本人のもとに届いたのだった。

心は身体であり、身体は心である

心と身体の深い結びつきについては、今や疑いの余地はない。感情や身体が新たな刺激を受けると心身のシステム全体が影響を受ける――わずかな影響であることもあれば、大きな影響になることもある。そして、心が身体に影響を与え、身体が受けた影響が心に影響を与え、それがまた身体に、といった具合に循環的に作用する。

医学がかつてない進歩を遂げた現代社会だが、心身の健康にとってよくない習慣やライフスタイルが促進される面もある。一例を挙げれば、運動不足だ。

五万年前、川沿いの集落に住んでいたホモ・サピエンスは、生存のための日常活動だけで十分な量の運動ができた。だが現代では、非常に多くの人々が、身体をほとんど動かすことなく、食料や住まい、安全な生活を手に入れている。これほど多くの活動が座ったままで行われる時代はなかったし、身体を使った仕事も同じ動作の繰り返しが多く、身体に悪影響を与える可能性がある。こうした環境では、日常生活だけでは健康を維持できないため、メンテナンスする必要がある。デスクワーク中心の仕事や反復動作による仕事に就いている人が健康と体力を維持したいなら、意識して身体を動かす必要がある。散歩やガーデニング、ヨガ、ランニング、ジム通いの時間をつくること。惰性に流されがちな現代生活を克服しなければならない。

同じことが、**ソーシャル・フィットネス（人間関係の健全度）**にも当てはまる。

現代では、人間関係を維持するのは簡単ではない。だが、友情や親密な関係を築いてしまった後は何もしなくても大丈夫だ、と私たちは考えがちだ。しかし、筋肉と同じで、何もしなければ人間関係も衰えていく。人間関係は生き物だ。だから、エクササイズが必要だ。

人間関係が身体に影響することは、科学実験の成果を精査しなくてもわかるはずだ。会話が弾み、相手が自分をしっかり理解してくれたと思えたときには身体に力がみなぎるし、誰かとけんかすれば身体が緊張して苦痛を感じるし、恋人とうまくいかないと眠れなくなる。

しかし、ソーシャル・フィットネスを高めるのは簡単ではない。体重計に乗ったり、鏡を見たり、血圧やコレステロール値を測ったりするのとは異なり、ソーシャル・フィットネスの測定には、普段よりも少々時間をかけた振り返りが必要になる。慌ただしい現代生活から少し離れ、人間関係を振り返り、自分はどんなことに時間をかけているのだろうか、幸せをもたらすつながりを大切にしているだろうかと、率直に見直す必要がある。振り返るための時間をつくるのは難しいかもしれないし、ときには不快に感じるかもしれない。だが、計り知れないメリットをもたらす可能性がある。

本研究の被験者は、二年ごとに質問票に答え、定期的に対面調査を受けることで、自分の人生や人間関係を率直に受け止める視点が得られた、と口々に語っている。本研究では、自分自身や大切な人についてじっくり考えるよう求められるが、被験者の中にはそのプロセスがプラスに作用する人もいる。ただし、すでに述べたように、このメリットは本研究の偶然の産物であり、副反応の一つである。被験者は研究にボランティアとして参加したのであり、研究のいちばんの目的は被験者の人生を学ぶことにある。本章は、読み進めるうちに読者自身が「ミニ・ハーバード成人発達研究」を実践できるしかけになっている。本研究の被験者に向けた質問から最も有益な質問の数々を選び、読者が自分のソーシャル・フィットネスを高めるための道具に仕立て直しておいた。実際のハーバード成人発達研究とは異なり、こちらは研究のための情報収集が目的ではない。研究チームが被験者たちの人生を通して学んだ「自分の内面を見つめることのメリット」を、読者のみなさんにも活用してもらうのが目的だ。第3章でもすでに紹介したが、本章ではさらに先に進めていく。

自分を振り返り、人生がどのような状況にあるかを真剣に考えることが、幸せな人生を送るための第一歩になる。現在地を知れば、行きたい場所が浮かび上がってくる。こうした振り返りを行うことの意味に疑問を感じる気持ちもわかる。本研究の被験者も、常に進んで質問票に答え、人生を広い視野でとらえるつもりだったわけではない（第1章で取り上げたヘンリーが、「人生で最も怖れていること」という質問に答えるのを嫌がったのを思い出す）。答えにくい質問は飛ばしたり、一ページまるごと空白のままに提出したり、質問票を返送してこない被験者もいる。

質問票の余白に研究チームからの要望について、意見を書き込む人さえいる。ときには「何なんだ、この質問は！」という書き込みもあるが、そう書いてくる被験者は、進行中の問題から目を背けたいと考えている場合が多い。それでも、当人の成人期の発達を理解するうえでは、質問を飛ばす、質問票を返送しないという行為自体が、質問票に書き込みたくなる経験と同じくらい重要だ。被験者の人生の隅々に、有用なデータや宝のような人生経験がたくさん埋まっている。そんな宝を手間ひまかけて掘り出していくのが研究チームの仕事だ。

被験者の一人、スターリング・エインズリーのケースを紹介しよう。

人は自分が何をしたいのかわかっていない

スターリング・エインズリーの心は希望にあふれていた。企業で材料科学分野の研究職に就き、六三歳で退職し、引退生活の見通しも明るかった。退職するとすぐに、やりたかったことを始めた。不動産のコースを受講し、カセットテープ教材でイタリア語を勉強した。ビジネスのアイデアもあったので、ヒントを求めて起業雑誌も読み始めた。人生の試練を乗り越える秘訣を尋ねると、「人生に振り回されないようにすることです。うまくいったときのことを思い出し、前向きな態度でいること」と答えた。

一九八六年のこと、本研究の前責任者であるジョージ・ヴァイラントは長い旅に出た。ロッキー山脈を車で走り回り、コロラド州、ユタ州、アイダホ州、モンタナ州に住む被験者を訪問し、対面調査を行った。とくにスターリングは直近の質問票を返送してこなかったので、近況を確かめたかった。二人はモンタナ州ビュートのホテルで落ち合い、スターリングの車に乗り、彼が対面調査の場所として指定したレストランに向かった（自宅では対面調査を受けたくないと希望した）。ジョージがスターリングの車の助手席に座ってシートベルトを締めると、胸にほこりの筋ができた。「最後にこのシートベルトが使われたのはいつだろうか」とジョージは感想を書き留めている。

スターリングは一九四四年にハーバード大学を卒業した。第二次世界大戦中は海軍に所属、その後結婚してモンタナに移り住み、三人の子どもをもうけた。その後の四〇年間は、米国西部のさまざまな企業の金属製造部門で働いた。当時六四歳の彼は、自分のピックアップトラックで牽引できるトレーラーハウスをビュート近郊の一五×三〇メートルの芝生の敷地に駐《と》めて暮らしていた。敷地に芝生があるのが気に入っていた。草刈りがいい運動になるからだ。庭も手入れしていて、かなり広い畑でイチゴと、本人いわく「見たこともないほど大きなエンドウ豆」を育てていた。トレーラーハウスに住んでいるのは、地代がわずか月三五ドルだし、一つの場所に根を張るつもりはないからだった。

法的にはまだ結婚していたが、妻は一五〇キロほど離れたボーズマンに住んでおり、寝室を別にして一五年が経っていた。数ヵ月に一度、話をするだけの関係だ。

離婚しない理由は「子どもたちのため」。とはいえ、息子と娘二人は成人し、親にもなっている。スターリングは子どもたちを誇りに思っていて、息子や娘のことを話すときには顔を輝かせた。長女は額縁店を営み、息子は大工で、末娘はイタリアのナポリでオーケストラのチェロ奏者をしている。スターリングにとって子どもたちは人生で何よりも大切だが、自分の心の中で彼らとの関係が良好ならそれでいいと思っているようで、直接会うことはめったにない。「スターリングは物事を楽観的に考えることで、不安を払いのけ、人生の課題を避けているようだ」とジョージは書き留めた。どんな問題もポジティブに解釈し、頭から追い出してしまえば、問題なんてなくなるし、人生は順調で、幸せで、子どもたちも自分を必要としていない、と信じ込むことができた。

前年、末娘からイタリアに遊びに来ないかと誘われたが、行かなかった。「面倒をかけたくなくてね」とスターリングは言った。いつか娘を訪ねるときのためにイタリア語を独学してきたというのに。

息子は車で数時間しか離れていない場所に住んでいるが、一年以上会っていない。「会いには行かない。電話はする」と言う。

孫のことを尋ねると、「あまり交流はないんだ」と答えた。孫たちは彼がいなくても元気に暮らしている、と言う。

古い友人は？

「亡くなってしまった人が本当に多くてね。親しくしすぎるのは嫌いなんだ。別れがつらくなりすぎるからね」。東のほうに旧友が一人いるが、何年も話していない。

仕事仲間は？

「職場の友人は全員退職した。仲は良かったが、みな引っ越してしまってね」。一時期は退役軍人クラブに参加し、地区の責任者も務めていたが、一九六八年に辞任した。「なかなか骨の折れる仕事でね」

最後にお姉さんと話をしたのはいつですか？　彼女の様子はどうですか？　そう尋ねてみた。スターリングは驚いて目を見開いた。「姉？　ロザリーのこと？」

そう、彼が若い頃、研究チームによく話していた姉のことだ。

スターリングはしばらく考えてから、最後に彼女と話してからもう二〇年は経っていると言った。怯えた表情が顔に浮かんでいた。「姉はまだ生きているのだろうか？」と彼は言った。

スターリングは自分の人間関係について考えないようにしていたし、あまり話そうともしなかった。よくあることだ。人は自分が何かをしたりしなかったりする理由が常にきちんとわかっているわけではないし、人生で出会った人との間に距離が生じる要因がわかっていないこともある。そんなときには、ゆっくりと自分を振り返ってみるといい。言葉を求め、外に出たがっている欲求が心の中にあるかもしれない。自分では思いもよらなかった欲求、はっきりとつかめていなかった欲求が。

スターリングもそんな一例だったと思われる。夜の時間の過ごし方を尋ねると、近くのトレーラーハウスに住む八七歳の女性と一緒にテレビを見ていると言う。毎晩、彼女のトレーラーに歩いていき、テレビを見ながら話をする。彼女が眠りに落ちると、ベッドに入るのを手伝い、食事の後片付けをし、ブラインドを閉めて自分のトレーラーに戻る。スターリングにとって、彼女は親友のような存在だった。

「彼女が死んでしまったら、どうしていいかわからない」と彼は言った。

孤独感は痛みになる

孤独で寂しいときは、痛みを感じるものだ。単なる比喩ではない。孤独は身体的に物理的な影響を与える。孤独感があると痛みに敏感になり、免疫系の働きが抑制され、脳機能が低下し、睡眠の質が悪くなり、すでに孤独にさいなまれていることによる疲労感や苛立《いらだ》ちがさらに増す。最近の研究によれば、高齢者にとって孤独感は肥満の二倍健康に悪く、慢性的な孤独感は一年あたりの死亡率を二六％も高める。英国の「環境リスクに関する縦断的双生児研究」は最近、成人期初期における孤独感と、体調不良やセルフケアの関連を報告した。今も継続中のこの研究の被験者は、一九九四年と一九九五年にイングランドとウェールズで生まれた二二〇〇人超だ。彼らが一八歳のとき、どのくらい孤独だと感じているかを尋ねた。孤独感が強い被験者ほど、メンタルヘルスの問題を抱えたり、健康リスクの高い行動をしたり、ストレスに対して良くない対処法をとったりする傾向が見られた。加えて、現代社会には孤独がはびこっており、問題はさらに深刻化している。近年の統計データも、注目すべき事実を示している。

世界各地の五万五〇〇〇人を対象にしたオンライン調査によれば、全年齢層の三人に一人が頻繁に孤独を感じている。最も孤独を感じているのは一六～二四歳で、四〇％が「頻繁、または非常に頻繁」に孤独を感じている（この現象については後ほど詳しく見ていこう）。孤独を感じている人は生産性が低く、離職しやすいため、英国では孤独がもたらす経済的損失が年間二五億ポンド（約三四億ドル）以上になっていると推定され、これが孤独担当大臣の設置につながった。日本では、二〇一九年の調査において、成人の三二％が「来年はほとんどの時期を孤独に過ごす一年になる」と予想していた。

米国の二〇一八年の研究によれば、成人の四人に三人が中程度から高程度の孤独感を抱いている。新型コロナウイルスのパンデミックは人々の間に大規模な分断をもたらし、多くの人がかつてないほど強い孤独を味わったが、その長期的な影響については本書の執筆時点でも研究中の段階だ。二〇二〇年には、社会的孤立が原因と見られる死者の数が一六万二〇〇〇人と推定されている。

孤独感の蔓延を食い止めるのは難しい。孤独感が生まれる要因は、人によって異なるからだ。また、孤独感は主観的な体験なので、一人暮らしかどうかといった単純な指標では測れない。配偶者やパートナーがいて、友人もたくさんいるのに孤独を感じている人もいれば、一人暮らしをしていて親しい人が数人しかいなくても、深いつながりを感じている人もいる。客観的な事実を並べても、孤独感の理由は説明できない。人種や階級、性別に関係なく、孤独感は人間関係の理想と現実のギャップの間に存在する。しかし、孤独感が主観的な体験ならば、身体にとってそれほど有害なのはなぜだろうか？

ヒントは、人類の生物学的ルーツにある。第2章で見たように、人類は集団行動を前提として進化してきた。社会的行動を促す生物学的プロセスは、人を守るためのものであって、害を与えるものではない。孤立していると感じると、身体と脳は孤立状況を生き残るためのしくみを発動させる。五万年前、単独行動は危険だった。川のほとりの部族の集落を一人で離れると、ホモ・サピエンスの身体と脳は一時的にサバイバルモードになる。一人きりで危険を察知しなければならないため、ストレスホルモンの分泌量が増え、警戒心が高まる。家族や部族と離れて一人で眠るときは、睡眠が浅くなる。肉食動物が近づいてきたら、気配にすばやく気づいて飛び起きなければならないから、夜も覚醒している時間が多かったはずだ。

例えば、ホモ・サピエンスが何らかの理由で一ヵ月間一人きりで過ごすことになった場合、体内では前述のプロセスが継続的に作用し、それが絶え間ない不安へと変わり、心身にダメージを与え始める。現代人が言うところのストレスでヘトヘトの状態になる。このとき、このホモ・サピエンスは孤独感を抱いていたはずだ。

今日でも、孤独感は同じように作用する。孤独感とは身体の中で鳴り響く警報のようなものだ。初めのうちは、警報が役に立つ面もある。問題を知らせてくれるしくみは必要だ。だが、来る日も来る日も火災報知機が一日中鳴り続ける家で暮らすことを想像すれば、慢性的な孤独が密かにどんな影響を与えているかがわかるはずだ。

孤独感は、心身バランスに影響を与える人間関係のあり方の一つにすぎない。人間関係という氷山の一角であり、水面下にははるかに多くのピースが存在している。今では、健康と社会的つながりの関係を明らかにする研究が盛んに行われている。健康と社会的つながりの関係は、物事がもっと単純だった時代、ヒトという生物種の起源までさかのぼる。人が求める基本的な人間関係は複雑ではない。人は、愛、つながり、それから帰属感を必要とする。だが、現代人は複雑な社会の中で生きており、だからこそ、**この基本的欲求をどう満たすかが課題になる。**

人生を数字でとらえてみる

少し時間をとり、大切に思っているのに十分に会えていない人との関係を思い返してみよう。相手は、恋人や配偶者でなくてもかまわない。一緒にいると元気になれる人、もっと頻繁に会いたいと思っている人なら誰でもいい。候補になりそうな人たちをひととおり思い出し、一人だけを選び、その人物を心に思い浮かべてみる。次に、その人と最後に過ごしたときのことを思い出し、そのときに感じた気持ちを心の中でできる限り再現してみよう。とことん楽観的な気分がしただろうか？　理解されていると思えただろうか？　笑いが絶えず、自分や世の中の問題がいつもより軽く感じられたりしただろうか？

では次に、その人と会う頻度を考えよう。毎日？　月に一回？　年に一回？　一年間に一緒に過ごす時間を計算し、その数字を書き留めよう。

筆者の二人（ボブとマーク）の場合、毎週電話かビデオ通話で話をしているが、直接会うのは年に合計で二日（四八時間）程度だ。

今後数年間の見通しはどうだろうか。本書が刊行される頃、ボブは七一歳、マークは六〇歳になる。（かなり）甘めに見積もって、ボブの一〇〇歳の誕生日を一緒に祝えるまで二人とも長生きするとしよう。これから二九年間、年に二日ということは、私たちが生きている間に一緒に過ごせるのは残り五八日間ということになる。

一万五八五日のうち、たった五八日だ。

もちろん、これは二人とも長生きする幸運に恵まれるという前提での計算であり、実際の数字はこれよりも少なくなるだろう。

あなたの大切な人についても、この計算をしてみてほしい。おおまかな概算でもかまわない。

あなたが四〇歳で、その相手とコーヒーを飲みながら週に一回、一時間会っているとすると、八〇歳になるまでに一緒にいられるのは八七日間だ。月に一回なら約二〇日、年に一回なら約二日になる。

十分だと思える数字かもしれない。だが、米国人は二〇一八年にテレビ、ラジオ、スマートフォンなどのメディアに一日一一時間も費やしていたという驚きの事実と比べてみてほしい。四〇歳から八〇歳までの間に、起きている時間の一八年分を使っていることになる。一八歳から八〇歳までの間なら、二八年分になる。

このシミュレーションの目的は、あなたを驚かせることではない。好きな人や愛する人と実際に過ごしている時間の長さは、見過ごされることが多いという事実を明確に示すのが目的だ。いくら仲がいい友人でも、四六時中一緒にいる必要はない。実際には、たまにしか会わないからこそ、会うと元気になれるのかもしれない。それに、何ごとにもバランスが肝心だ。たまに会うのがちょうどいい相手というのもいて、その場合はたまに会えば十分なのだ。

しかし、たいていの場合、会えば元気になれるのに、十分に会えていない友人や親戚がいるものだ。あなたは、いちばん大切な人とともに十分な時間を過ごしているだろうか？　もっと一緒に過ごせたら、お互いにとってプラスになるような人はいるだろうか？　活かしきれていない関係が私たちの人生の中にすでに存在していて、じっとあなたを待っている。最も大切にすべき人との関係にほんの少し気を配るだけで、気分や生き方に大きな変化が起きる可能性がある。スマートフォンやテレビのほうが魅惑的に見えたり、仕事に追われて手が回らなかったりするせいで、うっかり宝の持ち腐れになっている人間関係があるかもしれない。

幸福の二大予測因子

二〇〇八年、研究チームは被験者のうちの八〇代の夫婦に八夜連続で電話をかけた。夫と妻に個別の対面調査を行い、日常生活に関するさまざまな質問をした。この調査については、第1章でも述べた（有益な情報がたくさん得られた！）。調査の目的は、その日の体調や、活動内容、心の支えが必要だと感じたり、そうした支えを得たりする機会があったかどうか、配偶者や他の人々と過ごす時間の長さを知ることだった。

他者と過ごす時間という単純な尺度が非常に重要であることがわかった。というのも、この尺度は日々の幸福とはっきり結びついていたからだ。誰かと一緒に過ごす時間が多かった日のほうが幸福度も高かった。とくに、**パートナーと過ごす時間が長いほど、幸福度が高かった。これはすべての夫婦にも当てはまっていたが、とりわけ仲睦まじい夫婦に顕著だった。**

高齢者はたいていそうだが、被験者の男女も身体の痛みや健康問題に日々悩まされていた。当然ながら、身体の痛みが強い日は気分も落ち込んでいた。だが、仲睦まじい夫婦は、気分の浮き沈みがいくぶん緩やかだった。身体の痛みが強い日でも、幸福度があまり下がっていなかったのだ。幸福な結婚生活のおかげで、痛みの強い日も彼らの心は守られていた。

直感でも理解できることかもしれないが、この研究結果から、非常に強力でシンプルなメッセージが見いだせる。**他者との交流の頻度と質こそ、幸福の二大予測因子である。**

ソーシャル・ユニバースを描いてみる

スターリング・エインズリーは、人間関係について考えないでいたいという気持ちが勝るあまり、自分のソーシャル・フィットネス（人間関係の健全度）はかなり良好だと思い込んでいた。子どもたちとの関係は健全だし、めったに会わない妻と離婚をしないのも男らしいことだと考えていたし、自分のコミュニケーション能力——職場で身につけたスキルだ——を誇りに思ってさえいた。しかし、人間関係についてじっくり振り返るよう求められると、心の底ではかなり孤独を感じていることや自分がどれほど孤立しているかをほとんど理解していないことが明らかになった。

では、何から始めたらいいのだろうか？　自分をとりまく人間関係をもっとしっかりとらえるには、どうしたらよいのだろうか？

シンプルに始めるのがいい。まず、**自分の人生には誰がいるのか？**　を考えてみよう。

意外にも、わざわざ自分でこのことを考えようとする人はほとんどいない。人間関係の中心になっている一〇人を挙げるだけでも、いろんなことが明らかになる。次の図を使って実践してみよう。その意外な顔ぶれに自分でも驚くかもしれない。

家族、友人、親類など、親しい人の名前を書き出してみよう

おそらく家族や恋人、親友など、大切な人がすぐに頭に浮かぶだろうが、最も「重要な」関係やうまくいっている人間関係だけを考えてはいけない。日々、年を追うごとに、良くも悪くも自分に影響を与えている人をリストアップする。例えば、上司や同僚などだ。**重要ではないと思われる人間関係でさえ、リストに入る可能性がある。**詳しくは以降の章で説明するが、編み物サークルやサッカークラブ、あるいは読書会といった活動などでたまに会う人との関係は、思っている以上に重要かもしれない。会えば本当に楽しいけれど、めったに会えない人も含まれるかもしれない。例えば、すっかりご無沙汰してしまっているが、折に触れて思い出す旧友などだ。また、通勤時に乗るバスの運転手など、挨拶を交わすだけの関係だが、会うとちょっと気分が良くなる人だって含まれるかもしれない。

リストをつくったら、**これらの人間関係の特徴は何か？**を考えてみよう。

ハーバード成人発達研究では、この大きな問いに答え、被験者の人間関係という宇宙の特徴を

ソーシャル・ユニバース（人間関係の全体図）の例

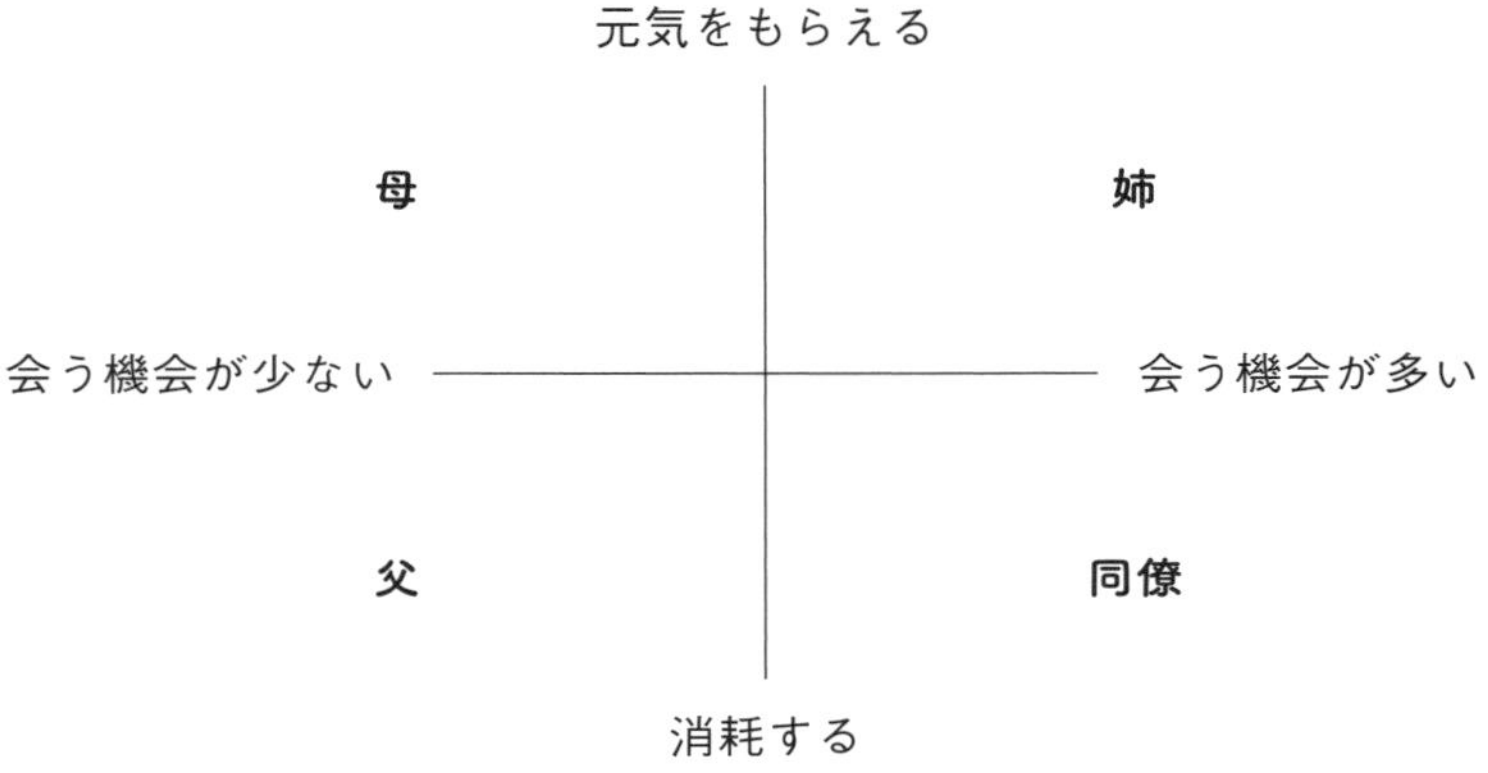

映し出す「図（実際にはデータ）」をつくるため、長年にわたって被験者に膨大な数の質問を課してきた。だが、自分自身の人間関係の宇宙を見渡すのに、研究のように複雑なことをする必要はない。自分の人間関係の全体図を把握するには、相手との交流の「質」と「頻度」を考えること、つまり次の二つの面――（一）その人間関係から何を感じているか、（二）そうした感覚はどんな頻度で生じるか――をとらえる必要がある。

便利なツールを紹介しよう。上の図は、この二つの面から自分の人間関係の全体図――「ソーシャル・ユニバース」――をとらえるのに役立つ。その人との関係によってどのくらい自分が元気をもらえたり消耗したりするのか、どのくらいの頻度で交流しているかによって、この図の適切な位置に名前を書き込んでいく。

ずいぶん単純だと思うかもしれない――ある意味では単純そのものだ。ソーシャル・ユニバースを示す図では、人間関係のなかでも非常に個人的で複雑な関係にある相手を、フラットにとらえ、一つの位置に固定する。このプロセスでは、人間関係の綾《あや》はいったん省く。これが、自分の人生をつくりだしている人間関係の特徴を把握するための第一歩になる。

「元気をもらえる」とか「消耗する」とはどういう意味か?

ここではあえて主観的な表現を使っている。相手と一緒にいるときにどう感じるかを明確に認識するためだ。考えるという行為をやめて初めて、その人間関係についてどう感じていたかがわかることもある。

一般的に、**「元気をもらえる」関係は、自分に力を与えてくれるし、離れていてもつながっている感覚、帰属しているという感覚が続く。**自分一人でいるときよりも一緒のほうが気分が良くなる関係だ。

「消耗する」関係とは、緊張や不満、悩みを誘発し、一緒にいると不安を感じ、気力さえなくなる関係だ。ある意味で、自分一人でいるときよりも、自分をつまらない存在だと感じたり、疎外感を覚えたりする。

元気をもらえる関係であれば常に気分がいいとか、消耗する関係では常に気分が悪いということではない。いちばん元気をもらえる関係にも課題はあるものだし、たいていの人間関係には良い面と悪い面があるものだ。リストの中の人について、「この人と一緒にいるとき、どんな気持ちになるだろうか?」と直感で判断しよう。

図を見ながら、リストに挙げた人たちをどこに置くかを考えよう。元気をもらえる人か、消耗する人か? よく会う人か、めったに会わない人か?

私のソーシャル・ユニバース

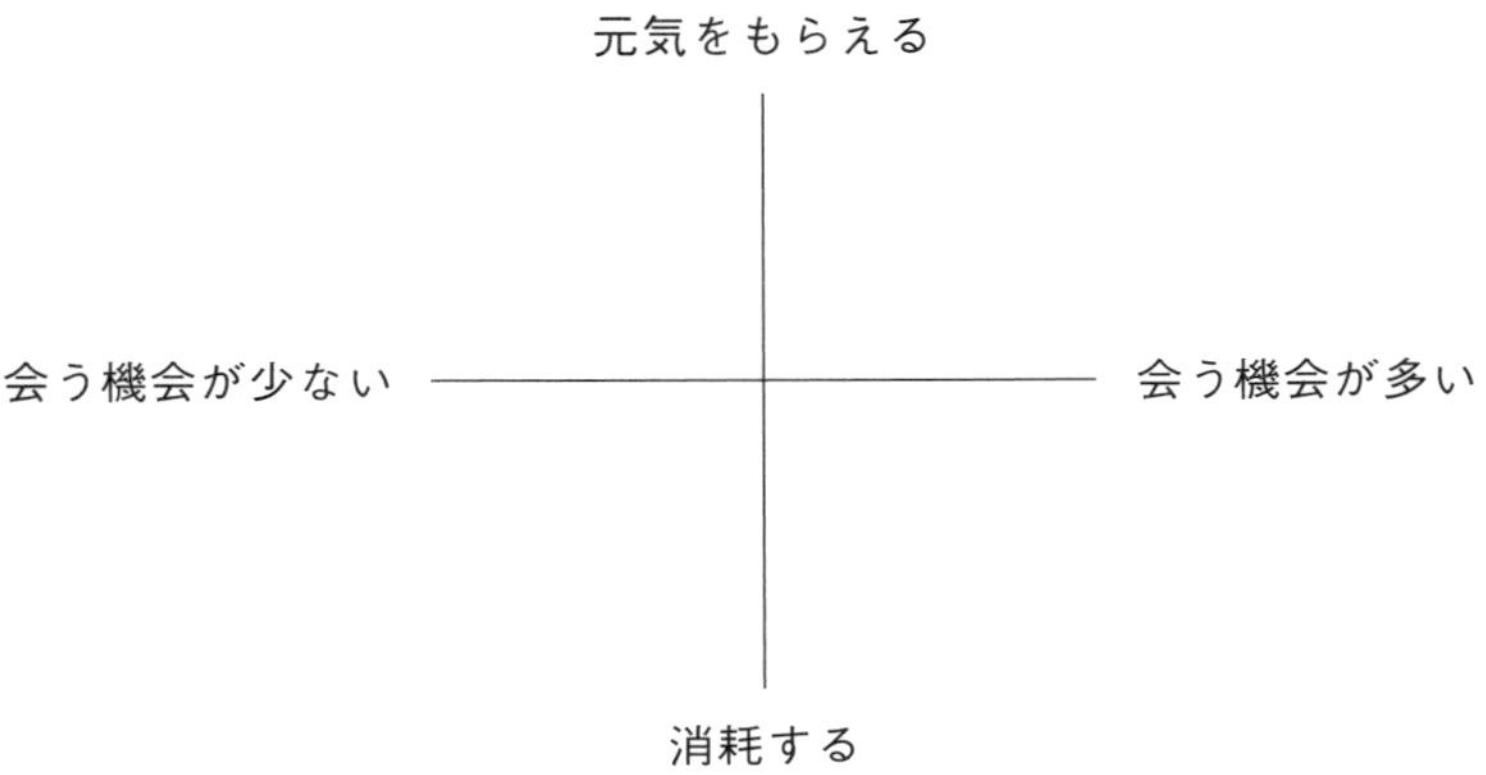

まずは、大切に思っているのに十分に会えていない人から始めてもいいだろう。図の中に小さな点で記していこう。ソーシャル・ユニバースという宇宙に輝く星のような存在だ。

自分の人間関係を図の中のふさわしい位置に書き込みながら、それぞれの関係について考えてみよう。なぜその人がその位置なのか？　その位置に置く決定的な理由は何だろうか？　その関係はあるべき位置にあるだろうか？　とくに、ぎくしゃくしていて自分が消耗してしまう関係がある場合、思い当たる理由はあるだろうか？

各関係をチェックしていくと、人生を豊かにしてくれる人に感謝したり、改善していきたい関係を見つけたりすることができる。こうした質問に対する答えには、つながりの量や種類についての自分の好みが反映されているだろう（そのはずだ）。この人にはもっと頻繁に会いたいとか、あの人は今の付き合い方がちょうどいいとか、こっちの関係は消耗するけれど重要だから特別に注意を払うべきだ、と気づくこともあるだろう。ある関係について、「こうあってほしい」という方向性がある場合には、あるべきだと思う位置に向けて矢印を書き入れよう。

消耗する人間関係がわかったからといって、その関係を断ち切るべきではない。この点は念を押しておきたい（ただし、よく考えた末、会う頻度を減らすべきだと思う相手は出てくるかもしれない）。逆に、その関係には、注意を払うべき重要性があるというサインかもしれない。となれば、その関係には何らかのチャンスが宿っていることになる。

実際、ほとんどの関係にチャンスが宿っている。問題はチャンスを見出せるかどうかだ。例えば、かつて大切にしていた関係や、ずっと放置してきたポジティブな関係、今はこじれている関係にも、つながりを改善できる種が宿っているかもしれない。しかし、こうしたチャンスは永遠にあるわけではない。活かせるうちに活かさなければならない。のんびりしすぎていると、スターリング・エインズリーのように手遅れになりかねない。

人生を支えてくれる人間関係を把握する

スターリング・エインズリーは本研究におけるハーバード大生の被験者の一人だが、恵まれた生まれではない。生まれ落ちたのは姉のロザリーの腕の中だったそうだ。一九二三年、場所はペンシルベニア州ピッツバーグの近郊の自宅のキッチンだった。一二歳のロザリーが母親からフランス語を教わっていると、突然、母親が産気づいた。家には二人きりで電話はなく、近所の人や医者を呼ぶ時間もなかった。波のように押し寄せる陣痛に悲鳴を上げながら、母親はロザリーにお産の準備を必死で指示した。スターリングが無事生まれたのは、ロザリーのおかげだった。へその緒を結び、カットしたのもロザリーだ。「スターリングとは一心同体でした」と、ロザリーは研究チームに語っていた。「弟の面倒を見るのは自分の責任だと考え、まるで自分の子どものように接していました」

製鉄所勤めの父親は七人家族をかろうじて養える収入を得ていたが、ギャンブルに目がなかった。給料が出るたびにギャンブルにつぎ込み、家にはわずかな金しか入れないため、年長の子どもたちは働かざるを得なかった。スターリングが生まれて三週間後、父親が母親を療養所に入れてしまった。その後四ヵ月間はロザリーがスターリングの世話をし、哺乳瓶でミルクを飲ませた。「あの子を抱いて、子守唄を歌いながら歩き回っていたのをよく憶えています。母は療養所から戻りましたが、別人になっていました。父は読み書きができなかったけど、以前の母は聡明で、三ヵ国語が話せたし、子どもたちに英語とフランス語の読み書きを教えてくれたものでした。でも、療養所から戻ると、前とは違う人になっていました。四人の子育てをした母が、スターリングの面倒さえ見られませんでした。だから、その後の数年間は私があの子の世話をしたんです」

スターリングが九歳のとき、父親が母親を再び療養所に入れた。そして、母親は二度と戻ってこなかった。ほどなくして、父親も蒸発してしまい、幼い子どもたちは自力で生きるほかなかった。このときロザリーは二一歳で、すでに結婚し子どもをもうけていたが、夫とともに幼いきょうだい三人を引き取った。スターリングも引き取りたかったが、家族の友人で、悲劇的な事故で息子を亡くしたばかりのハリエット・エインズリーが、スターリングを息子代わりとして育てたいと申し出た。経済的に困窮していたロザリーと夫は承諾した。

エインズリー夫妻はペンシルベニア州の田園地帯にある農場で暮らしていた。これまでとまったく違う暮らしにスターリングはショックを受けたが、養父母は優しく穏やかで、スターリングを温かく支えてくれた。養父は厳しかったが、公明正大な人で、スターリングに農場の経営や仕事のすべてを教え込んだ。スターリングは一九歳のとき、養母のハリエットについてこう語っている。「僕にとってこの世で何よりも大切な人。すばらしい母親です。僕の夢や目標は母の影響が大きいと思います。英文学に強い興味をもったのも母のおかげです」

養母とロザリーの励ましもあって、スターリングは高校で優秀な成績を収め、落選したが生徒会長にも立候補したし、奨学金を得てハーバード大学に合格した。スターリングが一九歳で本研究の被験者になったとき、弟のことをどう思うかとロザリーに尋ねると、次のように答えた。「言葉で説明するのは難しいですね。一緒にいる人のいいところを引き出すタイプだと思います。理想を高くもっているんです。一緒に一日を過ごすと、まるで私まで大学の講義を聴いたみたいな気がします」

ロザリーとハリエットという勇敢でたくましい二人の女性は、スターリングの人生において重要な役割を果たした。スターリングには実母とふれあう機会がほとんどなかった。ロザリーに幼少期のスターリングを育てることができたのは、母親ゆずりの優しさや思いやり、決断力があったからだ。しかし、父親はスターリングを虐待したし、これればかりはロザリーにも打つ手がなかった。結局家族は離散し、スターリングにとっては厳しい試練になった。愛情深いロザリーとハリエットがいなければ、スターリングが大学に進学することも、西部でまっとうな社会人生活を送ることもできなかっただろう。二〇世紀前半は、労働者階級の女性であるロザリーとハリエットにとって、自分のために生きられる時代ではなかった。だから、その分、二人は懸命にスターリングを支えた。スターリングも対面調査で、二人が自分を支え、愛してくれたことには心から感謝している、と何度も話していた。

それなのに、彼は二人と疎遠になっていった。

繰り返すが、人間は社会的な生き物だ。つまり、生きるのに必要なものをすべて自分ひとりで手に入れることはできない。他者がいなければ、秘密を打ち明けることも、恋をすることも、教えを受けることもできないし、大きなソファを動かすことすら不可能だ。人は交流し合い、助け合うために他者を必要とするし、他者とつながり、他者に支えを与えることで幸せを感じる。**与え、与えられるプロセスが、有意義な人生の基礎になる**。自分の人間関係全体をどう感じているかは、他者から何を受け取り、他者に何を与えているかに直結している。晩年のスターリングもそうだったが、本研究の被験者が人間関係への不平や不満を口にする場合、ある種の支えの欠如が原因になっている場合が多い。
本研究では、長年にわたり、被験者に他者からのさまざまな支えについて尋ねる質問を行ってきた。代表的なものを見てみよう。

安全と安心

夜中に不安で目が覚めたとき、電話するとしたら誰ですか？
危機に直面したときに、頼りにするのは誰ですか？

安全と安心を与えてくれる関係は、人間関係を構築していくにあたっていちばんの基礎になる。右の質問に対して具体的な人物をリストアップできた人は、とても幸運だ。安心できる関係を育み、大切にすることは何よりも重要だ。ストレスの多い時期を乗り切り、新しい体験に乗り出す勇気を与えてくれる関係だからだ。人生がうまくいかないときでも、こういう人たちに頼れると思えることが大事だ。

学習と成長

自分が新しいことに挑戦したり、チャンスに賭けてみたり、人生の目標を追い求めると

きに、応援してくれるのは誰ですか？

未知の領域に踏み出すとき、安心感があることも大切だが、信頼できる人から励ましてもらうこと、刺激を受けられることはかけがえのない贈り物になる。

親密さと信頼

自分のことを、何もかも（あるいはほぼすべて）理解しているのは誰ですか？

落ち込んでいるときに電話して、自分の気持ちを率直に話せる相手は誰ですか？

困ったときにアドバイスを求め、そのアドバイスを信頼できる人がいるとしたら、誰ですか？

アイデンティティの肯定と体験の共有

人生において、数多くの経験をともにし、自分がどんな人間で、どこから来たのかという感覚をしっかりともたらしてくれる人はいますか？

幼なじみやきょうだい、重要な人生経験を共有した人たち――こうした人間関係は、長い間当たり前のようにそばにあるせいでおろそかにされやすいが、かけがえのない貴重な関係だ。有名な歌のタイトルにもあるように、「今から旧友はつくれない」のだ。

恋愛がもたらす親密さ（愛とセックス）

あなたの人生において、恋愛がもたらす親密さの量は十分だと感じていますか？
性的な関係に満足を感じていますか？

私たちの多くが恋愛的な親密さを求める。目的は性的な満足だけではなく、誰かと親密にふれあうこと、日々の喜びや悲しみを分かち合うこと、互いの人生を目撃しながら生きることの意味を感じることにもある。恋愛なしで生きていけない人もいれば、そうでない人もいる。結婚が必ずしも恋愛的な親密さの充実度を示す指標にならないのは、もちろんだ。また、二五～五〇歳までの未婚者の割合は、過去半世紀の間に世界各地で劇的に増加している。米国では、一九七〇年には九％だったのが二〇一八年には三五％に増加した。この数字から恋愛的な親密さを経験している人の割合がわかるわけではないが、米国においては未婚者の割合がかつてないほど増えているのは確かだ。また、信頼し合うパートナーがいても、他の人と性的、恋愛的な関係をもつことを認め合う「オープンな関係」のカップルもいる。

専門知識や実用面での支え

専門知識や技術が必要だったり、実用的な問題（例：木を植える、Ｗｉ‐Ｆｉの設定、医療保険の申し込み）で助けてほしいとき、誰に頼みますか？

楽しさとリラックス

あなたを笑わせてくれる人は？
あなたが映画やドライブに誘う人は？
一緒にいるとリラックスして心が落ち着き、絆が感じられる人は？

次の表は、こうした支えの有無を確認するためのものだ。左端の列には、自分に大きな影響を与えている人間関係を記入する。次に、いちばん上の行の項目を見ながら、その人間関係がもたらす支えとして該当する項目にプラス（＋）記号を、支えをもたらさない場合はマイナス（－）記号を記入していく。なお、これらすべての支えについて（＋）となる人間関係がなくても問題

重要な人間関係と、その関係がもたらす支え

人間関係（相手の名前）	安全と安心	学習と成長	親密さと信頼	アイデンティティの肯定と体験の共有	恋愛がもたらす親密さ	専門知識や実用面での支え	楽しさとリラックス

はない。

このエクササイズは、レントゲン検査のようなものであり、人間関係が織りなすソーシャル・ユニバースの表に現れないものを見るのに役立つツールだ。ここに挙げた支えのすべてが自分にとって大事なわけではない、と思う人もいるだろう。その場合は、大事だと思う支えについて、十分な支えが得られているかどうか振り返ってほしい。人生に何らかの不満がある場合、この表において欠落している項目と一致していないだろうか？　浅い付き合いの知り合いならたくさんいるが、いざというときに心の底から頼れる人がいないことに気づくかもしれない。あるいはその逆かも。

表を埋めていくと、欠落している部分が判明したり、結果に驚いたりするかもしれない。助けを求められる相手が一人しかいないこと、近くにいて当然だと思っている人が安全と安心をもたらしていること、思いがけない人が自分らしさを肯定するうえで重要な役割を果たしていることに初めて気づくかもしれない。筆者の二人は心理学や精神医学の専門家だが、このやり方で自分の人生を見つめ直すとなると、相当の集中力が必要だ。実際にやってみて、そう痛感した（学会の歓談タイムでも同じ感想をよく耳にする）。

順調な関係から振り返ろう

こうした振り返りを行うだけでも自分が目指したい方向が見えてくるが、行動を変えたい部分がわかったとしても、最初の一歩を踏み出すのはそう簡単ではない。

人間の動機づけは、それだけで一つの研究分野があるほど大きなテーマだ――人が決断を下す理由は何か。行動を変える人もいれば、どうしても変えられない人もいるのはなぜか。この研究分野は広告業界で人気が高い。消費者の購買意欲を刺激するのに利用できるからだ。だが、自分のやりたいこと――例えば、人間関係の改善に向けて一歩を踏み出す――に向かって自分で自分の背中を押すためにも使える。実際、本章でもその一部を実践ずみだ。動機づけの研究は、「自分を変える気持ちを起こすカギは、今いる場所とたどりつきたい場所の違いを認識すること」という事実を明らかにした。この二つの場所を明確にすると、億劫《おっくう》でしかたのない最初の一歩を踏み出すための力がわいてくる。前述の図や表は、その手始めだった。自分をとりまく人間関係（ソーシャル・ユニバース）と人間関係の質をマッピングし、何を変えたいかを振り返ることができた。ここから先、実践のプロセスは、ややこしくなることもある。課題のある人間関係の場合には、とくにそうなりやすい。だが、メリットは非常に大きい。詳しいプロセスはあとの章で説明する。ここではすぐに実践できる方法と、心に留めておくと役立つ基本ルールを見ておこう。

まず、順調な関係に注目しよう。いちばん始めやすい関係だからだ。元気をくれる関係に目を向け、こうした関係の長所をさらに高め、確実にする方法を考えよう。相手に心からの感謝を伝え（態度で示すのも大事！）、その理由も伝えよう。すでに生きる力を与えてくれている関係なのだから、今までの二倍感謝しても損はない。順調な人間関係であっても、停滞を感じる部分やテコ入れの必要な部分があるものだ。良好な関係であっても、マンネリ化することはよくある。そういうときは、何か新しいことを試すべきだ。

次に、元気をもらえる関係と消耗する関係を分ける線上に位置する関係について考えてみよう。少し刺激を与えて、今以上に元気をもらえる関係にする方法はないだろうか。ちょっとした変化によって、積み重なっていた小さな心の負担が軽くなることもある。

消耗すると感じる関係については、もっとじっくり振り返る必要があるだろう。普段は連絡しない相手に連絡したり、メールやメッセージを送ったり、会う計画を立てたり、イベントに誘ったりするなど、思い切った行動をとる必要もあるかもしれない。最近口論したとか、嫌味を言ってしまったなど、二人の間のわだかまりに対処することになるかもしれない（となると入念な準備が必要になる。意見の不一致や感情的な対立を乗り越える方法は、あとの章で説明する）。

その場合、非常に大事なポイントがある。それは、実際に連絡を取り、カレンダーを引っ張り出し、夜の予定を空けて、会う計画を立てることだ！　できれば定期的に会う計画にしよう！

いちばん良好な関係すら、付き合い方のマンネリ化のせいで以前のように元気をもらえなくなっていることに気づくかもしれない。そこで、筆者らが研究と臨床の両方を通して見つけた、生き生きとした関係を取り戻すための効果的な人付き合いの原則を紹介する。

提案1　寛大になる

欧米社会では個人主義が重視され、「セルフメイド」――自分の力で出世や成功をつかむこと――の神話が幅を利かせている。アイデンティティは自分でつくりあげるものであり、今の自分は他でもない自分が自身の力でつくりあげてきたものだと考える人は多い。だが実際には、今ある自分は、社会や他者との関係の中から生まれたものだ。自転車の車輪のスポークは、ホイールに取り付けられていなければ、単なる金属の棒だ。洞窟で暮らす世捨て人も、他者と離れているという関係があるからこそ、世捨て人だと定義される。

人間関係は必然的に持ちつ持たれつのシステムだ。支え合いは双方向に働く。自分が誰かに与えた支えをそっくりそのまま同じ形で受け取ることはめったにない。だが、「人は与えるものを手に入れる」という古いことわざは人間関係全般に当てはまる法則だ。

人間関係への無力感や絶望感への対処法の一つは「自分がしてもらいたいことを相手にする」という考え方だ。相手の自分に対する関わり方は変えられなくても、自分が相手にどう関わるかは変えられる。自分が受け取れていない支えはあるかもしれないが、自分がそれを他者に与えられないわけではない。

ダライ・ラマは因果応報を説く。「人間は自己中心的で利己的だが、利己的でも智慧《ちえ》があるべ

自分は相手にどんな支えを与えているか

人間関係（相手の名前）	安全と安心	学びと成長	親密さと信頼	アイデンティティの肯定と体験の共有	恋愛がもたらす親密さ	専門知識や実用面での支え	楽しさとリラックス

きだし、利己的で愚かであるべきではない。他者を軽んじれば、自分もその報いを受ける。（中略）自分の利益を達成したいなら、他者の幸福に配慮するのがいちばんの早道だと人々が理解するよう教えていくことはできる。だが、時間がかかるだろう」

　研究結果を見れば、ダライ・ラマの言っていることは明らかに正しい。他者を助けることは、その人自身の利益になる。寛大さと幸福の間には、客観的かつ直接的な関係がある。神経科学や実際の行動の面からも説明可能だ。寛大な行動は、脳内にいい気分を生み出すし、いい気分になれば、また他者を助けようという気持ちになりやすい。寛大さは心の上昇スパイラルを生む。

　本章で取り上げた、人間関係がもたらす支えに関する質問にもう一度立ち返り、自分に正直になり、逆の立場から答えてみよう。自分はそうした支えを他者に与えられるだろうか？　もしそうなら、誰に対して？　もっと支えたい相手はいるだろうか？　介護のストレスは傷の治癒を遅らせるというキーコルト＝グレイザーの研究を思い出そう。身の回りに誰かの介護をしている人や、大きなストレスにさらされている人がいる場合、その人たちが支えをしっかり受け取れるよう、自分にできることはないだろうか？　自分自身が介護者なら、必要なサポートを得ているだろうか？　自分の人間関係全体（ソーシャル・ユニバース）を見渡したとき、与えることと与えられることのバランスはどうなっているだろうか？

提案2　新しいダンスのステップを習う

何ごとも、繰り返し練習すれば上達する。自分のためにならないことでさえ、気づかないうちにうまくできるようになってしまう。スターリング・エインズリーの場合も、親密さやつながりを避けるのがどんどんうまくなってしまった。なるほど、それも当然かもしれない。幼い頃は姉のロザリーがそばにいてくれたが、彼女にも父親の虐待を止めることはできなかったし、父親が母親を療養所に入れたときから、家族は離ればなれになってしまった。エインズリー夫妻に引き取られて農場で暮らすようになると、定期的にロザリーに会うことはできなくなり、つらい思いをした。そのせいで、大人になっても、人と親密な関係になるのが怖かった。養母を除けば、一緒にいて安全だ、安心だと心から思える相手はいなかった。複数の人間との関係となるとなおさらだった。本人が明言したわけではないが、スターリングは人と親密な関係にならないほうが幸せだ、少なくとも安心していられる、と考えながら生きてきた。他者と親しくなることにはリスクがある、と彼は思っていた。

ある意味では正しかった。他者との関わりは人の感情を強く揺さぶる。人との交流はうれしいことや人生の意味をたくさんもたらすが、失望や痛みをもたらすこともある。私たちは愛する人に傷つけられる。相手に失望させられたり、捨てられたりしたときには、心に鋭い痛みを感じるし、相手が亡くなれば大きな喪失感を覚える。

人間関係のネガティブな側面を避けたいという欲求は、合理的だ。だが、他者との関わりから何かを得たいならば、ある程度のリスクは受け入れなければならない。また、進んで不安や恐怖の先にあるものに目を向ける必要がある。

ここで重要な疑問が生じる。スターリングのように過去のトラウマを抱えている人が、トラウマに人生を支配されないようにする方法はあるのだろうか？　成長していくなかで、人と親密な関係を築き、人生のパラダイムが変わるような幸せな経験を重ねることができればいい。そのようなケースは実際にある。配偶者との間に信頼感で結ばれた関係を育むことで、人生に不安を抱えていた人が心の平安を得ることはある。しかし、スターリングのような過去をもつ人の多くは、あれやこれやと理由をつけて自分をごまかし、新しい親密な関係を築こうとはしない。

問題は、トラウマとなった過去を手離し、新しい経験に向けて心を開いていくにはどうしたらよいのか、ということだ。

提案3　好奇心を強くもつ

私が出会う人たちはみな、何らかの点で私より優れている。そして私は、その長所でその人を認識する。

――ラルフ・ウォルドー・エマーソン（米国の思想家）

人間関係での苦労と、人生の他の面での苦労は、原因が同じである場合が多い。つまり、自分のことばかり考えすぎているせいだ。自分がうまくやっているかどうか、望んだものを手に入れられるかどうかを心配する。スターリングやジョン・マースデン（不幸せな弁護士）のように、自分のことに執着しすぎると、他の人の人生に考えが及ばなくなる。

よくある落とし穴だが、避けられないわけではない。人が本や映画から新しいことを学ぶときには好奇心を発揮するが、好奇心はごくありふれた日常の人間関係の改善にも役立つものだ。

自分が二の次になるほどの、他者への強い好奇心には、生きる喜びをもたらす力がある。慣れていないと最初は戸惑うかもしれないし、努力も必要だ。**他者の人生に対する本物の、深い好奇心は、大切な人間関係を育むうえで大いに役立つ**。好奇心が会話の幅を広げ、相手の知らなかった面が見えてくる。すると相手も、理解されている、認められている、と感じる。まだそれほど深まっていない関係の場合も、好奇心は重要だ。思いやる気持ちを伝え、結ばれたばかりの脆《もろ》い絆を強くしてくれるからだ。

絶えず人に声をかけ、相手の話や意見を上手に引き出す人が、あなたの周りにもいないだろうか。この手の人がたいていいつも上機嫌で元気いっぱいなのは、偶然ではない。二章で紹介した「電車で見知らぬ乗客に話しかける実験」が示すように、他人に積極的に関わることは予想以上に私たちの気分を改善し、幸せにしてくれる。

ボブ（筆者）は、いつでもどこでも見知らぬ人に話しかけていた父親のことを思い出す。父親は誰に対しても、強い好奇心を抱かずにはいられない質《たち》だった。叔母と叔父からよく聞かされたエピソードがある。叔父、叔母、父親の三人がワシントンD.C.で一緒にタクシーに乗ったときのことだ。父親はいつものごとく、運転手に話しかけやすい助手席に座った。運転手を質問攻めにし、身の上話に耳を傾けながら、古い車によく使われていた三角窓をいじり始めた。会話に夢中になりすぎた父親は、いつのまにか外れた三角窓を手に握っていた。後ろの席にいた叔母と叔父は大笑いしたが、父親は会話に夢中で気づかない。外れた窓を座席の脇に置くと、今度は窓の開閉ハンドルをいじり始め、やがてそれも外れてしまった。父親は何食わぬ顔で脇に置き、さらに運転手に質問し続けた。車にとっては、乗車距離が短くて幸いだった。

ボブの父親にとっては自然な行動だった。相手に親切にしたいからというよりも、自分の気分が良くなるからそうしていた。人と話すことが、彼の元気の素だった。もちろん、こうした好奇心をしばらく発揮していなくて、感覚を忘れてしまった人もいるだろう。その場合はもっと意識的になる必要がある。他人への興味という小さな種を育てるには、いつもより思い切った会話を切り出す必要がある。

「この人はどんな人で、何を大切にして生きているのだろう？」とわざわざ考えてみること。そうすれば、質問をし、答えに耳を傾け、自然に会話に乗っていけるはずだ。

何よりも重要なのは、好奇心をもつことが他者とのつながりを深くし、そのつながりが自分の人生への関わり方を深めてくれる点だ。心からの興味や関心をもてば、相手は心を開いて話してくれるし、だから相手への理解も深まる。このプロセスは、関わっている人全員を元気にする。電車の中で見知らぬ乗客に話しかける実験も、こうしたメリットの連鎖（詳しくは一〇章で説明）を示している。相手にちょっとした興味をもって一言声をかけることが、新たな喜びや新たなつながりを生み、新たな人生の道が始まる。

寛大さと同じく、好奇心も心の上昇スパイラルを生むものだ。

好奇心が理解を育み、人をつなぐ

筆者（ボブとマーク）が心理療法家だと知って、「人の悩みや問題を聞いてばかりいるのは大変じゃないですか？　疲れたり、気が滅入ったりしませんか？」と訊いてくる人は多い。たしかに、人の話を聞くのは楽ではない。だが、治療で関わる人々に対しては感謝の念のほうがずっと大きくて強い。相手の人生からの学びがあるし、つながりも深まる。誰かの人生を理解し、そのことを相手にしっかり伝えられたと感じるとき、最大級の喜びがわいてくる（これは心理療法に限ったことではない）。自分が誰かの人生に深く共感していると気づいたとき、人生を肯定できるようになる。

好奇心を通して他者とつながるうえで、自分が相手の人生を理解していることをしっかりと相手に伝えることは、非常に重要だ。このとき、絆が魔法のように固く結ばれ、はっきりと感じられ、意味を増す。誰かが自分の人生を正確に理解し、そのことをはっきりと語ってくれると、感動に震えるものだ。孤独を感じているときには、なおさらにそうだ。ありのままの自分を理解してくれる人の存在を感じたとたん、自分と世界の間にあると思っていた壁が破られる。理解されることは、すばらしいことだ。

逆に、相手をしっかりと見つめ、改めて素敵だと思った面を伝えるのも、とてもすばらしいことだ。つながりがもたらす胸の震えるような感動は、見る側と見られる側の両方に起こる。繰り返しになるが、つながりや生きる活力は双方向に作用する。

この考え方は新しくもなければ型破りでもない。デール・カーネギーが一九三六年に出版した名著『人を動かす』も、この点を強調している。カーネギーは「人に好かれる六原則」について説明しているが、「誠実な好奇心を寄せる」が第一原則だ。何でもそうだが、好奇心も、練習すれば自然にわくようになる。練習相手はいたるところにいる。正しい方向に進む道、すなわち人に心からの好奇心を寄せることは、今日から、いや数分以内にも、実践できるはずだ。

人間関係を点検し、蘇らせる方法

ソーシャル・フィットネスの維持に定期的なエクササイズが必要なのと同じように、人間関係の振り返りも定期的に行うことでメリットが得られる。定期的なエクササイズや振り返りは、将来にわたって続けることが大切だ。今のソーシャル・フィットネスが不調なら、定期点検の頻度を上げよう。少しだけ時間をつくり、人間関係の現状を振り返り、改善できるところがないか考えてみよう。とくに気分が落ち込んでいるときは、なおさらだ。計画的なタイプの人なら、定期的な予定を組んでしまうといい。例えば、年に一度、元旦や誕生日に、現時点のソーシャル・ユニバースを表に書き出し、相手から何を受け取り、自分は何を与えているか、今後一年どんな人間関係を望むのかを考えよう。作成した表やリストはプライベートな場所に保管してもいいし、なんなら本書に挟んでおいてもいい。そうすれば、自分の変化を知りたいとき、すぐに取り出して見ることができる。一年あれば、いろんなことが起こるものだ。

点検を行えば、少なくとも、人生でいちばん大切なものを思い出せる。このこと自体すばらしいことだ。本研究の被験者は、七〇代や八〇代になったとき、人生で最も大切なのは友人や家族との関係だと繰り返し述べていた。スターリング・エインズリーもそう言っていた。彼は養母と姉を深く愛していた。だが、連絡を絶っていた。人生でいちばん大事な思い出は友人たちとの思い出だった。だが、彼らに連絡することはなかった。子どもたちのことを何よりも気にかけていた。だが、めったに会わなかった。傍目には、スターリング自身、気にかけていないように見えたかもしれない。だが、実はそうではなかった。大切な人間関係について語るときにはかなり感情を高ぶらせていたし、特定の質問に答えたがらなかったのは、身内や友人と長年距離を置くうちに心の痛みが募っていた証拠だ。スターリングは、人間関係をどうすべきか、愛する人たちのために何をすべきかについて、落ち着いてじっくり考えたことが一度もなかった。

古代の知恵——そして最新科学の研究成果——を受け入れるなら、人間関係は健康と幸福を維

持するための最も価値の高いツールであり、だからこそ、人間関係に時間と労力を投資することが極めて重要だ。ソーシャル・フィットネスへの投資は、現在の自分の人生への投資に留まらない。それは、私たちの未来の生き方のすべてに影響を与える投資だ。

第5章 人生への最高の投資
──「注意」と「気配り」のすすめ

私たちにできる唯一の贈り物は、自身の一部を与えることである。

──ラルフ・ウォルドー・エマーソン（米国の思想家）

ハーバード成人発達研究、第二世代への質問票（二〇一五年）より

自分のしていることをあまり意識しない「自動運転モード」になっていることがある

まったくない　たまにある　ときどきある　頻繁にある　いつもそうだ

十分に注意を払うことなく、急いでやることを片付けてしまうことがある

まったくない　たまにある　ときどきある　頻繁にある　いつもそうだ

髪に当たる風や、顔に降り注ぐ日光など、身体の感覚に注意を向けている

まったくない　たまにある　ときどきある　頻繁にある　いつもそうだ

生涯に手にするお金が全額手元にある状態で人生を始める、と仮定しよう。生まれた瞬間に一つの銀行口座が与えられ、支払いが必要なときにはいつでもお金を引き出せる。働く必要はないが、何をするにもお金がかかる。食料、水、住居、日用品の値段は変わらないが、メールを一通送るだけでも貴重な資産を取り崩さなければならない。何もせず椅子に座っているだけでもお金がかかる。寝るだけでもお金がかかる。何につけてもお金を払う必要がある。だが困ったことに、口座の残高は把握できない。お金が尽きてしまえば、人生は終わる。

もしこのような状況に置かれたら、あなたは今と同じ生き方をするだろうか？　それとも、とにかくどんな形でもいいから生き方を変えたい、と思うだろうか？

もちろん、これは架空の話だ。だが、ある重要な要素を変更すれば、私たちの実際の人生とそれほど違わない。現実には、口座に入っているのはお金ではなく時間だ。そして、時間の総量は知りえない。

「時間をどう使うべきか？」――日常的に頭をよぎる疑問だが、人生は短く不確実であるからこそ、深遠な問いでもある。それに、健康と幸福にも密接に関わる問いだ。

仏教の僧侶が瞑想修行中に唱える真言《マントラ》に「死だけが確実で、死が訪れる時期が不確実なら、私は何をすればいいのか？」という言葉がある。

人生はいつか終わるという避けられない真実を直視すれば、世界の見え方が変わり、大切なものが変わる。

ハーバード成人発達研究では、八〇代の夫婦を対象とする八日間の調査を行った際、一日がかりの対面調査の最後に毎日違う質問をして、これまでの人生を振り返ってもらった。回答の多くは、時間の大切さに関するものだった。

七日目――人生を振り返って、あんなにたくさんしなければよかったと思うこと、もっとすればよかったと思うことは何ですか？

イーディス（八〇歳）――くだらないことに腹を立てなければよかった。大きな目で見ればどれも大した問題ではなかったから。あんなことを心配しなければよかった。子どもたちや夫、両親ともっと一緒に時間を過ごせばよかった。

ニール（八三歳）――もっと妻と一緒にいたかった。私が仕事の量を少しずつ減らし始めた矢先に、妻は亡くなってしまった。

多くの人に共通する回答があったなかで、これらはほんの二例にすぎない。ほぼすべての被験者が、時間の使い方を後悔していた。注意を払うべき事柄についてしっかり考えなかったと感じていた被験者も多かった。過ぎゆく日々に追われていると、人生は淡々と過ぎていき、人生を形づくる間もなく、人生に流されてしまう。多くの人と同じく、本研究の被験者のなかにも、晩年を迎え、来し方を振り返り、**「友人にあまり会えなかった」「子どもたちに十分な注意を払ってあげられなかった」「重要でないことに時間を費やしすぎてしまった」**という思いを抱く人がいた。

ここで、時間を「費やす」、注意を「払う」といった動詞に注目してほしい。

言語には――おそらく英語はとくにそうだが――経済用語があふれかえっているため、こうした言葉の使い方は自然だし当然だと思えるが、時間と注意には、言葉が意味するものをはるかに超える、かけがえのない価値がある。**時間と注意はあとから補充することができない。時間と注意こそ人生そのものだ。時間と注意を相手に差し出すとき、私たちはそれらを単に「費やしたり、払ったり」しているわけではない。自分の命を相手に与えている。**

哲学者のシモーヌ・ヴェイユも、「注意《アテンション》を向けることは、寛大さの最も貴重で純粋な形である」と述べている。

なぜなら、注意――時間――は、人間が手にしているもののなかで最も価値があるからだ。

シモーヌ・ヴェイユの言葉から数十年後、禅の師であるジョン・タラントは著書『The Light Inside the Dark』(『闇の中の光』、未邦訳)の中で、ヴェイユの洞察をさらに掘り下げ、「注意は愛の最も基本的な形である」と書いた。

ここでは、言葉にしがたい真理が示されている――愛と同じく、注意も双方向の贈り物だ。相手に注意を向けるとき、私たちは相手に自分の命、人生を与える。その過程を通して自分自身も、いつも以上に生きている実感を得る。

時間と注意は幸せになるために欠かせない材料だ。時間と注意は「私たちの命がわき出る貯水池のようなものなのだ」というほうが、「払う」「費やす」といった経済用語を使った比喩よりも正確だ。貯水池から水の流れを導くと、特定の地域を潤すことができるのと同じように、注意を向けることで人生の特定の部分を活気づけ、豊かにすることができる。だから、自分の注意がどこに向かっており、自分が大切に思う人と自分のメリットになるところに向かっているかどうかを確かめることに損はない（注意は双方に恩恵をもたらす）。大切な相手と自分は幸せだろうか？　二人が最も生き生きとする活動や目標のために、しっかりと時間をつくっているだろうか？　二人にとっていちばん大切なのは誰なのか？　その人たちとの関係や課題などに、十分な注意を向けているだろうか？

今日の「時間不足」と明日の「余剰時間」

「注意《アテンション》」という言葉は二つの意味で使われる。

一つめは、「優先順位」や「費やした時間」という意味だ。これは第4章のソーシャル・ユニバースの図の「頻度（会う機会の多さ）」に相当する。自分にとっていちばん大切なものを最優先し、時間配分リストのトップに置いているだろうか？

すると、こう反論したくなるかもしれない。「口で言うのは簡単ですよ。私の毎日をご存知ないのですからね。時間は魔法で増やせるわけではないんです。家族を養い、子どもたちを学校に通わせるため、自分の時間は仕事に投じています。精一杯の状況なのに、どうやったら時間を捻出できるんですか?」

もっともな疑問だ。ならば、時間について少し説明させてほしい。

人はしばしば、自分の自由になる時間について矛盾した感覚をもっている。一方では、**やりたいことをする時間どころか、未来のどこかの時点で「余剰時間」を手にできるはずと考える傾向がある。**他方では、**すべきことをする時間すら足りないという「時間不足」の感覚がある。**いつかきっと、やるべきことに忙殺されない時期がやってくる、と考えるのだ。里帰りや旧友への電話など、何につけ「あとでもやれる」と思いがちなことについてはだいたいそうで、「いずれゆっくり取り組む時間がたっぷりできるはず」と思っている。

たしかに、責任や義務を果たすのに忙しすぎてどうにもならない、と感じている人は多い。二一世紀になり、社会が大きく変化するなかで、自由になる時間はどんどん減っているという感覚があるし、忙しくて時間的余裕のない人ほどストレスが増え、健康状態も悪くなっている。だから、時間不足を強く感じるのは労働時間が伸びているせいだ、と想像するのも無理はない。

だが、実はそうではない。二〇世紀半ば以降、世界的に、平均労働時間は大幅に短くなった。米国人の平均労働時間は一九五〇年より一〇%短いし、オランダやドイツなどでは労働時間は四〇%も減っている。

これらは平均値であるため、労働者のタイプ別の補足説明が必要だ。例えば、ワーキングマザーは余暇時間が最も少ない。また、学歴が高くなるほど労働時間が長くなり、低くなるほど余暇時間が長くなる。つまり、現実はそう単純ではない。とはいえ、データを見れば、昔より今のほうが労働時間が減っているのは明らかだ。にもかかわらず、**現代人は時間が全然足りないと感じている。なぜなのだろう?**

その問いを解くカギは、「注意」という言葉の二つめの意味にある。つまり、時間の使い方、具体的には、そのときの心の動き方にある。

心がさまようと不幸になる

筆者二人は、もう二〇年以上、数百キロ離れたところに住んでいる。共同プロジェクトに取り組むときには、電話やビデオ通話で打ち合わせするしかない。古くからの友人同士だが、あらかじめ日時を決めておかないと、打ち合わせは実現しない。週に一度の打ち合わせは忙しい一週間の中でほっと一息つける時間だ。二人ともリラックスし、素《す》の自分に戻る。だから、とくに集中が続いた一日や一週間のあとの打ち合わせでは、いつのまにか注意散漫になることがある。

おそらくみなさんもご存知の感覚だろう。生きることはとにかく大変で、やるべきことに追われている。だが、**友人や子どもは気心の知れた相手だから、とくに注意を向ける必要はないと感じてしまう。**相手のことはよく知っている。いつものやりとりがあり、阿吽《あうん》の呼吸があるし、とりたてて目新しいことも起こらない。だから、心がさまよい始めてしまう。それに、今どきは悩みややるべきことがないときも、ネットから大量の情報が押し寄せてくる。たまに気を抜ける時間ができても、たちまちスマートフォンに吸い取られてしまう。

「注意を払う」という行為をテーマとする本章の打ち合わせの最中にも、マークは電話越しにおなじみの沈黙を感じた。ボブがぼーっとしていたのだ。

「ボブ」

「えっ？」

「話についてきてる？」

誰にでもあることだ。心理学者のマット・キリングスワースとダニエル・ギルバートは二〇一〇年の研究において、現代人の注意散漫の元凶の一つであるスマートフォンを活用し、起きている時間を人々がどう使っているのかを身体的・精神的に測定する大規模な実験を行った。二人はまず専用アプリを開発した。一日に数回、ランダムな時間に、今何をしていて、何を考え、感じているかを尋ねる質問を表示して、被験者が回答を記録するアプリだ。データベースには、世界八三ヵ国、全年齢層、八六の職業カテゴリーに及ぶ五〇〇〇人以上の被験者から収集したデータ数百万件が集まった。研究成果によれば、人は起きている時間の半分近くを、そのときにしている行為以外の何かを考えることに費やしていた。半分近くも、だ！　キリングスワースとギルバートが指摘しているように、これは人間の知性がもつ奇妙な癖であるし、人間の進化的適応であるのは明らかだ。

人は過去や未来について考えることで、計画を立て、予測し、さまざまなアイデアや経験の間に創造性あふれるつながりを見出す。だが、今の時代は大量の刺激があふれかえっているため、気が散りすぎて創造性を発揮できない。心は予測したり、創造的なつながりを見出したりすることなく、ひたすらせわしなくさまようばかりになる。キリングワースとギルバートの研究は、私たちがなんとなく気づいていたこと――**心がさまよっていると不幸になる**――という事実を明らかにしていた。

「目の前で起こっていないことに思いをめぐらせる能力は、ヒトが進化によって獲得した認知能力の一つだが、心に負担がかかる」と二人は書いている。

過去を思い起こし、未来を予測するという認知能力があるからこそ、私たちは毎日が非常に多忙だと感じてしまう。問題は、その日のうちに完了しなければいけないタスクの数ではなく、私たちの注意を引く物事の数が多すぎることにある。一般的に「気が散る」と呼ばれている状態は、過剰な刺激にさらされている状態ととらえるほうが理解しやすい。

最近の神経科学の研究によれば、人間の意識は一度に一つのことしか処理できない。複数のことを同時に行うマルチタスクができている感覚があったとしても、実際には一つずつ切り替えながら対処しているにすぎない。**マルチタスクは脳に大きな負荷がかかる**。タスクの切り替えには、労力と時間（この時間は測定可能）がかかるからだ。しかも、**元のタスクに戻り、その対象にしっかりと注意を向けるには、さらに時間がかかる**。生じているのは時間的なコストだけではない。注意の質もまた、犠牲になっている。常に注意の対象を切り替えていると、しっかり集中できないし、集中した心があればこそ得られる喜びや効果も十分に味わえない。現代人は、注意を常に微細に調整しながら生きている。作家兼コンサルタントのリンダ・ストーンの言葉を借りれば、「注意力が常に断片化される」状態で生きているのだ。

人間の意識は、一般的に思われているほど機敏ではない。ヒトの脳はハチドリというよりフクロウのように作動するよう進化してきた。人間の意識は「何かに気づき、注意を向け、集中する」という段階的な手順を踏む。一つの対象に強く集中して初めて、人間ならではの高度な知的能力が発揮される。一つのことに集中するとき、人間の思考力、創造性、生産性は最大になる。

だが情報端末のスクリーンだらけの二一世紀の生活では、フクロウのように大きくて扱いにくい人間の心が、せわしなく動き回るハチドリのようになってしまう。注意を向ける先を次から次へと無駄に変えざるを得ない。明けても暮れてもこの状態が続くと、心は不安を引き起こす不自然なモードに慣れてしまい、栄養となるものを見つけられなくなる。

ネズミが雪の下で立てる音に集中して耳を澄ましているフクロウと、千本の花から微量の蜜を必死に集めるハチドリでは、どちらのほうが忙しいと感じているだろうか？　最終的に心の栄養状態がよくなるのは、どちらだろうか？

「注意」と「気配り」こそ、人生の本質だ

注意を向けることの価値を知ることは大切だ。では、人生のなかで人間関係に注意を向けるとは、実際にはどのようなことだろうか？

一例として、第2章で取り上げた高校教師のレオ・デマルコのケースを見てみよう。本研究の被験者の中で最も幸福な男性の一人と見なされている人物だが、時間と注意をどのように管理していたのだろうか。

レオは高校教師として多忙を極めていた。生徒たちとの交流も深かった。彼を知る人たちによれば、彼ほど熱心に生徒たちと関わる教師はまず見当たらなかった。常にやるべきことはもっとあると思っていたし、悩んでいる学生がいればためらうことなく手を差し伸べ、我が子を心配する親がいれば面会した。課外活動にも熱心に関わっていたため、放課後や週末を必ず子どもたちと過ごせるわけではなかった。家族はレオと一緒にいるのが大好きだった。彼は聞き上手で、いつだって気の利いたジョークを口にする人だった。その分、離れていると寂しさが募ったし、レオが家庭よりも仕事を優先しているのでは、と感じることもあったという。

たしかに、レオにとって仕事は重要だった。仕事に生きがいを感じていたし、本研究の調査でも、仕事のおかげで同僚や生徒をはじめ地域の人々から慕われているのを実感している、と何度も言っていた。仕事がもたらす生きがいは、幸福やウェルビーイングにとって重要（詳しくは第9章でとりあげる）だが、家族との時間など、他の優先事項とぶつかることもめずらしくない。さまざまな物事が注意を奪い合う状況は、多くの人を悩ませている難しい課題だ。しかし、解決不能というわけではない。

レオの家族は、自分の気持ちを伝えることをいとわなかった。妻のグレースも率直に思いを伝えたし、二人の娘と息子も同じだった。

一九八六年、長女のキャサリンに父親とのいちばんの思い出を尋ねると、一緒に出かけた釣り旅行のことを懐かしそうに話してくれた。レオは毎年、夏休みに自分の子どもを一人ずつ、釣りのできるキャンプ場に連れていき、一週間をともに過ごした。キャンプ場や釣り場は毎回違っていた。キャサリンの記憶によれば、旅の間は、ただ釣りをするだけでなく、レオが彼女に注意深く気を配り、毎日の生活のことや彼女が考えていることを尋ねてくれた。休み中も教師の性分は抑えられず、針や浮きの取り付け方、魚の隠れ場所、火の熾こし方、夜空に浮かぶ星座の見分け方を教えてくれた。レオは、子どもたち全員に自力でキャンプと釣りをする方法を教え込んだ。そうすれば、自然の中でも生きていけるだろうし、彼らが子どもをもったときには、親子キャンプの伝統をきっと引き継いでくれるはずだと思っていた。

レオは、妻のグレースにもしっかりと注意を向け、気を配っていた。八〇代前半で、夫婦でどんな活動をしているかと尋ねられたレオは、こう答えている。

妻とは一緒にガーデニングを楽しんだり、ただ一緒に散歩をして、景色のことを話したりしています。昨日は五、六キロほどハイキングをしました。暖かい服を着込み、森の奥深くで、小川からカモが飛び立つのをじっと立ち止まって眺めたりしました。私の人生にはそんな瞬間がたくさんあるし、夫婦でそういう瞬間をともにしているんです。あるいは、本を読むときも、妻が興味をもつ部分がわかるので、教えてあげたりすることもあります。彼女も私に同じことをしてくれます。

これらはレオとグレースの人生の日常に起こる小さな出来事、小さな瞬間だが、一生涯を通じて積み重なれば、大きな意味をもつ。「注意は愛の最も基本な形だ」と言われる。レオが被験者の中で注意を向けることに長《た》け、存在感があり、なおかつ最も幸福度が高い人物であることは、偶然ではない。

レオをはじめ、一九四〇年代、五〇年代、六〇年代に子どもを育てた第一世代の被験者の目には、二一世紀のオンライン生活がSFの中の出来事に見えるはずだ。当時の親たちには、誰もがスマートフォンを持ち、SNSが普及し、情報や刺激が氾濫する状況がもたらす苦労はなかった。とはいえ、人間関係の苦労については、見た目よりずっと共通点があるはずだ。

一九四六年、後に世界的な映画監督となる若き日のスタンリー・キューブリックが、総合誌『ルック』に、今ではすっかり有名になった写真を発表した。ニューヨークの地下鉄の車内で、満員の通勤者たちが一人残らず、あるものに頭を突っ込んで読みふけっていた――新聞だ。それに、第一世代の被験者の多くは、今の人と同じ不安な思いを口にしていた。家族に十分に注意を向けるのは難しいし、仕事には忙殺されるし、世の中は慌ただしくなるばかりだし、子どもの将来が心配だった。それに、当時大学生だった被験者の八九%は第二次世界大戦――当時はまったく先の見えない、破滅的な戦争だった――に従軍し、その後、核の恐怖に覆われた冷戦時代に子どもを育てた。家庭では、インターネットではなく、テレビが子どもや社会に与える影響を懸念していた。

つまり、苦労の質や規模には違いがあり、社会の変化のスピードも今ほど激しくはなかったが、**人間関係を育むための効果的な解決策は今と同じだった。それは、時間と注意を今、目の前にある時間のために使うことだ。**注意こそ人生の本質であり、時代を超えた、変わらぬ価値があるものだ。

今では、スマートフォンやSNSといったテクノロジーが最も親密な人間関係の形成に一定の役割を果たしている。情報端末やソフトウェアを介して誰かとつながることはめずらしくない。とてつもない量の感情や人生が、こうしたメディア上を行き交っている。これは危うい状況だ。恋愛のきっかけ、別れ、出産や逝去の知らせ、友人との日常的なやりとりなど、今ではあらゆる種類の親密な交流が情報端末やソフトウェアを介して行われており、こうした機器やソフトウェアのしくみが、人々のコミュニケーションのあり方をさりげなく――ときにはあからさまに――左右する。この状況は現代人の人間関係にどのような影響を与えているのだろうか？　幸福への影響はどうだろう？　**新しい形のコミュニケーションは、私たちが他者と有意義なつながりを築く能力を高めているのだろうか？　それとも妨げているのだろうか？**

こうした問いに対する明確な答えは、簡単には出ない。テクノロジーの使い方は人それぞれだし、どのような社会変化であれ、それなりの時間が経たないと、本質はつかめない。だが、一つだけわかっていることがある。SNSやオンラインで繰り広げられる人生も複雑だということだ。希望をもてる理由もあれば、懸念すべき理由もある。

スクロールをやめて、人と関わろう

友人や家族との関係維持のために使えば、絆や一体感が強まるのが、SNSのよい面だ。昔なら縁が切れてしまったかもしれない旧友や元同僚とも、情報端末を数回クリックするだけでつながれるし、興味や目標を同じくする人のコミュニティが日々新たに生まれている。例えば、嚢胞《のうほう》性線維症のような難病の患者もネット上でサポートグループや安心できる情報を見つけられるし、性的指向や性自認、容姿などの理由で社会から疎外されていた人たちも、現実の居場所に縛られることなくコミュニティを見つけられる。孤立している人、逆境にある人にとって、インターネットは実にありがたいものだ。

しかし、考慮すべき重要な問題は多々あるし、対処のしかたによっては個人の幸福や社会全体に影響が及ぶ可能性がある。とりわけ緊急を要するのは、オンライン空間が子どもや青年期の若者の発達に与える影響だ。本研究(や他の多くの研究)のデータが示すように、幼少期の人間関係は重要だ。子ども時代の発達のありようは、大人になってからの他者との関係のつくり方と関連している。この時期を「形成期」と呼ぶのには理由がある(詳しくは第8章)。オンラインでのコミュニケーションが増えると、若者が現実世界の対面コミュニケーションで相手の表情やしぐさを読み取ったり、感情を察したりする能力に影響が生じないだろうか? 会話中のしぐさや声音、表情のシグナルを通して何かを伝える能力はどうだろうか? 対面コミュニケーションの大部分は、非言語的だ。オンライン上のバーチャルな交流において非言語的能力が退化すると、結果として対人コミュニケーションのあり方にも影響が及ぶのではないだろうか?

この領域については、現在、数多くの研究が進行中であり、筆者らもいくつかの研究を行っているところだ。いまのところ、結論と言えそうな知見はなく、さらなる研究が必要だ。ただ、現時点ではっきりしているのは、オンライン空間と物理的空間は別物だということだ。また、とくに、子どもが他人と実際に一緒にいることで身につける対人能力については、オンラインでも身につくとは考えられない。

二〇二〇年、新型コロナウイルスのパンデミックが世界を震撼させた。ウイルスが急速に拡大し、世界中のライフスタイルが一変した。人々は友人や隣人や家族と離れ離れになり、心理的にも極めて厳しい状況に追い込まれた。外出自粛令が出ると自宅に留まるほかなく、ソーシャル・ディスタンスを確保するため、対面交流はほぼ不可能になった。レストランは休業し、職場も閉鎖された。ほぼ一夜にして、ビデオ通話やSNSだけが外界とつながる手段になった。社会的孤立とオンライン生活の本質をめぐる世界規模の実験が開始されたかのようだった。

ロックダウンが数週間どころか数ヵ月に及ぶと、オンラインツールが現実世界の交流不足という空白を埋め始めた。リモート会議によって企業は業務を継続し、学校や大学も（バーチャルだが）門戸を開け続けることができた。結婚式や葬式でさえ、オンラインで行われた。

だが、インターネットにアクセスしない人々にとっては、事態はもっと深刻だった。完全な孤立か感染のリスクかという選択に直面すると、多くの人が後者を選んだ。また、高齢者介護施設ではSNSやビデオ通話がめったに使われないため、コロナウイルスより社会的孤立のほうが深刻な問題となり、入居者の健康が著《いちじる》しく損なわれ、死因の一つになった。

SNSやビデオ通話がなければ、ロックダウンによる健康被害はもっと深刻だっただろう。ところが、やがて、オンラインのツールがあれば十分な交流が可能になるとは到底言えない現実が明らかになった。オンライン会議で受け取る感覚、その知覚体験や感情には、何かが欠けていた。

コミュニケーションは単なる情報の交換ではない。実際に人とふれあい、誰かのそばにいることには、感情的作用や心理的作用、さらには生物学的作用もある。ソフトウェアでできることには限界があるため、オンラインの交流体験は現実の体験とは別物だし、制約も多い。平常時ならオンラインでの交流の限界を定期的な対面交流によって埋め合わせることも可能だが、パンデミックの間にそうした限界がはっきりと浮き彫りになった。オンラインでつながっていたにもかかわらず、パンデミック一年目には絶望感や抑うつ、不安などの症状を訴える人が増え、住民の孤独感が高まった地域もあった。オンラインでつながるのが得意な人たちでさえ、ふれあいの喪失からくる「スキン・ハンガー（皮膚接触渇望）」を感じるようになった。極限的な孤立を前にして、**SNSは少なくともある程度は役に立った。だが、十分ではなかった。**

パンデミックという、まさに孤立をめぐる世界規模の社会実験といった事態によって、非常にはっきりしたことが一つある。生身の他者の存在はテクノロジーでは代用できない、という事実だ。誰かと一緒にいることに、代わりうるものはない。

SNSやオンラインでのコミュニケーションは生活に浸透しており、今後、思いもよらない進化を遂げる可能性が高い。世界各地の社会がテクノロジーの変化に対処しようとしているが、個人が日常生活の中でそのメリットを大きくし、デメリットを小さくするためにできることはあるのだろうか？

ありがたいことに、この点については活用できるデータがある。プラットフォームは、個人がどう使うかが重要だ。今日から実践できる基本的な方法をいくつか紹介しよう。

一つめは、**他者と積極的に関わること**だ。

ある有力な研究によれば、フェイスブックの使い方が受動的な人（投稿を読み、画面をスクロールするだけ）は、能動的な人（積極的にコンタクトを取り、投稿にコメントする）に比べてネガティブな気分を感じている。ノルウェーで実施された研究でも、同じ結論に達している。世界で最も幸福な国の一つ、ノルウェーではフェイスブックの使用率がとくに子どもにおいて高いが、フェイスブックを主にコミュニケーションのために使っている子どものほうが、ポジティブな感情を強く感じていた。主に眺めるだけという子どもたちは、ネガティブな感情を強く抱いていた。驚くべき結果ではない。他人と自分を頻繁に比べている人ほど、幸福感が下がることがわかっている。

前にも述べたように、現代人はいつも自分の内面と他人の外面を比べてしまう。人生にはいい日も悪い日もある。自信がみなぎるときもあれば不安になるときもある。そんな浮き沈みのある人生を、いいところだけを切り取った他人の人生と比較してしまう。それが最も起こりやすいのがSNSだ。レストランでの素敵な食事やビーチでの休暇の写真は次々と投稿されるが、夕食時の口論や二日酔いの写真はまず見かけない。それなのに、他人がSNSで見せる写真と自分の現実の人生を比較し、幸せな人生を楽しんでいるのは他人ばかり、と思ってしまう。

二つめは、**SNSを使うときには、自分の心の状態を確認すること。**

SNSの使い方については、万人に当てはまる正解はない。誰かにとってはいい方法が、別の人にとってはそうでもないこともある。だから、**自分にあったSNSの使い方を考えるときには、使いながら自分がどう感じているかがとても重要だ。**フェイスブックを三〇分間使ったとき、元気になれたと感じるだろうか？　長時間ネットを眺め、あちこちクリックして回ったあとで、消耗したと感じることはないだろうか？　フェイスブックやツイッターを使ったら、少し時間をとって自分の気分やものの見方の変化を見つめ直すと、適切な使い方がわかるかもしれない。身じろぎもせずにＳＮＳにかじりついている自分に気づいたら、少し時間を割いて自分の気分を確認しよう。

三つめは、**自分のＳＮＳの使い方が、大切な人にどう見えているのかを確認すること**。自分のスマートフォンの使い方について、パートナーがどう思っているかを尋ねてみよう。あなたのネットの使い方は、身近な人にどんな影響を与えているだろうか？　朝食のとき、夕食後、あるいは車に乗っているときなど、ネットに夢中になっているあなたを見て、家族は寂しい思いをしていないだろうか？　子どもたちはどうだろう？　子どもが情報端末の画面に張り付いて離れない、と大人は思い込みがちだが、親がスマホに夢中で困るという子どもからの不平は、めずらしいものではまったくない。自分ではなかなか気づけないことなので、周りの人に尋ねて確認しよう。

四つめは、**「デジタル・デトックス」の期間を設けること**。やり方は人によって変わるが、あえてテクノロジーを使わない時間をつくると、普段受けている影響の大きさがわかる。科学の実験では、対照群を用いて実験群と比較し、設定した条件の作用のしかたを浮き彫りにする。人生においても、対照期間が必要かもしれない。ＳＮＳの使用を四時間ほど禁じられたら、どんな気分になるだろう？　スマホが使えなければ、大切な人ともっと向き合うのではないだろうか？ＳＮＳ断ちをした日は気分があまり凹《へこ》まず、集中力も回復しているのではないだろうか？

スマホやオンラインの交流は、つながりを広げてくれる。だが、自分の弱さをさらすことにもなる。一人ひとりにできることがあるとすれば、テクノロジーのもつ二面性が人生に与える影響をよく考え、良い面の作用を大きくし、悪い面の作用を小さくする努力をすることだ。

この点で、私たちには、巨大IT企業に勝てる決定的な強みを一つもっている。「注意をめぐる戦い」は私たちの頭と心の中が戦場だという事実だ。そしてこの戦いは、「ホーム」でなら勝てる戦いだ。

今、ここへの「注意」が人生を豊かにする

私たちが支配できる時間は、今この瞬間しかない。

――ティク・ナット・ハン（ベトナムの禅僧）

注意をめぐるジレンマは現代特有の事情に見えるかもしれないが、その本質はインターネットより数千年も前から存在している非常に古い問題だ。そして、太古からの解決策もある。

一九七九年、医学博士のジョン・カバットジンは、末期患者と慢性痛患者のストレス低減を目的とする全八回の治療セッションを行い、仏教の古い瞑想法を取り入れて「マインドフルネスに基づくストレス低減法」と名付けた。このセッションは目覚ましい効果を上げ、今では「マインドフルネス」は誰もが知る言葉になった。マインドフルネスは現在、多数の研究によって効果が実証されており、マインドフルネスのコースを受講できる医学部も増えている。

マインドフルネスの核となるのは、気づきと注意だ。カバットジンはマインドフルネスを、「今この瞬間、判断を加えることなく、あるがままの物事に意図的に注意を向けることによって生じる意識」と定義している。身体の感覚や周りで起きていることに、抽象化や判断のフィルターをかけず、意識的に注意を向けると、思考と経験は「今、ここ」とシンクロする。人の心はあてもなくさまよう傾向があるが、マインドフルネスの目標はさまよう心を、「今この瞬間」に連れ戻すことにある。

近年、マインドフルネスは社会に広く浸透したが、これを商売の種にしようとする動きもあり、不信感を抱く人もいる。しかし、核となる考えは何世紀も前からあり、さまざまな文化の伝統に見られるものだ。単純に言えば、マインドフルネスの目標とは、日常的な気づきを高めることだ。今では米軍までもがマインドフルネスを訓練に取り入れ、集中力を維持する方法を学んでいる。兵士にとっては、目の前の瞬間に集中できるかどうかが生死を分けるからだ。

同じことは、兵士以外の人にも言える。今、ここに意識を向けることが、生きている実感をもたらす。毎日、自動運転モード（例えば、漫然と通勤し、何時間もネットサーフィンし、起きてから寝るまでのルーティンを繰り返す）で生きていると、人生は駆け足で過ぎ去り、目の前で失われているように感じてしまう。

目の前で起こっていることに注意を向けるマインドフルネスの方法を身につけると、生きているという実感が得られるだけではない。行動力も高まる。すでに起きてしまったことや、これから起こるかもしれないこと、あとでやらなければならないことを考えないこと。すると、今この瞬間に意識が向き、どんな行動でも起こせるようになる。他の人とつながりたいと思っているのなら、同じ瞬間にともに過ごし、注意を向け合う必要がある。

厳しい瞑想修行をしなくても、マインドフルネスは達成できる。立ち止まり、注意を向け、ありのままの状態を感じ取ること。人生の中で過ぎゆく一瞬一瞬のすべてに、驚くほどたくさんの情報が詰まっている。目の前にある今この瞬間もそうだ。手にしている本書の重さ、ページ（または電子書籍やオーディオブックのデバイス）の感触、肌をかすめる空気の流れ、床の上にゆらめく光などに気づくだろう。あるいはこんな気の利いた問いを自分に投げかけてみてもいい――「ここにあるのに、私が今まで気づかなかったものは何？」と。これならいつでもどこでも実践できる。

「マインドフルネス」はある意味、不運な言葉だ。というのも、意味が正確に伝わらないことがあるからだ。「マインドフル（mindful）」という単語から、マインドフルネスとは「正しいことを考えること」だと思われてしまうようだ。つまり、頭（mind）が正しい考えで「いっぱい」（full）の状態を意味するのだと。

しかし、マインドフルネスはもっとシンプルだ。

ギルバートとキリングスワースの研究が示すように、人の心は、いつもたいてい考えごと――自分自身のこと、未来のこと、過去のこと――でいっぱいになっている。すると、心は考えごとや心配ごとという暗い窮屈なトンネルに引っ張り込まれ、目の前の体験から切り離されてしまう。

今という瞬間は広大だ。悲しい経験や恐ろしい経験の最中でも、その瞬間の中には、心がつくりだすものよりもずっと多くのものが含まれている。身体が受け取る感覚、目に見えるもの、耳に聞こえるもの、今という時間を一緒に過ごしている相手を、五感を研ぎ澄ませてみずみずしく感じ取ろう。今ここにないものや場所のことは頭から追い出し、心がつくりだした狭苦しいトンネルのような場所を抜け出し、今という瞬間、ものごとや誰かが真に存在している広々とした瞬間の中に入っていこう。すると、生きているという深い実感がわきあがってくる。

マインドフルネスとは、スピリチュアリストのラム・ダスがシンプルに表現したように、「今、ここにいること《ビー・ヒア・ナウ》」に他ならない。

大切なのは「共感する努力」

「ここにあるのに、私が今まで気づいていなかったものは何？」という質問は、人間関係に当てはめると、非常に大きな効果が期待できる。「この人について、私がこれまで気づいていなかったことは何？」「この人が感じていることで、私がとらえ損ねていることは何？」という質問は、四章で紹介した「強い好奇心の大切さ」にも通じるものだ。

誰かと一緒にいても、**私たちはその人の経験していることの多くをとらえ損ねている**。頭の中で大量の感情や思考が行き交っているからだ。どんなやりとりだろうが、相手が誰であっても（最も親しい間柄であっても）関係ない。だが、究極的に考えたとき、相手の経験について「正しく理解する」ことと「好奇心を寄せること」のどちらが大切なのだろうか？

二〇一二年、筆者はこの問題の答えを探るべく実験を行った。配偶者や恋人と口論になると、雰囲気はギスギスするし、誤解がどんどん重なっていくものだ。そこで、さまざまな背景をもつ一五六組のカップルを被験者として集め、過去一ヵ月間で相手に対して不満や苛立ち、失望を感じた出来事（例えば、約束を守らなかった、重要なイベントの情報を共有してくれなかった、分担している家事をしなかった、など）を一、二文にまとめ、それを読み上げてもらって録音した。その後、互いの録音を再生し、二人で話し合ってもらったが、その際にはその出来事をよく理解しようと努力してほしい、と指示を出した。

被験者には知らせていなかったが、共感の重要性を調べる実験だった。**相手の気持ちを正確に理解していることが重要なのか、それとも理解しようとする努力が相手に伝わることが重要なのか？**　それを知りたいと思っていた。

次に、話し合いの最中の自分の気持ちとパートナーの気持ちについて質問した。また、相手の意図や動機をどう感じていたかも尋ねた。なかには、相手が自分を理解しようとする努力がどのくらい感じられたかを尋ねる質問もあった。

筆者らは、**共感の正確性——相手の感情を正しく理解すること——が、関係への満足度の高さと相関すると予想していた。**たしかに相関関係はあった。パートナーの感情を理解している場合、満足度も高かった。

だが、**もっと重要なのは共感しようとする努力だった。**とくに女性の被験者にとってはそうだった。相手を理解しようとする真摯な努力をパートナーから感じた場合、理解の正確さとは関わりなく、話し合いを肯定的に受け止めていた。

つまり、相手を理解するのはすばらしいことだが、**理解しようと努力するだけでも、人間関係は大きく改善される。**

他者を理解する努力が自然にできる人もいるが、意識しないとできない人もいる。最初はうまくできなくても、努力を重ねると楽にできるようになる。パートナーとの交流では、こう自問してみよう。

この人は今、どんな気分だろう？
何を考えているのだろう？
私は何か見逃していないだろうか？
自分が相手の立場だったら、どう感じるだろうか？

そして、できれば、相手に興味があり、理解しようと努めていることを伝えよう――小さな努力ではあるけれども、極めて大きな効果を生む可能性がある。

レオは、家族と過ごした時間が被験者のなかでとくに長いわけではなかったが、長年、この点を改善しようと意識的に努めていたし、実際に家族と過ごす時間をとても大切にしていた。といっても、壮大な冒険や外国旅行に連れていったり、家族との時間に刺激的な企画を目一杯詰め込んだわけではない。その逆だ。レオは日常生活のなかで子どもや妻にしっかりと注意を向け、しかもほぼ一生を通してそれを実践し続けた。家族がレオを必要としているときは、すぐに対応した。話に耳を傾け、問いかけ、いつでも力になると態度で示した。

高校時代に出会った妻のどこに惹かれたのかと尋ねると、知的なところ、気さくなところ、いわく言いがたいミステリアスなところ、とたくさんの面を挙げた。「とにかく惹かれる部分がありました。出会ったとたん、好きになったんです」。だが、**妻は自分のどんなところに惹かれているると思うか、と尋ねると、ハッと驚いた。**

「正直、考えたことがなかったですね」とレオは言った。グレースへの関心が深すぎて、彼女が自分をどう見ているかなど考えたことすらなかった。

自分自身以外の世界に集中すること、それがレオの人生だった。家族全員が揃ったときも、聞き役に徹してみんなを見守るのが心地いいのだと言っていた。家族同士の関係をじっくり観察し、自然にふるまうようすを眺め、自分と二人きりでいるときとの違いを見るのが楽しかった。家族の仲のよさが活気にあふれる家庭をつくっていた。「家族のおかげですばらしい人生を送れています」とレオは言った。

レオは幸運だった。好奇心を持ち、自分より他者に注意を向けることが当たり前のようにできた。誰にでもできることではない。意識的に努力しないとできない人もいる。生涯を通じて妻に注意を向けたレオだが、子どもたちとの関係では、常に積極的につながり続けたわけではない。子どもたちが家を出てからは話をする機会もどんどん減り、前よりも注意を向けなくなった。第二世代の被験者となった末娘のレイチェルは、三〇代半ばのとき、質問票の自由記述欄に次のように書いている。

> 父と母を心から愛しています。今年になって、両親と一緒にいる時間を意識的につくらなければならないと気づきました。とくに、父と話をするには。父は子どもたちとのコミュニケーションをいつも母にまかせてしまいます。今は、夜にじっくり

話すようにしているので、父を前よりもずっと親しく感じています。

このコメントは、とても大切なことを教えてくれる。デマルコ家は仲のいい家族だった。だが、仲がいいだけでは十分ではないときもある。レイチェルが大人になると、両親とは以前ほど親密ではなくなった。レイチェルはそれが嫌だった。だから、積極的に両親との時間をつくり、父親との絆を取り戻すしかなかった。もともとコミュニケーション能力が高く、親密になる素質のある家族だったが、それでも、努力と計画は必要だった。親密さは自然に生まれるものではない。人生は忙しいものだ。あまりにも多くのことが次々と起こるため、つい受け身になり、流されるままに生きてしまう。レイチェルはこの流れに逆らい、再び両親とつながることを選んだ。

レイチェルは、理由もなくそうしたわけではなかった。若い頃のレオは、本人も気づかぬうちに、絆を育む種を蒔《ま》いていた。それが育ち、めぐりめぐってレオ（と子どもたち）に実りをもたらした。レイチェルや他の子どもたちにとって、父親との絆はかけがえのないものであり、他の人との関係では得られないものだった。親子の絆が若い頃のレオの努力の賜物であることも理解していた。

質問票の最後に、レイチェルはこう書き添えた。

追伸。質問票への返信が遅くなってごめんなさい。私は今、山奥の森の中に住んでいて、水道も電気もない生活をしているものですから。締め切りをちょっと過ぎてしまって！

なるほど、親子のキャンプ旅行からの学びは、十分生きているようだ。**デマルコ家の例をつぶさに見ていくと、誰かにしっかりと注意を向けると、相手も自然に同じ姿勢を学ぶことがわかる。愛情や思いやりを与え合い、帰属感を育み、人間関係全般についてポジティブな感情をもつようになり、それがさらにポジティブな人間関係の育成を促し、健康増進にもつながる。**レオとデマルコ家の場合、互いにしっかりと注意を向け合っていたことが、家族全員の人生に大きな恩恵をもたらしたようだ。

毎日、ほんの少しずつ注意と気配りを増やそう

今よりも時間をかけるべき人間関係を考えてみてほしい、ということはすでにお伝えした。そこで、もう一歩踏み込んだ質問をしようと思う。**一緒にいることが多い相手の中で、あなたの注意を十分に受け取っている人は誰か？**

思っている以上に答えにくい質問かもしれない。私たちは、注意ならいつも十分に払っている、と思っているものだ。だが、無意識の行為や反応は、なかなか正確に把握しづらいものだ。大切な人に対して十分な注意を向けているかどうかを確認するには、自分自身をよく観察する必要がある。

具体的な方法は人によって変わるが、ここでは簡単な方法を三つ紹介しよう。

一つめは、**人生を豊かにしてくれる人間関係を一つか二つ思い浮かべ、相手に今まで以上の注**

意を向けること。第4章でつくったソーシャル・ユニバースの図を眺め、「大切な人に注意を向け、感謝を伝えるために、今日できる行動はあるだろうか？」と考えてみてもいい。

二つめは、**一日の過ごし方を少し変えること**。とくに、大切な人と一緒にいるときには、注意が途切れない時間をつくること。夕食にはスマホを持ち込まない。あるいは決まった相手と毎週または毎月、定期的に会う時間をもつ。日課を少し変更し、決まった時間に大切な人や新しい友人とコーヒーを飲んだり散歩をしたりしてもいい。情報端末のスクリーン越しのやりとりを増やすより、室内の家具を会話が弾む配置に模様替えするほうがいい。

三つめは、**誰かと過ごすときには好奇心を忘れないこと**。これは第4章で紹介した方法だ。よく知っている相手、一緒にいて当たり前だと思っている相手に対しては、特別に意識してみよう。訓練は必要だが、すぐに上達するはずだ。「今日はどうだった？」「別に」というやりとりで会話を終わらせず、真摯な関心を寄せること。すると、相手もそれに応えようという気になるものだ。少し冗談っぽく「今日一日でいちばん面白かったことは何？」と声をかけてもいいし、「今日、何かびっくりすることはあった？」という訊き方もある。打ち解けた返事が返ってきたら、「もう少し聞かせてくれるかな。面白そうだし、もっと知りたい気がするな」と掘り下げてみよう。相手の立場になり、相手が体験したことを想像してみること。こういう視点をもつだけで、会話は弾み始めるし、好奇心が相手にも伝染する。相手に興味をもつほど、相手も自分に興味をもつものだと気づくだろうし、このプロセスの面白さに驚くはずだ。

人生は、いつだって気づかぬうちに過ぎ去ってしまう。月日の経つのがあまりにも速いと感じているなら、何かに注意を傾けることが改善策になるはずだ。注意を傾けた対象に生命を吹き込み、自動操縦で流される日々を生きてはいないと実感できるからだ。注意を向け、気を配るとは、その瞬間を生きている相手を尊重し、敬意を払うことだ。自分自身に注意を向け、自分の生き方、自分が今いる場所、将来たどりつきたい場所を確認すれば、最も注意を向ける必要があるのは誰なのか、何なのかが見えてくる。注意は最も価値ある資産だ。注意をどう使うのかは、このうえなく重要な決断だ。幸いなことに、その決断は、今この瞬間、そして人生のあらゆる瞬間に下せるものなのだ。

第6章 問題から目を背けずに立ち向かう
――人間関係の課題を乗り越えるための5ステップ

あらゆるものには罅《ひび》がある
光はそこから差し込んでくる

――レナード・コーエン（カナダのシンガーソングライター）

ハーバード成人発達研究の質問票（一九八五年）のセクションⅥより

質問8　苦しい時期を乗り越えるための自分なりの哲学はありますか？

二六歳のペギー・キーンは、誰の目にも幸せな人生を歩んでいるように見えた。前途有望なキャリアがあり、愛情に満ちた家族がいた。第3章でも触れたように、「それはすばらしい男性」と結婚していた。だが、本当の姿は違っていた。結婚からわずか数ヵ月後、自分自身、夫、そして家族に対して自分は同性愛者だと認めたとき、彼女の人生は大混乱に陥った。ずっと隠してきた真実にようやく向き合ったとたん、世界は崩れ落ちた。一人ぼっちで憔悴《しょうすい》し切っていた。万事休す。人生で最も苦しいときだった。混乱と絶望の時期を経て心が少し落ち着くと、我に返って、ふと思った。「さて、どうしたらいいんだろう？　誰を頼ればいいのだろう？」

すでに繰り返し強調してきたように、身近な人間関係は大小さまざまな困難を乗り越えるカギとなる。また、困難を糧にして豊かな人生を送るためのカギにもなる。本研究の前責任者ジョージ・ヴァイラントも、「ハーバード成人発達研究が明らかにした幸せの柱は二つある。（中略）一つは愛。もう一つは、愛を遠ざけない生き方を見つけること」と書いている。

幸せな人生の材料は、人間関係――とくに、親しい人間関係――の中にある。だが、話は単純ではない。たしかに、本研究の八四年間のデータを見ると、最も幸せで健康な被験者は最も良好な人間関係を築いている被験者だった。しかし、**被験者の人生最悪の時期を調べてみると、その多くもまた、人間関係が関わっていた。**離婚、愛する人の死、人間関係を大きく傷つける薬物依存やアルコール依存……人生における大きな試練は、他者を愛し、親しい関係を結んだ結果、生じていた。

自分の生きがいとなる相手、いちばん親しい相手が、私たちを最も深く傷つける。これは、人生最大の皮肉《アイロニー》の一つだ。数多くの歌や映画、文学作品のテーマになってきたことでもある。必ずしも悪意がからむわけではない。誰も悪くないときもある。それぞれの人生を歩むなかで、心ならずも傷つけ合ってしまうことはある。

これは人間という存在のもつ謎だ。だが、人生の行方を決めるのは、人間関係の困難への対処のしかただ。結果を怖れず正面から困難に立ち向かうのか？　あるいは、砂の中に頭を突っ込んでやりすごすのか？
ペギーはどんな行動をとったのか？
ペギーが五〇回目の誕生日を迎える二〇一六年三月まで、彼女の人生を早送りで見ていこう。一九九〇年代はずっと、キャリアを築くことに邁進した。大学院の修士課程を修了し、講師の仕事を始めた。短期間の交際の後、しばらく誰とも付き合わない時期があったが、二〇代後半で恋に落ち、以来ずっと同じ女性と親密な関係にある。「とても幸せであたたかく、快適」な関係だ。だが、二〇一六年には仕事で問題を抱え、ストレスが人生に影響を及ぼした。

質問1　過去一ヵ月間で、想定外の出来事に腹を立てましたか？

まったくない　たまにある　ときどきある　頻繁にある　いつもそうだ

質問2　落ち着かなかったり、ストレスを感じたりすることはありますか？

まったくない　たまにある　ときどきある　頻繁にある　いつもそうだ

しかし、プレッシャーがかかっていたときも、とくに不安は感じなかった。

質問3　個人的な問題に対処する能力に、自信がありますか？

まったくない　たまにある　ときどきある　頻繁にある　いつもそうだ

質問4　問題が山積していて克服できそうにないと感じることはありますか？

まったくない　たまにある　ときどきある　頻繁にある　いつもそうだ

ペギーに、問題に対処できる自信があるのはなぜか？　友人や家族の支えが少なからずあるからだ。

質問43　以下の文章は、あなたにどれくらい当てはまりますか？

友人たちは自分のことを大切にしてくれる。

まったくない　ある程度　かなり　とても

家族は自分のことを大切にしてくれる。

まったくない　ある程度　かなり　とても

深刻な問題があるとき、友人が助けてくれる。

まったくない　ある程度　かなり　とても

深刻な問題があるとき、家族が助けてくれる。

まったくない　ある程度　かなり　とても

ペギーは試練を乗り越えた。つらい時期を支え続けてくれたのは、人間関係だった。身近な人たちと深く関わることで、彼女は仏教でいう「一万の喜びと一万の悲しみ」を生き抜いた。

人生を歩む途上で、絶対的確信をもって言えることはせいぜい二つか三つしかない。その一つは「人生や人間関係の苦難に直面するとき、準備ができていると感じることはまずない」という事実だ。本研究の二世代にわたる被験者たちの人生が、その証拠だ。どんなに賢くても、経験があっても、あるいは能力があっても関係ない。ときには「この試練を乗り越えるのは無理だ」と思うこともある。それでも、立ち向かう意志さえあれば、打つ手はたくさん見つかる。ジョン・カバットジンの言葉を借りるなら、「波は止められないが、波に乗ることはできる」からだ。

前章では、今この瞬間に注意を向けること、とくに身近な人に注意を向けることには計り知れない価値がある、と述べた。すると、次の疑問が生じる。重大な問題に直面したとき、今この瞬間に集中し、人と向き合うと、どんなことが起こるのか？　人生は今この瞬間にしか起こらない。人間関係の問題から逃げずに真正面から取り組むなら、一度に一つの瞬間、一度に一つの関係、一度に一つの感情に向き合わなければならない。

本章では、瞬間ごとの選択や対応、人間関係の問題に柔軟に対応する方法をとりあげる。実践すれば、人生の荒波が押し寄せても、波に呑まれることなく、身近な人たちの力を借りて波を乗りこなせるようになる。

問題に背を向けるか、助けを求めて立ち向かうか

人間関係の問題は、身にしみついた習慣から生じていることが多い。日々の生活のなかで自動

的に生じる反射的な行動は、日常の一部と化しているため、自覚できない。私たちは、ある種の感情を避けたり、退けたり、あるいは感情の赴くままに考えることなく反応したりしている。

まさに「条件反射反応《ニー・ジャーク》」そのものだ。医者が患者の膝下を叩くと神経が反応して勝手に足が上がる、あの反応だ。感情は、思考や意識とは関わりなく生じる。そして、感情が生じたとたん、身体にも自動的な反応が起こっていることを、多くの研究が確認している。感情はさまざまな反応を引き起こす。その一つが、特定の行動を促す衝動だ。専門用語では「行動傾向」と呼ばれる。例えば、恐怖という感情は、逃げたいという衝動を引き起こす。そもそも感情は、脅威に対して迅速に反応するために進化した。原始時代の人間が厳しい自然環境を生き延びるうえで、行動傾向はとても重要だった。だが、現代人はもっと複雑な世界を生きている。

筆者（ボブ）は医学生時代に、問題と正面から向き合うか、それとも逃げるかという行動の違いによって、明暗が分かれたケースを目の当たりにした。二人とも四〇代後半の女性で、胸にしこりがあった。仮にアビゲイルとルシアと呼ぼう。しこりを見つけたアビゲイルは、最初の反応として、問題の深刻さをできるだけ小さく見積もり、誰にも言わなかった。たぶん何でもないはず、と決めつけた。小さなしこりだし、重大な問題ではないだろう、と。夫や、家を離れて忙しい学生生活を送る二人の息子を心配させるのも嫌だった。実際、体調は悪くなかったし、心配ごとなら他にもたくさんあった。

ルシアが最初に示した反応は、怖れだった。夫と話すと、医師の診察を受けるべきだ、と意見は一致し、すぐに予約を入れた。それから娘に電話をかけ、事情を知らせた。生検の結果を待つ間は、しこりのことはできるだけ考えないようにしながら、普段どおりの生活を続けた。仕事もあったし、他にもやるべきことは山ほどあった。それでも、娘は毎日電話をかけてきたし、夫も何くれとなく世話を焼いてくれて、少し放っておいてと頼まなければならないほどだった。

アビゲイルとルシアは、大きなストレスに自分なりの反応をしていた。誰でもそうだ。ストレスの多い出来事が起きたときの習慣的な反応、つまり思考と行動のパターンは、心理学で「対処様式」と呼ばれている。

対処様式は、些細な意見の対立から大惨事に至るまで、その人の困難への対処のしかたに影響を与える。どの対処様式においても、人間関係を活用できるかどうかが重要だ。誰かに助けを求めるのか？　助けを受け入れるのか？　誰にも頼らず、黙って一人で課題に対処するのか？　どんな対処様式をとっても、身近な人間関係に影響が及ぶ。

ボブが医大生時代に出会った二人の女性、アビゲイルとルシアの対処様式は、天と地ほど違っていた。アビゲイルは問題の重大さを否定することで恐怖心を抑え込み、**困難から顔を背けた**。家族には何も言わず、何の行動も起こさなかった。重荷になりたくなかったからだ。ルシアも怖れを抱いていたが、怖いと思ったからこそ**困難に向き合い、健康の維持に必要な行動を起こした**。一人で抱えきれない状況だから、家族で向き合うべきだと判断した。病気という苦難に果敢に挑み、正面から取り組みながら、日常生活上の大小の用事も巧みに管理し、柔軟に対応した。

結局、二人ともがんだった。アビゲイルは家族に告げず、医者にも行かず、体調が悪化するまでしこりを無視した。医者が診たときには手遅れで、がんに命を奪われた。ルシアは早期にがんを発見し、長期にわたる治療を経て一命を取り留めた。

極端な例ではあるものの、アビゲイルとルシアの対照的な結果を目にしたことで、ボブの心には一つのメッセージがくっきり刻まれた。困難や試練に正面から立ち向かおうとしなかったり、周りに助けを求めないでいると、大きな悲劇につながるのだ。

頑固さが人を脆弱にする

アビゲイルのようなケースは決してめずらしくない。筆者（マーク）も乳がん関連の研究に参加したことがあるが、**問題を回避しようとする患者は大勢いた。**

問題に正面から向き合うより、背を向けて逃げるほうが楽だ。だが、そうすると、意図せぬ結果を招くことがある。それに、問題が生じている場、つまり人間関係にも大きな影響が生じる。

多くの研究によれば、人間関係の問題に背を向けると、問題が解決しないどころか悪化する。問題が人間関係の奥深くに居座り、さまざまな問題を引き起こす。

心理学においても、以前からこの現象は知られていた。だが、問題回避という行動が人生全体に与える影響については、よくわかっていなかった。影響は短期的なものなのか、それとも長期的なものなのか？

筆者らは、**人間関係の問題に正面から立ち向かう場合、または、問題を回避する場合、人生全体にどのような影響が生じるのか**という問いを立て、本研究のデータを活用して研究した。すると、中年期に人間関係の問題を話題にしたがらず、回避していた人は、三〇年後の幸福度が低かった。問題を避けたり無視したりすると回答した被験者は、問題に正面から向き合おうとする被験者より、記憶力が衰え、生活への満足度も低くなっていた。

人生は試練の連続だ。昨日はうまくいったやり方が、今日は通用しないかもしれない。また、人間関係のタイプによって、対処法も変わる。一〇代の子ども相手の口論なら冗談で場を和《なご》ますこともできるが、飼い犬のことで揉めている隣人が相手ならそうはいかない。家庭内の諍いがヒートアップしたときには、相手の手をとって話しかけてもいいだろうが、職場で同じことをしても上司の評価は得られないだろう。さまざまな方法を身につけ、問題や状況にふさわしい方法で臨機応変に対処する必要がある。

研究から得られた一つの教訓は、柔軟に対応することの大切さだ。本研究の被験者のなかには、信じられないほど頑固な人々がいる。問題への対処法はこれだと決めたら、そのやり方に固執する。うまくいくこともあるが、お手上げになる場合もある。

例えば一九六〇年代には、第一世代の被験者の多くがベビーブーマー世代の子どもたちと共通の話題が見つけられず苦労していた。時代についていけず、ストレスを感じていた。「ヒッピームーブメントは嫌だね」と、スターリング・エインズリーも一九六七年に語っていた。「不愉快なんだ」。ヒッピー世代の子どもたちから疎《うと》んじられているのはわかっていたが、異なる世界観に関心をもてなかった。

人はみな、人生を歩むうちにある種の対処様式を身につけていくが、それが石のように固定されてしまうことがある。実は、**ある種の頑固さが人を脆弱にすることがある**。地震のとき、頑丈で堅固な建物が倒れずに残るわけではない。実は、そういう建物のほうが先に崩壊する。構造科学はこの事実をすでに解明し、建築基準法では高層建築物に一定の柔軟性をもたせることを義務付けている。地震のときの大地のうねりに建物が乗れるようにするためだ。人間も同じだ。変化し続ける環境に柔軟に対応することは、非常にパワフルなスキルになる。このスキルの有無が、大地震のような試練を小さな被害で乗り切れるか、それとも崩れ落ちるかの分かれ目になる。

ただし、反射的に反応してしまう習慣は簡単には変えられない。本研究の被験者にも、極めて優秀な頭脳をもちながら、自分の対処様式を把握できず、ましてやコントロールもできず、そのせいで残念な人生を送った人たちがいる。一方で、ペギー・キーンや彼女の両親（ヘンリーとローザ）のように、人生の試練に正面から立ち向かい、友人や家族に助けてもらうことで成長できた被験者もいる。

では、問題に直面したとき、いつもの反射的反応とは違う行動をとるには、どうしたらよいのだろうか？

良きにつけ悪しきにつけ、また大小を問わず、感情をかきたてられる出来事に遭遇すると、反応は即座に起こる。心は感情に乗っ取られ、なすがままになってしまう。だが実際には、感情は想像以上に思考の影響を受けている。

今では、多くの研究により、出来事に対する認識が感情を左右することがわかっている。だが、科学が客観的証拠を示す前から、人類はこの事実を理解していた。

聖書には「心が喜びを抱くと体が健やかになるが、心が沈むと骨まで枯れる」とある（箴言《しんげん》一七章二二節）。

ストア派の哲学者エピクテトスは「人が不安になるのは、出来事そのものではなく、それに対する解釈によってである」と記している。

ブッダは「物事を部分ではなく全体として見ることができる者は、自分もまた感情や知覚、思考、意識が相互に結びついた相互依存の縁起の中にあると知っている」と述べている。
感情に振り回される必要はない。私たちが出来事をどうとらえ、どう対処するかが重要だ。

WISERモデルで反射的な感情をコントロールする

感情には、ストレス要因が知覚を刺激し、それが反応を引き起こして何らかの結果が生じるという一連のプロセスがある。この流れをさらにしっかり観察すると、隠れていた感情処理の各ステップが見えてくる。医学研究者が身体の微細なプロセスの観察から治療法を見出すように、感情のプロセスをミクロのレベルで精査すると、大きな可能性が開けてくる。

ストレス要因から反応に至るプロセスは、段階的に進行する。各ステップにはさまざまな選択肢があり、選択によって私たちの生き方はポジティブにもネガティブにもなる。また、各ステップは、思考や行動によって変えることができる。

科学では、こうしたステップを図式化し、子どもの攻撃性を抑えたり、大人の抑うつを緩和したり、アスリートに最高のパフォーマンスを発揮させるために活用している。だが、この図は誰のどんな感情についても活用できる。ステップの進み方を理解し、進行のスピードを落とすことで、自分がその感情を抱く理由、その行動をとる理由が明らかになる。

これから紹介するモデルは、感情の反応のスピードを落とし、心の顕微鏡で観察するための方法だ。この方法を心のポケットにしまっておけば、いつ、どんな感情がわいてきても活用できる。

本書では人間関係を主眼においていることから、人間関係にまつわる問題での活用例を提示して

WISERモデル——人間関係の問題を解決に導く5ステップ

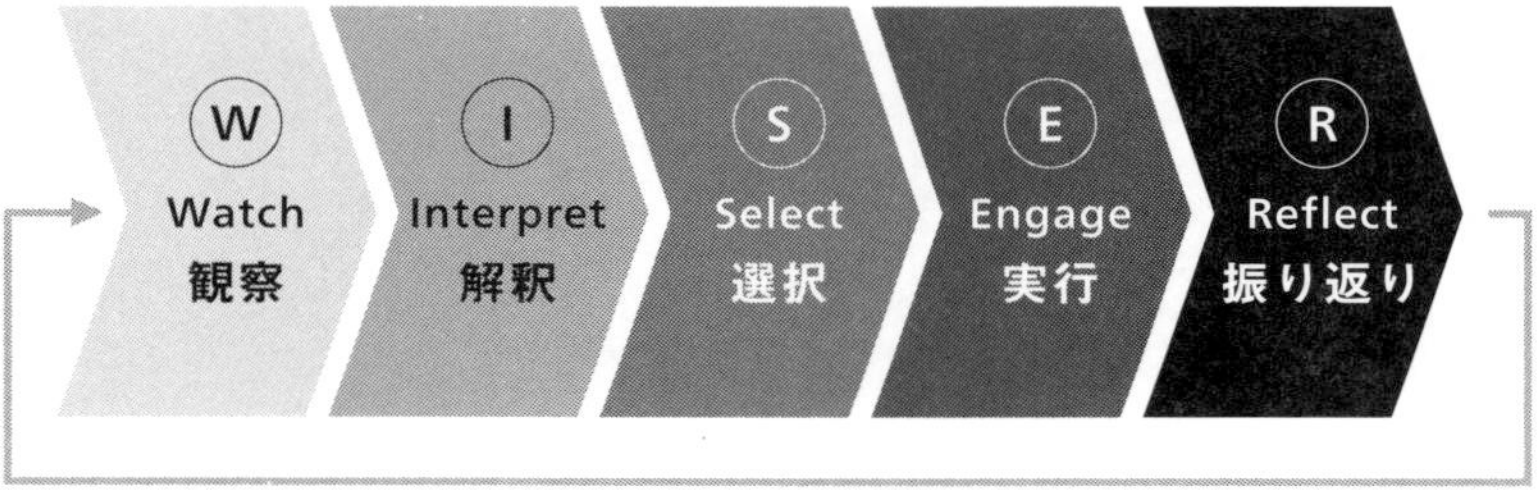

いく。だが、タイヤのパンクといった些細なトラブルから、糖尿病や関節炎のような慢性病によるストレスまで、このモデルはあらゆる種類の問題に応用できる。コツは、一つひとつの瞬間に目を向けることだ。

「ＷＩＳＥＲモデル」では、反応のギアを一速か二速落とし、5つのステップで細かな状況や相手の気持ち、自分の感情が反応するようすをじっくり丁寧に精査していく。（「ＷＩＳＥＲ」は各ステップの頭文字をとったもの。「より賢い」という意味にもなる。）

日常生活でのＷＩＳＥＲモデルの使い方を説明するために、臨床現場や本研究の被験者の経験によく見られるシナリオを使っていこう。「家族からおせっかいな忠告を受ける」という状況だ。

一人の母親を想像してほしい。仮にクララと呼ぶが、彼女は娘のアンジェラとの関係に悩んでいる。アンジェラは一五歳で、この年頃の子どもらしく、強い自立心が芽生えている。両親の存在に息苦しさを感じ、友人とばかり過ごしたがる。ずっと優等生だったのに、昨年は成績が落ちた。飲酒が見つかったことも何度かあったし、授業もさぼることもあり、家庭内の口論の種になっている。祖父母はアンジェラに同情的で、力になろうとしてくれる。クララもこの年頃は反抗的だったからだ。それでも子育てには口出ししない。だが、同じく一〇代の子をもつクララの姉のフランシスは、アンジェラの問題を親の責任だと考えている。フランシスは姪の将来を心配し、口を出すのが自分の責務だと感じている。

家族でバーベキューをしたとき、アンジェラがテーブルの端にポツンと座って、スマホをいじっていた。友達とメッセージでやりとりしている姿に、フランシスが目を留めた。「スマホばかり見てると頭が悪くなるわよ。研究で証明されてるんだから」と軽口を叩き、それからクララのほうを見て、「どうしてアンジェラの成績が下がってると思う？　スマホを取り上げてみたら？　うちの子もそうしてるし。勉強に身が入るはずよ」と冗談っぽい口調は残しつつも真面目な声で言った。

さて、クララは姉にどう返したらいいのだろうか？　WISERモデルはどのように活用できるだろうか？

第1ステップ――観察（心の一時停止ボタンを押す）

精神医学の世界には、「ただ座って患者の話を聞け」という古い格言がある。

第一印象というものは強烈なものだ。だが、最初の印象が状況を完璧に把握していることはまずない。人はなじみのあるものに目を引かれる傾向がある。だから視野が狭くなり、重要な情報を見落としやすい。最初にどれほど丹念に観察していたとしても、必ず見逃しはある。ストレス要因に遭遇し、感情がわき上がってきたら、少しでいいから意志の力で好奇心を即座に働かせよう。考えをめぐらせながら観察すれば、最初の印象が影を潜め、視野が広がり、有害な反射的反応を防ぐ「一時停止ボタン」を押せるようになる。

クララの場合、**一息ついて状況を観察するのは簡単ではない**。姉とは昔からそりが合わないからだ。このときも最初の反応としてわいてきたのは屈辱感だった。娘とのぎくしゃくした関係を恥ずかしく思っていただけに、姉の言葉には傷ついた。いつもなら反射的反応のなすがままに「ごもっともなアドバイスをありがとう。余計なお世話よ！」と皮肉たっぷりに言い返したはずだ。そしてそこから口論が始まってしまう。しかし、何も言わずに怒りを飲み込んだりすれば、次回の家族の集まりまで、ずっと姉の言葉が頭から離れず、怒りと恥ずかしさが募るばかりだ。

観察とは、状況全体、つまり環境、相手、自分自身を見つめるということだ。この状況はいつもと同じか、違うのか？　いつもなら次に何が起こるのか？　現状のなかで何か大事なことを見逃していないか？　と考えてみよう。

クララは、姉のフランシスにとって、家族の集まりにどんな意味があるのかを考えた。クララはフランシスの子供たちにとってずっと「かっこいい叔母」だったから、面白くないのかもしれない。あるいは、母親の健康状態など、目の前で起きていることとは無関係の事情が原因で、ストレスを感じているのかもしれない。**観察には時間がかかる**。一時間ほどかかることもめずらしくない。その場ではフランシスの言葉を受け流し、あとで母親にあの状況をどう見ていたかを訊いてみてもいい。すると、フランシスが実は夫とけんか中だとか、職場で重圧を背負っている、といった事情がわかるもしれない。こうした考察を行うのは、相手の振る舞いを許すためではない。あくまでも、その状況の背景情報《コンテクスト》を正確に把握するためだ。背景情報は非常に重要だ。目の前にある情報に満足せず、できるだけ多くの背景情報を集めることが大切だ。

観察のステップでは好奇心を発揮する。自分の心にわいてくる感情に対しても、好奇心を発揮しよう。自分はどのように感じているのか、どうしてその感情がわいてくるのか、と考えていく。心拍が速くなる、唇をすぼめる、歯ぎしりする（怒りのサイン）など、身体的変化に気づく場合もある。恥ずかしさのせいで攻撃的になったり、本心を隠そうとしたりしていることに気づくかもしれない。自分の反応や衝動的な行動をもっと自覚できれば、感情に飲み込まれるのではなく、むしろその波に乗ることができる。

このプロセスが、対ストレス反応において非常に重要な転換点となる第2ステップにつながる。つまり、**その状況が自分にとって何を意味するのかを解釈するというステップだ。**

第2ステップ――解釈（大切なものを見極める）

問題が起こるのは、たいていこのステップだ。

意識しようがしまいが、人は常に「解釈」を行っている。周囲を見回し、自分の身に起きていることを眺め、**なぜそれが起きているのか**、それが自分にとって**何を意味するのか**を考える。現実を吟味するわけだが、現実はいつもきれいに割り切れるものではない。人は自分のやり方で状況を知覚し、解釈する。だから、「現実」は人によって異なる。全員が状況を同じようにとらえていると考えるのは、大きな落とし穴だ。めったにあることではない。

状況をできるだけはっきりと理解するには、まず自分にとって重要なものを把握する必要がある。たいていの場合、感情が生じるのは、自分にとって重要な何かが起こっているサインだ。そうでなければ、感情がわいてくることもない。その感情は、人生の重要目標、不安の種、大切な人間関係などに関わっているかもしれない。**この感情が生じているのはなぜだろう？**　と自問するのは、自分にとって大事なものを見つけるよい方法だ。大事なものを明確に把握できれば、状況をもっとうまく解釈できるようになる。

ボブによれば、**解釈のステップは「穴を埋めるステップ」だ。**最初の「観察」には、必ずと言っていいほど穴がある。だが、人はよくわかっていないのに結論を急ぐ。多くの状況は曖昧で見通しがきかないものだが、人はそんな曖昧なキャンバスの上に好き勝手なアイデアを描こうとする。**観察のステップでやっつけ仕事をしてしまうと、その状況で起こっていることの本質に関する情報をとりこぼし、拙速な結論を出すことになる。**

クララの場合、「なぜあれほど腹が立ったのかな？　姉のせい？　私がアンジェラとうまくいっていないから？　それともアンジェラに問題があるから？　**今、私はすごく感情的になっているけど、自分にとってこの状況がそんなに重要なのはなぜだろう？**」と考えることもできる。

姉についても、「フランシスがあんなことを言ったのは、私を傷つけるため？　それとも本気でアンジェラを助けようと思っているから？　私がフランシスをアンジェラにあまり関わらせようとしないことに腹を立てているから？　それとも、家族の中で頼りがいのある姉としての評価が足りないと感じているのかも？」と思い至るかもしれない。

穴を埋める観察のステップでは、些細なことを重大にとらえてしまうことがある。ストレス要因のネガティブな面が引っかかって、小さな問題を手に負えない大問題と見なしてしまう。

　このとき、**何か思い込みをしていないだろうか？**　と自問するだけで、大問題に見えたことが実際の大きさで見えるようになる。**思い込みこそ、とんでもない誤解を生み出す元凶だ。**

　しかし、逆に本物の大問題を些細な問題と見誤ることもある。この章の冒頭で例に挙げたアビゲイルがまさにそうで、胸にしこりを見つけたのに誰にも知らせなかった。問題をできるだけ小さく見積もり、大問題と考えないようにしているうちに、問題などないと思い込むこともある。

　解釈のステップにおいて重要なのは、自動的に生じる第一印象を超えて、理解を広げ、深めることだ。さまざまな視点を検討すること。それがたとえ不愉快な視点であっても、だ。**何か見落としてはいないだろうか？**　と自問することが大切だ。

　繰り返しになるが、ここでも自分の感情に注意を向けることが役に立つ。恐怖や怒りで心拍が上がったり、心が落ち込み胃が痛くなったりしたときは、まっさらな好奇心で状況をとらえ直し、ストレス要因だけでなく自分の感情そのものを深く考えるべきシグナルだと考えよう。**今、こう感じているのはなぜ？　この感情はどこから生じているのだろう？　本当に重要なのは何？　この状況の何が自分にとって難しいのか？**　と冷静に考えてみよう。

第3ステップ——選択（さまざまな可能性を探る）

状況をしっかり**観察し、解釈し、（さらに解釈を重ねて）視野を広げたら、次に考えるべき問**

いは、何をすべきか、だ。

ストレスを受けると、人は選択肢を検討し終える前に、あるいはそもそも選択肢があるかもしれないと考える前に、反応してしまう。だが、反応のスピードを落とすと、複数の選択肢を検討し、各選択肢がもたらす可能性を考えられるようになる。自分にとって重要なことと、自分に使える手段を考えると、この状況で何ができるだろう？ 目指すべき結果は何だろう？ あの方法ではなくこの方法を選んだら、うまくいく可能性はどうなるだろう？

選択のステップとは、「目標」と「使える手段」を明確にするステップだ。自分は何を達成したいのか？ 目標達成のためのベストな方法は？ この状況において役立つ強み（例えば、険悪なムードを和らげるユーモアや人間力）、あるいはダメージをもたらすかもしれない弱み（例えば、批判されると心が折れやすい）はあるだろうか？

例えば、クララが母親と話をして、新たな視点を得たとしよう。フランシスはアンジェラのことを心から心配しているが、自分の子どもとは事情が違うということがわかっていない。クララはそう理解した。すると、姉とポジティブな関係を維持すること、娘を批判から守ること、母親として自信をもつこと、という自分にとっての目標が見えてきた。

そしてクララは、自分がすべきこと、つまり選択肢を探し、各選択肢がポジティブな結果をもたらすかどうかを検討した。何もしなければ、またフランシスに子どもを批判され、親として力不足だと言われるだろう。だからこそ、きちんと自分の意見を言おうと決心した。でも、いつ、どうやって？ 姉とは冗談を言い合うこともあるが、心が傷ついているときはそういう気にはなれない。それに、今はどんな冗談を言っても当てこすりに聞こえてしまい、余計に事態が悪化するだろう。そこでクララは、フランシスと二人きりになれるときを待って話をしようと決心した。どう話そうかと考えているうちに、アンジェラと自分の問題について、フランシスがいい相談相手になるかもしれないとも思った。だが、育て方に口出しされるのはどうしても嫌だった。

クララはこのステップで、とるべき行動（対応策）を複数の選択肢から選ばなければならない。一つの対応策では一件落着とはいかないかもしれない（たぶん無理だ）。複雑な状況のなかで長い年月の間にこじれてしまった人間関係には、問題がいくつもからんでいる。今後数ヵ月間、クララは姉に対して複数の対応策を試すことになるだろう。また当然ながら、状況も変化するだろう。姉自身が子育ての問題を抱えていることがわかれば、クララの姉に対する態度も変わってくるかもしれない。

どの対応策を選ぶかは、その人次第だ。文化的な規範や個人の価値観も大きく影響する。正面から意見を述べるのは無作法だととらえる文化もあれば、成熟した真摯な態度だと見なす文化もある。判断は、経験に基づく直感を頼ることが多い。その瞬間に、この状況への最善策だと思ったものを選択する。

ストレス要因への対応にWISERモデルを使うのが難しいと感じられるケースもあるだろう。ストレス要因の作用が急速すぎて、反応速度を落とす時間がないという場合もある。あるいは、長期にわたってストレス要因が繰り返し生じ、状況が変化していくこともある。その場合は、WISERモデルの各ステップを何度も繰り返し実践する必要があるだろう。重要なのは、できるだけ反応のスピードを落とし、各ステップをゆっくり観察し、反射的反応に流されないこと。自分の価値観や達成目標に沿った対応策をしっかり考え、意図的に実践しよう。

第4ステップ——実行（トライするなら慎重に）

いよいよ、**選択した対応策をできる限りうまく実行するステップだ**。じっくり状況を観察・解釈し、対応策の選択肢とその成功の可能性をよく検討していれば、うまくいく確率も上がる。とはいえ、プリンの味を確かめるには、食べてみるしかない。理にかなった対応策も、うまく実行できなければ失敗する。そこで役に立つのが練習だ。頭の中でシミュレーションしてもいいし、信頼できる人を練習台にしてもいい。また、うまくやれることとやれないことを最初に洗い出しておくと成功の確率が高まる。相手がジョークが好きな人なら、ユーモアのセンスを発揮するといい反応が引き出せる。穏やかなやりとりのほうが好きな人もいて、その場合は人目につかない場所で静かに話し合うほうがお互いに安心できる。

クララはキッチンでフランシスと二人きりで一緒に食器を洗っているときに、思い切って話を切り出した。率直に、落ち着いて意見を伝えた。感情はまだ昂《たか》ぶっていたが、表に出さないようにした。最初はうまくいった。フランシスはおせっかいな発言を謝ってくれた（本人も件の発言が引っかかっていて、言い方がよくなかったと感じていた）。両人ともアンジェラの力になりたいという点では一致していたので、クララはアンジェラに関する最近の悩みを打ち明け、フランシスもそれを理解してくれた。しかし、クララが「アンジェラは一人の人間であり、フランシスの子どもとは違う」（自分ではいいことを言ったとクララは思っていた）と言ったとたん、空気が一変した。このところ仕事のストレスが多く、普段より夫との口論が増えていたフランシスにとって、この一言は神経に障った。二人が再び口論を始めると、母親が間に入ってきた。

「けんかしている二人の姿も悪くないわね」と母親が言った。

「どうして？」

「昔のあなたたちを思い出すし、自分も三五歳に若返った気がするからよ」

三人とも笑った。だが、楽しい雰囲気はすぐに消え、姉妹はやり場のない感情とわだかまりを抱えたまま、バーベキューの場をあとにした。

第5ステップ――振り返り（反省は役に立つ）

行動を起こした結果はうまくいったといえるだろうか？　状況はよくなったのか、それとも悪くなったか？　自分が直面している問題について新たな学びや最善の対応策を得ることができただろうか？

問題への対応の振り返りを行うと、将来役に立つことがある。経験から学んでこそ、真の意味で賢くなれる。振り返りは、今起きたばかりの出来事だけではなく、過去に起こり、記憶にずっと残っているどんな出来事に対しても行える。次のワークシートを見ながら、**自分が悩んでいる問題や状況について振り返りを実践してみよう。**

観察

・問題に正面から向き合おうとしたか、それとも避けようとしたか？

・時間をかけて状況を正確に把握しようとしたか？

・関係者（相手）と話をしたか？

・誰かに相談して意見を訊いたか？

解釈

・この状況において、自分が何を感じ、自分にとって何が重要かを理解していたか？

・この状況下での自分の役割を進んで考えようとしたか？

・自分の問題に気をとられすぎて、周りの状況に十分気を配っていなかったのではないか？

・この状況において起こっていることを理解するのに、別の方法はないだろうか？

選択

・自分が望む結果をはっきりイメージしていたか？

・可能な対応策をすべて検討したか？

・活用できる材料や手段をうまく見つけられたか？

・さまざまな戦略について、目的を達成するうえでの長所と短所を比較検討したか？
・現在抱えている課題の達成に最適な手段を選択したか？
・その状況について「どんな場合に」「いつ」行動を起こすべきかをしっかり考えたか？
・問題解決や課題達成において、関わってもらえそうな人を検討したか？

実行

・自分で実行するのと、信頼できる人にまかせるのとでは、対応策の成功率を上げるためにはどちらがよかったか？
・現実的なステップを踏んだか？
・進捗状況を評価し、必要に応じ、進んで軌道修正できたか？
・急いで片付けてしまったステップ、しくじったステップ、省いてしまったステップはどれか？うまくできたステップはどれか？

振り返り

・振り返りによる反省点を踏まえ、今後、別のやり方を実行するにはどうしたらよいか？
・この経験から何を学んだか？

この表のリスト、あるいはWISERモデル自体、一度に考えるには項目が多すぎるように思えるかもしれない。だが、心配は無用だ。私たちは日頃から、無意識のうちにWISERモデルのステップの多くを実践しているものだ。それに、日常生活の問題の九割は、これほど細かく振り返る必要はない。同時に、残りの一割の問題に関しては、行き詰まりを感じたり、自分の行動がうまくいっていないと気づいているものだ。WISERモデルと質問リストは、そうした問題のための一種のガイドだと考えてほしい。

すべてが終わったとき、何が、なぜ起きたのかを振り返れば、見逃していたことに気づき、感情の連鎖反応が起きた原因や結果を理解することができる。経験から学び、次はもっとうまくやろうと努力するなら、人間関係の試練を単に乗り切る以上の何かを得られるはずだ。必ず振り返りを行うこと。そうすれば、次に同じような状況にはまったとき、一呼吸おいて状況を観察し、目標を明確にし、対応策の選択肢を検討し、人生のコンパスの針を正しい方向に向けることができる。

人間関係の行き詰まりを抜け出す方法

WISERモデルは、個別の人間関係の問題に対して最も効果を発揮する。だがストレスは多種多様だし、それに人間関係においては慢性的に生じるストレスも多い。ある人間関係において同じような問題が何度も起こり、同じような口論になり、同じ苛立ちを覚え、無益な対応を繰り返すことがある。結局堂々めぐりにはまり、いつものパターンから抜け出せない気がしてくる。

筆者らはこうした心の状態を「**行き詰まり**」と呼んでいる。

行き詰まりは、本研究の被験者にも、筆者らのもとに心理療法を求めてやってくる患者にも見られる。人間関係に行き詰まりを感じていても、理由をうまく説明できない人は多い。パートナーと何度も同じ口論を繰り返した結果、単純な会話ですら冷静に交わせなくなっているケースもある。職場では、異常にこだわりの強いマイクロコントロール型の上司のせいでやる気をなくすこともある(実際、職場の人間関係が行き詰まると非常に厄介だ。詳しくは第9章で説明する)。第2章に登場した弁護士のジョン・マースデンも、八〇歳を超えて強い孤独を感じるようになった。夫婦が互いに最も必要としているもの、つまり愛情と支えを与え合うことができていなかったからだ。

質問　悩んでいるときに、配偶者に相談することはありますか?

答え　ない。絶対にありません。同情してもらえませんから。そういうところが欠点だと言われるだけ。妻は一日中否定的なことばかり言うので、とにかく……すごく傷つくんです。

ジョンは自分の生活の現実、つまりパートナーと実際に交わした会話について考えた。だが、自分でも気づかぬうちに、現実をつくりあげていた。妻と距離をとっているうちに、それが当たり前になってしまった。妻と向かい合うたびに、**妻は僕と仲よくしたいなんて思っていないし、この人に自分の気持ちを打ち明けるなんて無理だ**と思い、距離をとっていた。

米国で活躍している僧侶の奥村正博《しょうはく》は、「私たちは自分がつくりあげた世界に生きている」と述べている。

仏教の教えの多くがそうであるように、この言葉にも二重の意味がある。人は自分たちの住む世界を物理的に創造するが、同時に、個人や集団が自分のストーリーを紡いで、心の中に世界のありようを思い描いていく。ストーリーは事実に即しているとは限らない。

二つとして同じ人間関係はない。だが、さまざまな人間関係において、同じような場面で行き詰まることは多い。「人はいつも前回と同じ問題で苦しむ」と言われる。一度起こったことはまた起こる、と心配してしまう傾向もある。実際そうなるかどうかにかかわらずだ。

根本的に、「行き詰まり」は人間関係のパターンから生じる。スムーズに運ぶ人生をもたらすパターンもあれば、よい結果をもたらさない人生につながるパターンもある。後者のパターンには、合わない人、例えば相性のよくない友人やパートナーと付き合うことも含まれる。このパターンは偶然生じるものではない。過去の先入観や葛藤を反映していることが多く、習い性になったパターンなので、ある意味で安らぎを感じてしまう。まるで身体に染み込んだダンスステップのようなものだ。誰かと会話を交わせば、おなじみの感覚がわいてくる。たとえネガティブな感覚であったとしても、**またこれか。でも、このダンスなら知ってるぞ**、と妙な安らぎを感じてしまうのだ。

誰でもある程度の行き詰まりを感じているものだ。つまり、問題は行き詰まり感の強さだ。行き詰まり感が生活の質を四六時中損なってはいないだろうか？　日常生活のさまざまな場面に影響を及ぼしてはいないだろうか？

ボブ自身、若い頃、あるパターンにはまり込んだことがある。次から次へと違う女性と付き合っていたが、友人たちはいつもボブが選ぶ女性に驚いた。どの女性とも長続きしなかった。行き詰まりを感じたボブは心理療法を受けることにした。失敗に終わった関係を心理療法家に説明するうちに、うまくいかないのは偶然でも不運でもないことに気づいた。心理療法家の助けを借りたおかげで、自分が同じタイプの女性、つまり相性のよくない女性を繰り返し選んでいたことに気がついた。行き詰まりを打開しようと努力しているとき、信頼できる人から率直な意見をもらえると、目が開かれることがある。信頼できる人の観察眼には、自分には見えない何かを見抜く力がたしかにある。

こうした方法は、自分でも実践できる。**もし誰かが自分に同じ相談をしてきたら、どう思うだろうか？　自分ならどうアドバイスをするだろう？**　と自問しよう。自分を客観的に振り返ると、いつもの悩みが今までと違って見えてくる。

自分を縛る思考パターンから逃れるには、問題の全体像が見えていないのかも、と気づくことがとても重要だ。禅僧である鈴木俊隆《しゅんりゅう》は、初心を忘れないことの大切さを説いた。「初心者には、熟達者が忘れてしまったさまざまな可能性が見えている」。私たちはみな、自分の人生については熟練の達人だと思い込んでいる。だからこそ、初心に帰って、自分について学べることはまだまだある、ととらえることが大事だ。

人生の試練を乗り越えるには、絆やつながりが必要だ

二〇二〇年、新型コロナウイルスのパンデミックが起こり、社会的孤立や経済的苦境、絶え間ない不安が世界各地の社会に広がり、大きな衝撃を与えた。パンデミックとロックダウンが続くなか、世界中で孤立感と不安感が高まった。人々のストレスレベルは限界に達していた。多くの意味で第二次世界大戦以来といえる大試練だった。

パンデミックが始まったとき、筆者らは本研究の記録をもう一度調べ直した。人生の大きな危機を乗り越えてきた被験者の体験談をもう一度読み込むためだ。第一世代の被験者は大恐慌時代に育ち、大学生だった被験者の大半は第二次世界大戦に従軍した。戦地では親しい人間関係を頼りにして危機を乗り切った、と被験者の多くが語っていた。戦地に赴いた人たちは、戦友との絆を語っていた。身の安全のためだけでなく、正気を保つためにも絆が必要だった。戦後になると、部分的であっても妻に戦争体験を話せたことが非常に大きかったと話す人が多かった。実際、そう語った人のほうが離婚率が低かった。人生の試練の最中も、あとで心の整理をするときにも、他者から得た支えが何より重要だった。それは、今の時代も変わっていない。

パンデミックにより日常生活の営みが止まり、私たちは同居家族や同居人と家にいるほかなく、毎日会っていた友人や同僚と離れ離れになった。配偶者や子どもと四六時中一緒に過ごすつもりなどなくても、そうせざるを得なくなった。高齢者の多くは愛する孫たちと一年以上も会えなくなった。

臨機応変に対応することが何よりも重要になった。生き抜くためには、互いに譲り合い、寛大

になることが必要だった。あの時期に配偶者と距離をとりたいと感じたとしても、夫婦関係に問題があったわけではなく、異常な時期だったせいだろう。

残念ながら、今回のパンデミックは人類史上最後の世界的大惨事でも最後のパンデミックでもないだろう。惨事は繰り返しやってきては去っていく。それが世の常というものだ。

ハーバード成人発達研究は、物事がうまくいかないときに支えてくれる人間関係こそが何よりも重要だ、と教えてくれる。被験者の家族たちは、人間関係の支えを頼りにして世界恐慌や第二次世界大戦、リーマンショックをくぐり抜けた。今回のパンデミックの場合、突然離れ離れになってしまった人たちと意図的に連絡を取り続けることが重要だった。メッセージやメールを送り、ビデオ通話や電話で話すこと。遠くにいる友人のことを考えるだけでなく、連絡を取ること。大切な人には忍耐強く接し、必要なときに助けを求めること。次の危機、その次の危機においても、同じことが言えるだろう。

マークの場合、人間関係が重大な試練を乗り越える力を与えてくれるという考えは、個人的な体験に即している。

一九三九年一二月、本研究の創始者であるアーリー・ボックが人間を健康にする要因を探るべくハーバード大学二年生の対面調査を実施していた頃、マークの父親で一〇歳だったロバート・シュルツは姉と一緒に客船に乗って大西洋を渡っているところだった。ハンブルクのユダヤ人家庭に生まれた姉弟は、衣服を詰めたリュックと小さなスーツケース二つだけを手に、ナチスが支配するドイツを逃れ、何の当てもなく米国の地に降り立った。

それでも彼らには命があった。命拾いしたのには大きな理由が一つあった。マークの祖母に、人と深い絆を結べる気質が備わっていたからだ。

マークの父親には、ハンブルクで過ごしたのどかな幼年時代の記憶がある。父親を若くして亡くすという試練はあったが、マークの父親は家族や友人に囲まれて育った。暮らし向きはよかった。一家が営む織物業は繁盛しており、彼は体操とピアノに熱中した。マークは父親から、ハンブルクの街の美しさ、市の中心にあるアルスター湖、それからとくに子どもの頃によく食べたマジパン（アーモンド風味の甘いドイツ菓子）の話をよく聞かされた。

あの頃の暮らしが懐かしい、と父親はいつも言っていた。

だがナチスが台頭し、ユダヤ人を迫害し始めると、状況が一変した。一九三八年一一月、九歳のときに体験した恐ろしい一夜は、記憶に深く刻まれた。後に「水晶の夜《クリスタルナハト》」と呼ばれることになる、反ユダヤ主義暴動がドイツ各地で起こったのだ。父親が住んでいた地区のユダヤ人の家や会社、ユダヤ教の会堂《シナゴーグ》が破壊され、放火によって焼け落ちた。翌日にはナチスの秘密警察ゲシュタポが学校に押し入り、多数のユダヤ人の教師や生徒を連行した。

ユダヤ人の強制連行や拘束が市内のいたる所で始まると、マークの祖母は親しい友人に助けを求めた。通りの先で乳製品店を営んでいたドイツ人の一家だ。彼らはマークの父親と家族を店の地下に匿《かくま》ってくれた。彼らの優しさと大きな幸運に恵まれなければ、一家が生き延びることはできなかったはずだ。

マークは、ドイツに住むその一家の子孫と今でも連絡を取り合っている。彼らもマークの父親と同じ話を語り継いでいる。ただし、わが身を重大な危険にさらしながら友人を守ると決意した、彼らの両親や祖父母の視点から見た体験だ。思いやりの心と善意に突き動かされた命がけの行動だった。彼らがいなければ、マークはこの世に存在しなかったはずだ。

立ち止まり、振り返って、進むべき道を見い出す

日々の生活の中で、ふと浮かぶ問いがある。**個人的な試練、あるいは世の中全体を巻き込む試練に直面したとき、誰かに傷つけられたとき、あるいは誰かを傷つけてしまったとわかったとき、どうしたらよいのだろうか？**

人間は、神秘的で、驚きに満ちた生き物だ。だが、危険な生き物でもある。人間は傷つきやすいが、同時に驚くほどの回復力がある。人間には、美しいものを創造する力とあらゆるものを破壊する力の両方が備わっている。

これは、人間についての一般論だ。だが、個人の人生、例えば自分の人生や、その中で起こる小さな出来事やストレスをクローズアップで眺めてみても、人間という存在はやはり複雑だ。

人生の中で出会った人を理解しようとして、苦労することは誰にでもある。相手が大事な人であっても、ほとんど知らない他人であっても、変わらない。誰かと本当に深く関わり、理解することは難しい。愛することも、愛されることも難しい。愛を遠ざけてしまわないようにすることも簡単ではない。

しかし、努力すれば、喜びや新たな発見、安心がもたらされるし、ときには命が救われることすらある。心を落ち着けて、問題の本質をしっかりと見極め、ポジティブな人間関係を育んでい

けば、人生の荒波を乗り越える力になる。試練の原因が政治的な危機であろうが、世界に蔓延する新種のウイルスであろうが、自分の真のアイデンティティを受け入れることであろうが、家族のバーベキューで感じた怒りであろうが、関係ない。反射的に生じる感情に流されてはいけない。このことを理解していれば、苦難や不運の最中にあっても、いったん立ち止まって問題やミスを振り返り、前に進む道を見い出せるようになる。

以降の章では、これまで説明してきたアイデアを、特定の種類の人間関係（「結婚・恋愛」「家族」「職場」「友人」の四種類）に応用していく。どのタイプの人間関係も少しずつ違いがある。家族内の人間関係は職場の仕事関係とは違うし、結婚や恋愛の人間関係とも、友人関係も違う。もちろん、重複する部分もある。家族が仕事仲間である場合もあるだろうし、兄弟姉妹が親友同然の存在である場合もあるだろう。それでも、人間関係をカテゴリーごとに大別して考えるメリットは大きい。同時に、どの人間関係も一つひとつが唯一無二であり、その特徴に合わせた注意や柔軟な対応が必要だという点には留意してほしい。次章ではまず、結婚・恋愛という親密な人間関係を見ていく。

第7章 パートナーとのグッド・ライフ

——隣に寄り添う人とのつながり

子どもの頃は、大人になれば傷つかなくてすむと思っていた。だが、大人になるとは、弱さを受け入れることだ。（中略）人は生きている限り弱いものだから。

——マデレイン・レングル（米国の小説家）

プラトンの『饗宴』の中で、喜劇作家のアリストファネスが人間の起源について演説をする。いわく、人間はもともと手足が四本ずつ、頭が二つあった。人間は強く、神を畏《おそ》れぬ生き物だった。その恐ろしい力を弱めるため、ゼウスは人間を真っ二つにした。ゆえに人間は、二本の足で歩き回

ハーバード成人発達研究の質問、1979年

結婚生活の浮き沈みについて知りたいと思っています。
結婚生活の推移を折れ線グラフで描いてください。
複数の婚姻歴がある人は、結婚期間が最長のものを対象にしてください。

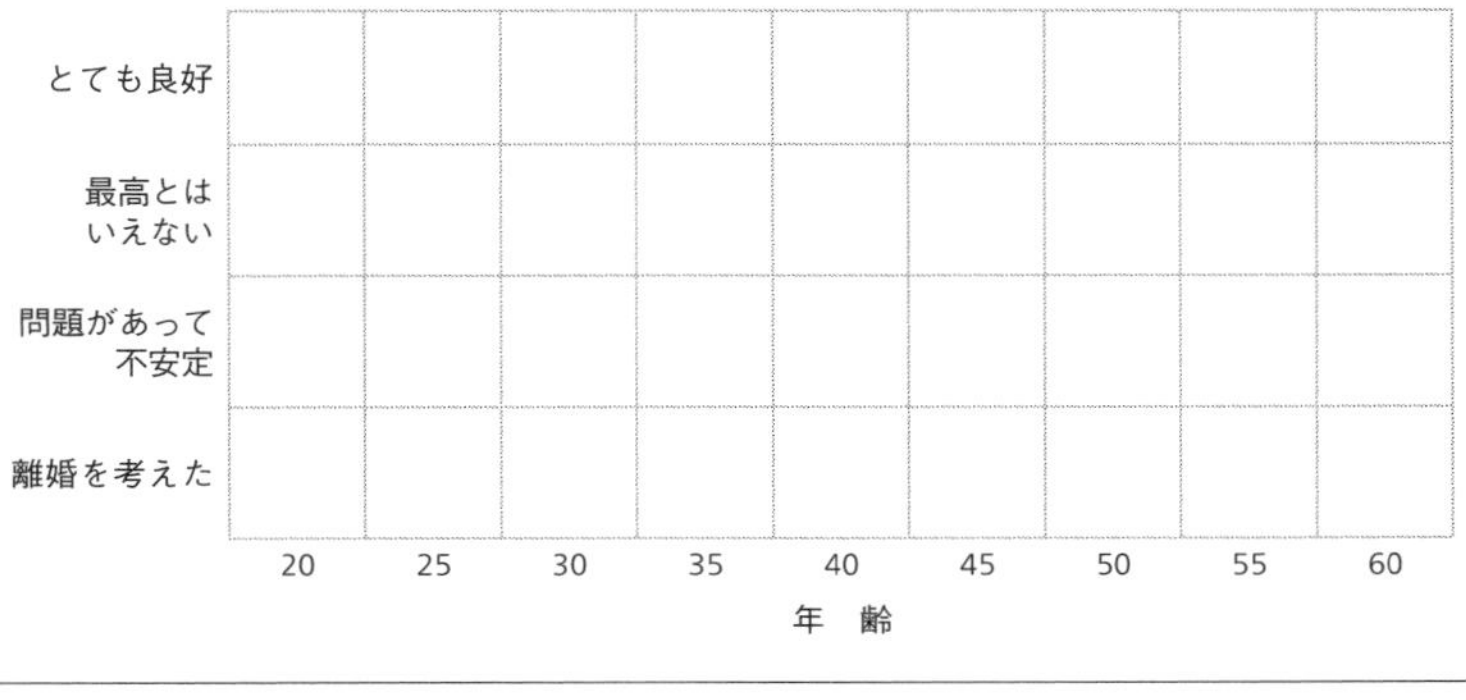

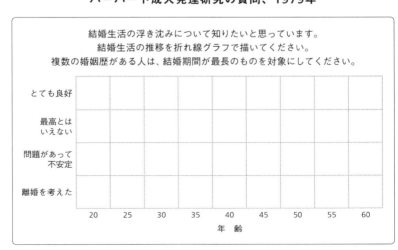

りながら自分の片割れを探すようになったのだ、と。プラトンは言った。「愛とは、一つであることを求め、完全でありたいという願望の名称である」

数千年の時を経た今でも、プラトンの言葉は心に響く。

「ジーンは私の人生の伴侶《ベターハーフ》なんだ」。研究チームが妻について尋ねると、ボストン出身の被験者ディル・カーソンはそう答えた。「毎晩一緒にワインを一杯飲む。一種の儀式みたいなもので、これをしないと一日が終わった気がしない。そのとき感じていることや、最近の出来事についてあれこれ話す。意見が合わないことがあれば、それについても話す。これからの予定のこと、子どもたちのことについてもね。そうやって、私たちは一日を締めくくる。話せば心がすっきりする。もう一度人生をやり直すことになっても、間違いなく彼女と結婚するよ」

ベターハーフ（二人で一つになる片割れ）——パートナーについて尋ねたとき、被験者の多くがこう答えている。どんな関係よりも深くて親密な婚姻というつながりから、プラトンの言う調和や一体感を得ている被験者は多い。

残念ながら、幸せなパートナーシップや幸せな恋愛、幸せな結婚が実現する万能の方程式はないし、喜びに満ちた親密な関係をもたらす魔法もない。二つの「片割れ」が一つになる方法、つまり結婚や恋愛のあり方は、文化によっても個々の関係によっても異なる。関係の形も、時代や世代によって変化する。例えば、第一世代の被験者の大半が人生のどこかの時点で結婚していたのには、社会的要因もあった。当時は真剣な愛情関係を形にするには結婚が最もふさわしいとされていたからだ。だが今日では愛の形は多様化し、正式な結婚は以前ほど当たり前ではなくなった。例えば、米国では、婚姻関係に基づいていない世帯が二〇二〇年の時点で全世帯の五一％を占めた。一九五〇年は二〇%以下だった。しかし、形が変わったからといって愛というものが変わったわけではない。人間もほとんど変わっていないからだ。また、一見「伝統的な」結婚をしている人たちも、実情は千差万別だ。愛の形は実にさまざまだ。

本研究の被験者の一人、ジェームズ・ブリュワーを例にとろう。インディアナ州の小さな町の出身で、ハーバード大学に入学した当初は、知的だが世間知らずの青年だった。研究チームに対し、自分には「異性愛」というものが理解できないと話していた。性愛の対象を異性に限るべきとすることの意味がわからないと言う。ジェームズにとって美は美であり、愛は愛だった。彼は男性にも女性にも魅力を感じた。誰もがそう感じているはずだと思っていた。こうした考えを友人や学生仲間にもオープンに話していたが、やがて批判や偏見に直面し、自らの性的指向を隠すようになった。大学を卒業するとすぐ、相思相愛だった女性、マリアンヌと結婚し、子どもにも恵まれ、充実した日々を送った。だが結婚して三一年目の一九七八年、マリアンヌは乳がんのため五七歳で亡くなった。

結婚生活が長く続いたのはなぜか、という質問に対し、ジェームズはこう書いている。

> 長続きしたのは、本当にたくさんのことを分かち合ってきたからだと思います。彼女はいい本を読んだときは、大事な部分を読み聞かせてくれました。城と王たちのこと、キャベツのことなど、話題は尽きませんでしたね。一緒にいろんなものを見て、お互いにメモしたことを比べたりもしました。一緒に食事するのも、観光に出かけるのも、同じベッドで眠るのも楽しかった。私たちの関係、この最高の関係は、二人のために二人で自然につくりあげて

いったものですが、なんてすばらしい関係なんだろう、とお互いによく驚いたものでした。

マリアンヌが亡くなってから三年後、研究チームの調査員がジェームズの自宅を訪れた。ジェームズは調査員に「ついてきてほしい」と言い、小鳥たちの賑やかな声が響く明るい部屋に入っていった。窓際には鳥かごが数個あり、部屋の中央には鳥がとまるためのロープのネットや人工観葉植物があった。ジェームズが鳥かごを開けて餌をやると、鳥たちが彼の肩や腕に並んでとまった。「妻が飼っていた鳥なんです」と彼は言った。深い悲しみのあまり、いまだに妻の名を口にできずにいた。現在の恋愛事情について尋ねると、数人と交際したが短期間に終わったこと、人から同性愛者と思われやすいこと、それと、今は恋人はいないけれど、恋愛をあきらめたわけではないことを話した。「いつかはいい人が現れて、心が動かされるときが来ると思っています」

誰かを愛したことがある人なら知っているように、親密なつながりを求めることにはリスクが伴う。愛し、愛される喜びに自分をさらせば、傷つくリスクも生じるからだ。誰かのそばに近づくほど、人は弱く、傷つきやすくなる。それでも、人はリスクをとって人を愛する。

本章では、親密な関係が幸福にもたらす影響を深く掘り下げていく。これから説明する内容を自身の経験に当てはめ、親密な関係を育めた理由、育めなかった理由を見出すように努めてほしい。本研究の被験者たちの人生が示すように、自分の感情を認識し理解すること、そしてその感情が親密なパートナー——すなわち隣にいる人——に与える影響を理解すること。すると私たちの人生は少しずつ、大きく変わっていく。

親密さとは、心を開くこと

本研究では数十年にわたり、被験者とそのパートナーを対象に、決まった質問を投げかけてきた。そのおかげで、一つの関係が始まって終わりを迎えるまで、カップルごとに異なる感情の軌跡——愛着、緊張、そして愛——を知ることができた。短く燃え上がる関係から長く穏やかな関係まで、ありとあらゆる関係の記録がある。そんななかから、真ん中あたりに位置する例を紹介しよう。

ジョセフ・シシーと妻のオリビアは一九四八年に結婚した。二〇〇七年、結婚五九周年を迎えた直後にオリビアが他界するまで、結婚生活は続いた。この結婚は、強い絆で結ばれた関係、二人の人間が生涯にわたってお互いを支え合う関係という意味で、一つの典型例だった。しかし、この結婚は別の意味でも典型例だった——完璧とはとても言えない関係だったのだ。

長年、研究チームが調査するたびに、ジョセフは「人生に満足している」と答えた。好きな仕事に就き、四人の子どもに恵まれ、妻との関係も「平穏そのもの」だった。二〇〇八年に研究チームが娘のリリーに子ども時代を振り返ってもらうと、両親ほど穏やかな夫婦もいないのではないでしょうか、と答えた。夫婦げんかは一度たりとも記憶になかった。

長年にわたる調査におけるジョセフの回答も似たようなものだった。一九六七年、四六歳のジョセフは「私ほど付き合いやすい人間はいないですよ」と得意げに語っている。ありのままのオリビアを愛していると言う。つまり、変えてほしいところもなかった。誰に対してもそうだった。子どもたちの意見も尊重していて、求められれば助言したが、指図することはなかった。職場でも、まず相手の意見に真摯に耳を傾けてから、自分の考えを述べた。「相手を説得する唯一の方法は、共感を示すことです」と彼は言っていた。

この生き方が、生涯にわたりジョセフの人間関係を支えた。人の話を聞き、相手の人生を知るのは楽しかった。本書では、他人の思いや考えへの理解が自分の人間関係に役立つと主張してきたが、まさにその好例だ。だがジョセフと親しい人はみな、彼の他者への関心や聞く力には問題が一つあることに気づいていた。彼は他者に対して自分自身の心を開くことを怖れていた。相手が愛する人であってもだ。

妻のオリビアに対してもそうだった。「私たちの結婚生活における最大のストレスは、対立や衝突ではありません」とジョセフは研究チームに語った。「私が心を開かないこと対して、オリビアが不満を感じていることです。疎外感を感じているんです」。ジョセフの態度への不安をオリビアは率直に伝えていたし、ジョセフも彼女の不安を十分認識しており、研究チームにも、「本音がつかめない、と妻によく言われる」と何度か語っていた。「私は自己完結型の人間なんです。最大の弱点は、誰にも頼ろうとしないこと。そういう人間なんです」

聞き上手だからこそ、相手が自分に対してもつ違和感もはっきりと見抜いていた。それでも、心の奥底にある恐怖心を克服することはできなかった。つまり、誰かの重荷にはなるのは嫌だ、あるいは人に頼らず自立していたい、という思いからくる恐怖心だ。めずらしいことではない。ハーバード大学に進学したが、ジョセフは貧しい家庭の出身だった。幼い頃には、家族が営む農場に行き、毎日たった一人で馬に鋤《すき》を引かせて働いた。この時期に、自分の力だけを頼りにして生きることの大切さを学んだ、と研究チームにも話していた。両親は農場の仕事で忙しかったし、ジョセフは自分で自分の面倒を見ることを期待されていた。大人になったジョセフは、感情の問題も含め、どんなことでも自分で対処すべきだと考えるようになった。それが悪いことだとは思わなかった。

二〇〇八年、五〇代になった娘のリリーは「父親の考え方を今も残念に思っている」と研究チームに語った。必要なときにはいつだって物心両面で支えてくれたし、頼りになる父親だと感じていた（実際、リリーは父親に頼っていた。結婚生活がうまくいかない時期や人生の難局が訪れるたびに助けてもらった）。だが、父親という人間をとことん理解していると思えたことは一度もなかった。

七二歳のとき、妻との関係を尋ねると、結婚生活は安定しているが、二人のあいだに溝があるようにも思うと語った。「私たちを引き離すものは何もありません。でも、固い絆で結ばれているとは言えません」

若き日のジョセフは、人間関係において何よりも大切なことが二つあると悟った。平穏な関係を維持すること、そして、相手に頼らないことだ。彼にとって、自分の生活と家族の生活の安定こそが何より大切だった。必ずしも間違った生き方ではなかった。ジョセフの人生は概ねうまくいっていた。家族を愛していたし、家族はみな互いに信頼し合っていた。ジョセフにとって、平穏な生活が大事だった。家族の衝突を防ぐという意味では、正しい生き方だった。結婚生活において意見の相違がほとんどないのは、悪いことではない。だが、**まったく波風を立てないことで、代償は生じないのだろうか？** ジョセフが心を閉ざし、本音を隠し、あえて本心を明かさないようにしていたせいで、夫婦という親密な関係がもたらす恩恵を彼自身もオリビアも十分受け取れていなかったのではないか？

誰の身の回りにもこういう人はいるものだが、必ずしも本人がそれでいいと思っているわけではないことは覚えておくべきだ。少なくともオリビアは満たされないと感じていた。親密な関係は、相手を理解し、相手からも理解されているという感覚の上に築かれるものだからだ。実際、**intimacy（親密さ）という言葉は、ラテン語のintimare（知らせる）に由来する。**恋愛の特徴は相手の心の奥を知り、理解することにあるが、それ以上のものでもある。親密な関係を結ぶことは人生の本質でもあるし、ファーストキスをするよりも、結婚を考えるよりもはるか前、非常に早い時期から始まるものだ。

たしかな絆が人生を豊かにする

人間は、生まれた瞬間から、肉体的にも精神的にも、他者との密接なつながりを求め始める。私たちは無力な生き物として人生をスタートする。生き延びるためには他者を頼りにするほかない。乳幼児にとっては、目にするものも手で触れるものも初めてのものばかりだし、危険なものもある。だから、生まれたその日から強い絆を結ぶ相手が、少なくとも一人は必要だ。父母、祖父母、おばなどが近くにいれば安心できるし、危険から身を守る避難場所を与えてくれる。人は成長するにつれ、安全な居場所の周りに広がる世界を探索し始める。だが、それができるのは、何かあれば戻れる安全な場所があるからだ。乳幼児期の行動は単純明快だ。だから、人間の感情的なつながりの基礎を観察する絶好の機会になる。この時期に注目すると、親密な絆について大人にも子どもにも当てはまる重要な真実が鮮やかに見えてくる。

一九七〇年、心理学者のメアリー・エインズワースは、「ストレンジ・シチュエーション（見知らぬ状況）法」という実験手法を考案し、赤ん坊が最も頼りにしている相手に対して示す反応を調べた。高い有用性が証明されており、五〇年以上経った今でも多くの研究に用いられている手法だ。主な手順は次の通りだ。

生後九ヵ月から一八ヵ月の子どもを、親（または主たる介護者）と一緒におもちゃが置いてある部屋に入れる。室内で二人がしばらくおもちゃで遊んでいると、見知らぬ人が入ってくる。見知らぬ人は最初のうちは子どもに干渉せず、自分の存在に慣れさせる。それから子どもと交流を試みる。少しあとで親は部屋を出ていく。

ここで、子どもは自分が見知らぬ場所に見知らぬ人と一緒にいて、親しい人は誰もいないことに気づく。即座に不快であることを示すしぐさを見せ、泣き始める子どもが多い。

少しして、親が戻ってくる。

問題は、次の場面だ。子どもは見知らぬ状況に直面し、ストレスを感じている。そこへ親が戻ってくる。実験によって、子どもと親の間にある安心感と絆が（短時間ではあるが）断ち切られたのだから、子どもはそれを再構築しなければならない。子どもはどんな反応を見せるのか？子どもが絆を維持しようとする方法に、親や自分自身をどうとらえているかが表れる。これを**愛着スタイル**と呼ぶ。

大切な相手とのつながりを保つ方法は、人それぞれだ。愛着スタイルは、乳幼児期に限らず、生涯全体における人間関係の維持のしかたと関連している。

親が離れると子どもが動揺するのは、正常な反応だ。実際、健康で心が安定している子どもなら、そうなる。親が戻ってくると、子どもは即座に触れ合い（身体的接触）を求め、触れ合えたとたんに落ち着き、心の安定を取り戻す。再会したときに触れ合いを求める子どもは、**親が愛情と安全を与えてくれる存在であり、自分には愛される価値があると認識している。このような愛着スタイルは、安定している（安定型）**とされる。

だが、安定的な愛着をあまり感じていない子どもは、不安や回避という反応を見せる。不安反応を示す子どもは、親が戻ってくると即座に触れ合いを求めるが、なかなか落ち着かない。一方、回避反応を示す子どもは、表面的には不安を感じていないように見える。親が部屋を離れても苦痛を示さないし、戻ってきたときも慰めを求めない。再会したときに、親から顔を背けることさえある。すると親は、子どもは平気なのだ、と思う。しかし、見かけに惑わされてはいけない。愛着理論の研究者によれば、**回避を示す子どもも親の不在をたしかに気にしている。だが、親に多くを求めすぎてはいけないと学んでしまっている。**愛情を求めていることを示しても、愛情は得られないだろうし、かえって親が遠ざかるかもしれない、と思っている可能性がある。

現実の世界において、子どもたちはさまざまな「見知らぬ状況」に繰り返し遭遇する。例えば、朝、保育園や幼稚園に預けられ、夕方にお迎えが来るまでの時間もそうだ。一つ一つの経験が、将来の人間関係への期待感を形づくる。誰かが助けてくれる可能性がどれくらいあるかという感覚や、自分には支えてもらう価値がどのくらいあるのかという分別が育まれる。

成人が生きている現実世界は、根本的には、「見知らぬ状況」が高度に複雑化したバージョンだ。親から引き離された子どものように、安心感を求め、あるいは心理学者の言う「心の安全基地」を求める。子どもは母親の不在を怖れ、成人は恐ろしい病気の診断を怖れるが、どちらの場合も誰かが自分のためにそばにいるという感覚に支えられる。

しかし、成人の安心感にもさまざまなレベルがある。愛着において十分な安心感を得ていない人は多い。ストレスを感じて他人に頼っても、慰めが得られないこともある。ジョセフ・シシーのように、相手が自分を重荷に感じて去ってしまうのではないかという怖れが心の奥底にあるせいで、親密になることを避ける人もいる。あるいは、自分には十分に愛される価値があるという確信をもてない人もいる。それでも、私たちはつながりを求める。年を重ねるにつれ、人生は複雑になっていく。だが、**たしかな絆から得られる恩恵は、人生の全段階を通じてメリットをもたらす**。

第1章で紹介したヘンリーとローザのキーン夫妻は、たしかな絆で結ばれたカップルの模範例だ。子どもの大病から夫の失業、自分たちの死に向き合うときまで、困難に直面するたび、互いに助け合い、慰め合い、勇気を与え合った。

ストレスや人生の試練によって安心感が損なわれると、人はそれを取り戻そうとする。運がよければ、親しい人から慰めを得て、心のバランスを取り戻す。このプロセスは、乳幼児も成人も同じだ。

最後の対面調査をしたとき、キーン夫妻はキッチンテーブルを囲んで座り、互いの手をしきりに握りながら質問に答えていた。将来の健康上の問題や死をめぐる答えにくい質問のときは、とくにそうだった。

手を握るという非常に単純な身ぶりが、成人の親密な関係における愛着を示している。安定型の愛着を身につけている子どもは、「見知らぬ状況」に置かれた場合、抱きしめられることで心と身体が落ち着く。生理学的・心理学的メリットがあるからだ。成人も同じだろうか？　誰かが自分の手を握ったとき、正確には何が起こっているのか？

「触れ合い」は麻酔薬のように痛みを和らげる

ジェームズ・コーンは、偶然に導かれて愛着研究の世界に足を踏み入れた。もともとは心的外傷後ストレス障害（ＰＴＳＤ。トラウマ的な出来事によるフラッシュバックや悪夢、不安を特徴とする精神疾患）の患者の脳内で起こっている現象を知りたいと考え、患者の脳をスキャンする研究に携わっていた。脳内の活動が詳しくわかれば、新たな治療法を考案できるかもしれない、と考えていた。被験者のなかにベトナム戦争で激しい戦闘を経験した退役軍人がおり、実験室に妻を同伴できないなら研究には参加しないと言い張った。コーンは、この被験者にはどうしても参加してもらいたかった。そこで、研究のためなら、と喜んで便宜を図り、妻を実験室に入れた。被験者がＭＲＩ装置に横たわっている間、妻はそばに座っていた。

ＭＲＩ装置は大きな音を立てる。検査が始まると被験者は動揺し、やめてくれ、と叫んだ。妻は夫の動揺を察し、本能的に手を取った。すると被験者は落ち着きを取り戻し、検査を続けることができた。

コーンはこの効果に興味をそそられた。被験者の脳内の現象について、神経学的な証拠を見つけられるのではないかと考え、新たな脳画像研究を考案した。

新しい実験では、MRI装置に入った被験者に、赤青二枚のスライドのうちの一枚を見せる。赤いスライドが見えたときには二割の確率で軽い電気ショックを受ける。青いスライドのときには電気ショックはない。

被験者は三つのグループに分けられた。一つめのグループは室内に被験者以外誰もいない状態、二つめのグループは見ず知らずの人の手を握った状態、三つめのグループは配偶者の手を握った状態で実験を行った。

結果には、極めて明確な違いがあった。配偶者と手をつないでいると、被験者の脳内の恐怖中枢の活動は鎮静化し、不安が軽減していた。だが最も注目すべきは、**被験者が感じた痛みの量が減っていた**点だ。見知らぬ人の手を握ることにも効果はあったが、親密なパートナー（特に、満足した関係にある）の場合のほうが効果は顕著だった。コーンは、医療処置中に愛する人の手を握ることには軽度の麻酔薬と同等の効果があると結論づけた。被験者の人間関係は、リアルタイムで身体に影響を与えていたのだ。

感情は、心の底の動きを伝えるシグナルだ

人間関係は私たちの身体の中に息づいている。大切な人を想うだけでホルモンなどの化学物質が分泌され、血液を通じて体内をめぐり、心臓や脳などさまざまな器官や組織に影響を及ぼす。

効果は一生続くことさえある。第1章でも触れたが、本研究の前責任者ジョージ・ヴァイラントは本研究のデータを活用し、晩年の健康状態の予測因子として、コレステロール値よりも五〇歳時点での結婚生活の幸福度のほうが優れていることを発見した。

コーンは親密なつながりが脳に与える影響を実験室内で分析した。だが、初デート中の人や駐車場でパートナーと口論している人をMRI装置に入れるのは無理だ。しかしありがたいことに、年齢にかかわらず、親密なつながりの根元のところには、ふと注意を向けるだけで誰でもアクセスできる診断ツールが備わっている。

感情だ。

感情は、自分の心の中で重要な何かが作動中であることを示すシグナルだ。親密な関係においては、感情の動きからわかることがたくさんある。少し立ち止まり、**自分がどう感じているかを見つめ直すだけで、非常に有益なツールになる。**人間関係の水面下にあるものが見えるようになるからだ。感情は、心の奥に秘めた願いや怖れ、他者の行動への期待、パートナーに対する習慣的な見方を示している。

こんなふうに考えてほしい――水中に潜るとき、ダイバーは水深計を手首に装着する。だが、水深は、水深計がなくても体感できる。深く潜るほど、身体で感じる水圧も強くなるからだ。

感情は、人間関係の深さを測る一種の測定器だ。パートナーと日常生活を送っているとき、人は人生という海の水面近くを泳いでいる。感情という底流は、もう少し深いところ、水の中の暗い部分を流れている。良きにつけ悪しきにつけ、強い感情は心の奥底の動きを示す。感謝の念がこみあげてきたり、誤解されて怒りがわいたりするときがそうだ。こうしたときには、少し立ち止まってＷＩＳＥＲモデル（第6章）の観察と解釈を実践しよう。すると、自分にとって大事なこと、またパートナーにとって大事なことが、今までよりはっきりと見えてくる。

反射的な感情を見逃さない

パートナーとのやりとりのなかで感じる思い、顔や態度に表れる感情は、どれくらい重要なのか？　感情は、絆の強さや関係が長続きする可能性を示しているのだろうか？

筆者らは初期の共同研究で、関係の安定度と感情の関連性を調べた。結婚した夫婦や同棲中のカップルを被験者とし、「最近相手に対して腹が立った出来事」を八～一〇分間話し合ってもらい、その様子を動画に記録した。その後、特定の感情（愛情、怒り、ユーモアなど）や行動（「相手の意見を認める」など）について、動画を見て評価した。

評価は、心理学の訓練を十分に受けていない複数の研究助手に担当してもらった。専門家として未熟な観察者が一般人レベルの能力で他人の感情を評価した場合、人間関係の安定度を予測できるのか？

五年後に被験者を追跡調査した。関係が続いていたカップルも、そうでないカップルもいたが、現在の交際状況と、研究助手らによる五年前の評価を照合すると、関係が継続しているカップルを八五％近い精度で予測できていた。この結果は、パートナー間の感情は親密な関係が長続きするかどうかを示す重要な指標だとする多くの研究と一致する。心理学の専門知識のない評価者でも人間関係の強さをほぼ正確に予測できた点は重要だ。成人には他人の感情を正確に読み取る力があることを示すからだ。評価者の大半は、長期にわたる親密な関係をまだ経験していなかった。だが、動画をしっかりと見ることで、カップルがさりげなく示す感情や行動の意味を感知できていた。**感情は人間関係を動かしている。だからこそ感情に意識を向けることは重要だ。**

しかしながら、あらゆるタイプの感情が人間関係の健全性を等しく予測するわけではない。なかには、とくに重要なものもある。私たちの研究では、とりわけ二つの感情の重要性が際立っていた。

共感と愛情だ。

「相手に対して腹が立った出来事」について話しているときに愛情をたくさん表現していたカップルは、五年後も一緒にいる可能性が高かった。男性からの共感的反応はとくに重要だった。男性が相手の気持ちに寄り添い、理解しようとする姿勢を見せていたカップルほど、長続きする確率が高かった。これは、共感しようとする努力が大切だという第5章の研究成果と同じく、親密な関係における重要な知見だ。つまり、**愛情と共感という基盤（好奇心をもち、相手の話を聞こうとする姿勢）を築いてきたカップルは、絆が安定し、関係が長続きする。**

二人の間に違いがあるのは当然だ

親密な関係になると、何事につけても感情が強く動くから厄介だ。ポジティブな感情でさえ問題の種になることがある。愛が深まるほど、失うことへの恐怖がつきまとう。

だが恋愛関係で感情が強く動くいちばんの原因は、パートナー間の単純な違いだ。違いがあるところには意見の不一致があるだろうし、意見の不一致があれば何らかの感情が生じる。

違いに気づくと、不安が生じる。付き合い始めの興奮や高揚感が薄れ始めると、相手について不安を覚える点が目につくようになる。価値観や考え方をめぐる大きな違い（「将来、子どもをもちたいかどうか」など）に気づくと、この関係は二人にとってふさわしいものだろうかと思い始める。だが、**小さな違いを大きな違いだと勘違いすることのほうが多い**。相手に合わせることになるからだ。例えば、相手はストレスを感じたときに冗談を言うのが好きだが、自分はつらいときには何一つ面白がれないという場合もある。あるいは、相手は新しいレストランを開拓するのが好きだが、もう一方は自宅で料理をするのが好きだという場合もある。

違いが目につくと、脅威を感じるようになる。夫婦や同棲中のカップルの場合、理想の生活が脅かされていると感じるが、後戻りはできない。すると、身動きできないと感じ、相手をこんなふうに思うようになる。

自分勝手
教養がない
モラルがない
性格に難がある

そして、こういう違いは生い立ちや家族に由来するから変えられない、と思ってしまう。相性が悪いんだ、と思い込むこともある。

心理学者のダン・ワイルは、著書『After the Honeymoon』（蜜月《ハネムーン》の終わり、未邦訳）の中で次のように述べている。

「蜜月の終わり」という言葉には悲しい響きがある。めくるめく愛に酔いしれ、夢のような暮らしを送っていたのに、突然揺さぶり起こされた感じだ。陶酔の霧が晴れ、相手の人となりが見えてくる。（中略）すると「しまった！　残りの人生をこんな人と一緒に過ごさなくてはならないの？」という思いに襲われる。

こういう感情に直面すると、たいていの場合、違いに目をつぶり、些細なことだと片付けてしまう（無理もないことだ）。ジョセフ・シシーは違いを小さく見積もる達人だった。生涯にわたって衝突を避け、ヒビがあっても表面的には取り繕った。激しい対立を回避するという意味では効果があった。だがその結果、心が離れ、親密さの乏しい結婚生活になった。

ここで疑問が生じる。対立のまったくない関係は、人生を豊かにする親密な関係への道にならない。だが、対立はしばしばストレスの原因になる。では、どうしたらいいのか？

カップルの関係はダンスのように

結婚して間もない頃、筆者のボブと妻のジェニファーは、週に一度、夜のデートを兼ねて社交ダンス教室に通った。他のカップルの多くは婚約中で、結婚式で披露するためにダンスを習っていた。ある日、ダンス教室にいるとき、心理学者のジェニファーはふと考えた。それぞれのカップルの踊り方は、彼らの関係を知る「窓」になるのではないか、と。人間関係における新たな挑戦と同じで、覚えたてのダンスの動きは最初はぎこちないものだし、ステップを覚え、息を合わせて動けるようになるには時間がかかる。片方だけがすばやいステップが得意だったり、ダンスの才能に恵まれていたりするケースは多い。だが、二人ともミスをするし、二人で学ぶことはたくさんある。カップルの踊り方は、相手のミスを許す心の広さを示しているだろうか？　二人で踊るときの問題解決の方法から、五年後も一緒にいるかどうかを予測できるだろうか？

「習うより慣れよ」という古い格言は、ダンスと同じく人間関係にも当てはまる。ダンスも人間関係も、持ちつ持たれつ、行きつ戻りつする点は同じだ。ルーティンの動作があり、決まったステップがあり、即興がある。誰でも動作やステップのミスをする点は非常に重要だ。初めて一緒にフロアに立ったときからフレッド・アステアとジンジャー・ロジャースのように見事に踊れるカップルはいない（フレッドとジンジャーだって、ものすごく練習する必要があった！）。カップルの両方が、踊りながら学んでいく必要がある。ステップのミスは取り返しのつかない失敗ではない。ミスをするなら一緒に踊るのは無理だ、というわけでもない。ミスは学びの機会だ。「足はあそこじゃなくてここ。相手がこっちに行きたいみたいだから、私もついていこう。今度は私があっちに行きたいから、彼のほうが私についてこなくちゃね」。ミスしたり、息が合っていないときは気がつく。だが、大切なのは、踊っているときの互いの対応だ。

人生においても同じだ。結局のところ、**人間関係においては、直面する問題そのものより、問題にどう対処するかが重要だ。**

意見の不一致がもたらすチャンス

数十年にわたりカップル療法を行ってきた経験から、筆者らが学んだことが一つある。親密な関係にあるカップルは、意見の不一致がもたらすチャンスを往々にして見過ごすという事実だ。よくあることだ。カップルが初めてのセッションに姿を見せるが、やってきた理由をはっきり理解しているのは片方だけ。たいていの場合、もう片方への非難が始まる。

彼は何にでも口を挟んでくる。
彼女は抱え込んでいる怒りをどうにかすべきだ。
彼が分担している家事をやらない。
彼女は外出したがらないが、私は家にいるのが好きではない。
彼はセックスに執着している（あるいはセックスに興味がない）。

「問題」が何であれ、言いたいことははっきりしている――**パートナーには改善すべき点がある、というメッセージだ。**だが実際には、二人が気づいていない根深くて複雑な葛藤があるケースがほとんどだ。葛藤をきちんと把握するには、それぞれが自分を振り返り、二人で話し合う必要がある。

カップル療法では、意見の不一致や相違があることを想定し、二人がそれに気づき、理解に向けて努力するよう促していく。**意見の不一致とそこから生じる感情は、水面下に隠された重要な**

真実に光を当てる。それが関係を再生するきっかけになる。

二人の人間が一緒に生活すれば、相容れない部分もいろいろと出てくる。きれい好きの人なら汚れた皿の山にイライラするし、スマートフォンばかり見過ぎだと相手に怒られたり、どちらかが遅刻魔で口論になる場合もある。

「歯磨き粉を使ったらキャップを戻して！」と、度を越した勢いで相手を責める人もいる。些細な原因であれ、口論のたびに感情が昂ぶる人は、根深い不安を抱えていることが多い。そうした不安はめずらしいものではない。例えば、以下の感情に心当たりはないだろうか？

私のことを大切にしてくれない。
私のほうが一生懸命やっている。
この人を信じられなくなってきた。
相手を失いそうで不安だ。
私では不十分だと思われている。
ありのままの私を受け入れてくれない。

意見の不一致に対して生じる感情をふるいにかけ、心の奥にある怖れや不安、弱さ——相手と自分の両方の——を明らかにするのは、必ずしも簡単ではない。まず、水面下で起きていることを見逃している可能性を想定すること。人間には自分を守ろうとする本能がある。そのため、自分の行動の意味を理解しないまま結論に飛びつく傾向がある。ものが飛んでくると身をかわしたり、顔の前に手を上げたりするのと同じで、激しい感情が近づいてくるとそれをかわし、相手を批判する。

「歯磨き粉のチューブのキャップが外れていても、僕はまったく気にならない。どうしてイライラするの？　神経質すぎるよ！」

まさにこんな具合だ。意見の不一致やそれが引き起こした感情を掘り下げず、頑なな態度を取り、相手を批判し、神経過敏だと決めつける。この種の決めつけは、「些細な」意見の不一致から愛情や絆といった重要な問題まで、あらゆる状況で瞬時に発生する。

例えば、ジョセフ・シシーは自分の考えに固執し、妻の気持ちを十分に汲み取らなかった。心を開こうとしない自分に妻が苛立っているのはわかっていたが、自分の考えは正しいと決めてしまっていた。そうすれば、相手がわざわざ自分の胸の内を探らなくてもすむと思っていた。心の内を明かせば妻との平穏な関係が危うくなるだろう、と思っていたし、妻を失いたくはなかった。だが、傷つきやすい自分を守るうちに、妻を傷つけてしまっていた。妻にとっては、夫はこの世でいちばん身近な人だ。それなのに、自分が彼を必要とするほどには、彼は自分を必要としていないように思えた。

自分の気持ちをもっと打ち明けたら、夫婦関係は変わるだろうか？　ジョセフはそんな疑問をもったことは一度もなかった。

人は誰しも、それぞれに弱さや怖れ、不安を抱えている。そのため、意見の不一致があると、自分を守るため、反射的に相手に背を向けてしまう。こうした感情に向き合うのは簡単ではない。だが、意見の不一致は、心の奥底の感情に光を当てるきっかけになる。

人と人との関係は、「ほったらかし」では育たない

研究チームが第二世代の被験者に「人生で最も苦しかった時期」を尋ねたところ、回答のほとんどは親密な関係に関わっていた。深く親密な関係は、驚くほど傷つきやすい。関係がうまくいっているときは心が浮き立つが、関係が揺らぐと強い精神的苦痛や裏切られたという感覚、自責の念などが生じやすい。第二世代の被験者であるエイミーは次のように答えている。

最初の夫とはアリゾナで出会い、その後、彼の地元のテキサスに引っ越しました。小さな町に住んで娘たちを育てていましたが、夫はダラスで働いていたので、ときどき外泊することがありました。ある晩、友人から電話がかかってきて、夫が私たちの共通の友人と会っているのを見たと言われました。夫は浮気を認めました。打ちのめされましたが、一人で子どもを育てて生きていけると思ったので、娘たちを連れてフェニックスに戻り、おば夫婦と二年間暮らしました。別れの原因を考えているうちに、テキサスに移ってからの自分は彼にとって女性として面白みや魅力がなかったのかも、と思い始めました。若い女性としての自信はズタズタになりました。私が誰かにとって**かけがえのない人**になれたことはあるのだろうか、「妻」として大切な資質が欠けていたのだろうか、と。

誰かと親密な関係を築けば、自分をリスクにさらすことになる。生活をともにするほど誰かを信頼するとき、相手は要石のような存在になる。その人との絆が揺らいでいると、生活全体も揺

らぐ。ぞっとする状況だ。夫婦はお金やモノだけではなく、子どもや友人、互いの家族との大切な絆を共有する。二人の関係が崩壊し、その影響が他の面にもドミノ倒しのように波及したら、人生のすべてが台無しになるかもしれない、という不安は人を圧倒するし、二人の関係性にも影響する。エイミーのように、自分にはパートナーとしての適性がないのではないか、相手が求めているものを与えられないのではないか、と思うようになる。

過去に親密な関係で傷ついたことがある場合――ほとんどの人はあるだろうが――大切な関係を信じる気になれないかもしれない。また、たとえ何十年も一緒にいたとしても、自分を守りたいという気持ちはあるものだ。

弱さを認め合うことは、関係の強化や安定につながる。互いを信頼し、弱さを隠さないこと――立ち止まり、自分と相手の感情に目を向け、怖れずに不安を分かち合うこと――は、夫婦やカップルにとって最も重要なスキルの一つだ。実践すれば、ストレスも減らせる。無理に強がることなく、自然体で支え合えるようになるからだ。

強い信頼の絆を築けたら、それで一安心というわけではない。なぜなら、どんなにすばらしい関係も必ず衰えるからだ。**樹木が水を必要とするように、親密な関係は生き物であり、人生の季節がめぐるなかで放っておいても育つものではない。注意を向け、栄養を与える必要がある。**

親密な関係と人生の満足度をグラフにしてみる

愛はすばやく育つように見えて、どんなことよりも時間がかかる。結婚してから四半世紀経つまで、完全な愛とは何かを本当に理解している人はいない。

――マーク・トウェイン

何十年もかけて人間関係を育んでいくと、素敵なことがたくさん起こる。一方で、最も大切な人間関係をおろそかにすると、孤独な人生に陥りやすくなる。

この二つの道を説明するために、第一世代の被験者であるレオ・デマルコとジョン・マースデンの話に戻ろう。レオは最も幸福度が高い被験者の一人、ジョンは最も低いほうの一人である。

成人後の人生のほとんどをともに歩んできたレオと妻の関係には、筆者らがこれまで述べてきた、人間関係を円満にするのに大事な要素がすべて揃っていた。愛情、好奇心、共感、それから、扱いづらい感情や問題を避けずに向き合う意志だ。

例えば、一九八七年の調査において、レオの妻グレースは、夫婦間で意見が一致しない部分もあると語っていた。一緒に過ごす時間の長さ、性生活の量、家を空ける頻度などだ。

意見が一致しないとき、二人は何をしたか？　話し合った、とグレースは言っていた。二人は相手の考えを理解し、違いを受け入れることもあれば、問題の解決を試みることもあった。重要なのは、こうしたプロセスを愛情をもって実践していた点だ。

同じ質問に関して、ジョンの妻アンの回答は違っていた。ジョンとは意見が合わないことが多い、と言っていた。しかし、二人の関係を最も蝕《むしば》んでいたのは、愛着の欠如だった。アンは結婚生活にはもっと愛着があるべきだと強く思っていたし、ジョンも同じように思っていた。しかし、二人ともどうしていいかわからず、話し合いもしなかった。ジョンがアンに思いを打ち明けることはめったになかった。アンがジョンに思いを打ち明けることもめったになかった。離れているときにそばにいてほしいと思ったことはあるか、という質問に対し、アンは「ほとんどなかった」と答えている。

結婚生活における感情パターンの違いは、レオとジョンの後年の人生に影響を与えた。

二〇〇四年、研究チームはレオの自宅のリビングルームで対面調査を録画した。ある時点で、調査員が尋ねた。

「配偶者との関係を五つの言葉で表してもらえますか?」

レオは少し悩み、ふさわしい言葉を選ぼうと二、三度考え直したあとで、次の言葉を挙げた。

安らぐ
取り組みがいがある
活気がある
愛が行き渡っている
美しい

同じ頃、遠く離れた場所に住むジョンも研究チームの対面調査を受けた。録画映像の中の彼は、本が詰まったオークの本棚に囲まれており、右側の明るい窓からは庭が見える。同じ質問――「配偶者との関係を五つの言葉で表してもらえますか？」――を投げかけると、椅子に座ったまま身体の向きを変えた。

「これは、あの、必ず答えなければいけない質問ですか？」とジョンが尋ねた。

「どうしても、というわけではありませんが」と調査員が答えた。

「思いつく自信がありません」

「できる範囲でかまいませんよ」

ジョンは部屋を見回し、事務的な口調で次の言葉を挙げた。

緊張
よそよそしい
素っ気ない
不寛容
苦痛

レオとジョンは両極端なケースだ。ほとんどのカップルの関係はこの二人の間のどこかに位置しているし、間を揺れ動いているケースもあるだろう。しかし、レオとジョンについては、親密な関係の質が実に対照的だ。感情の問題に向き合うのか問題を避けるのか、愛情かよそよそしさか、共感か無関心か、といった対比だ。

愛する人の手を握るコーンの研究や、傷の治癒をめぐるキーコルト゠グレイザーの研究を思い出してほしい。他にも多くの研究が、二つの極めて重要な発見を提示してきた。一つめは、信頼できる親密なパートナーの存在はストレスを減らすということ、二つめは、ストレスが身体の治癒能力に影響を与えるということだ。もちろん、レオとジョンの晩年の健康状態が、結婚生活において感じていた愛情の量に**どれだけ**影響されていたかを正確に知るすべはない。しかし、レオが最晩年まで元気に活動していたのに対し、ジョンは長年重い病気を患っていたのは事実だ。夫婦関係だけが理由ではないだろう。だが、レオが結婚生活において分かち合っていた愛情は、健康寿命を長くする可能性をたしかに高めていた。ジョンが結婚生活において感じていた苦痛やよそよそしさは、彼にとって無益だった。二人の妻についても同じことが言える。結婚生活を送る間、夫との関係が幸福度や人生の満足度、そして健康にも大きな影響を与えていたのはほぼ確実だ。これはハーバード成人発達研究において、繰り返し見られるストーリーでもある。

左のグラフは、第一世代被験者であるサンダー・ミードが七〇代後半の時点で人生を振り返りながら描いたものだ。グラフの左側の尺度は「最高の状態」から「最低の状態」までの一〇段階評価を、下部の尺度は被験者の年齢を示している。他の被験者と同様、サンダーの人生における満足度の大きな変化の多くは、人間関係の変化と同時に生じている（四七歳の「夫婦関係が悪化」、五二歳の「離婚」、五五歳の「再婚」など）。

サンダーのグラフは、本研究や多数の研究がもたらした重要な教訓を反映している。すなわち、**人間関係は（親密な関係はとくに）、人生のどの時点においても満足度に非常に大きく影響する**という教訓だ。

生涯にわたる親密さの変化

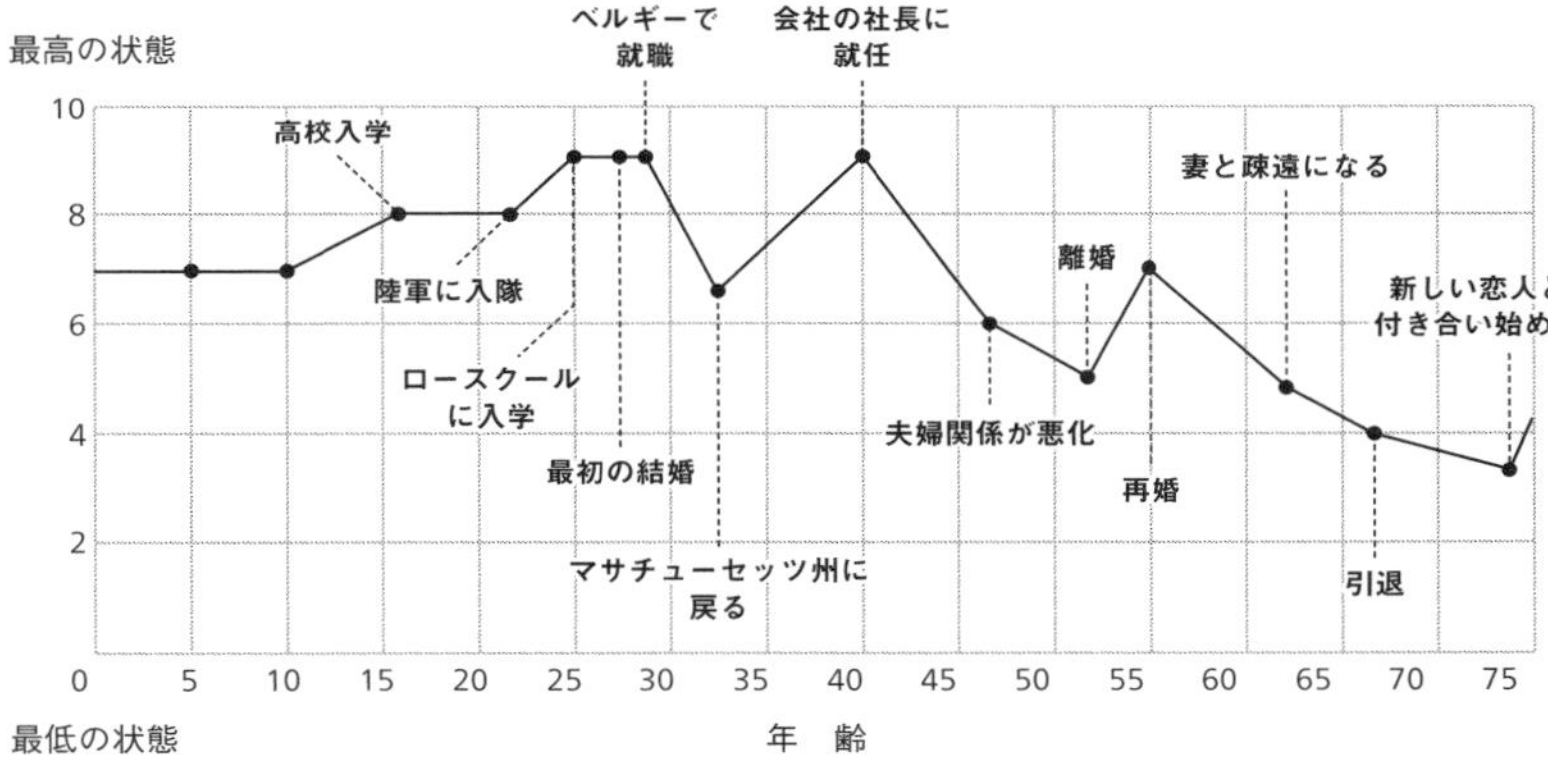

人生に変化が起こると、親密な関係にストレスが生じる。結婚といったポジティブな変化でさえ、ストレスになる。例えば、若い夫婦が親になると、子をもつことで生じる夫婦関係の問題に戸惑うのはめずらしいことではない。楽しい家族生活になるはずが、子育ての疲労や不安から意見の不一致が生じ、問題だらけになる。それまでになかったような口論をするようになることも多い。二人ともストレスが増え、相手が支えてくれないと感じることが多くなる。

実によくあることだ。多くの研究によれば、子どもの誕生後は夫婦関係の満足度が低下する。夫婦関係自体に問題があるわけではない。育児には大変な労力がかかるため、それまで夫婦関係に費やしていた時間や注意を子どもに向けざるを得ない。子どもが生まれた夫婦が多少の苦労を抱えるのは自然なことだ。

本研究の被験者の人間関係を生涯にわたって丹念に追跡すると、夫婦関係にはもう一つ、重要な

ジョセフ・シシーの生涯の結婚満足度

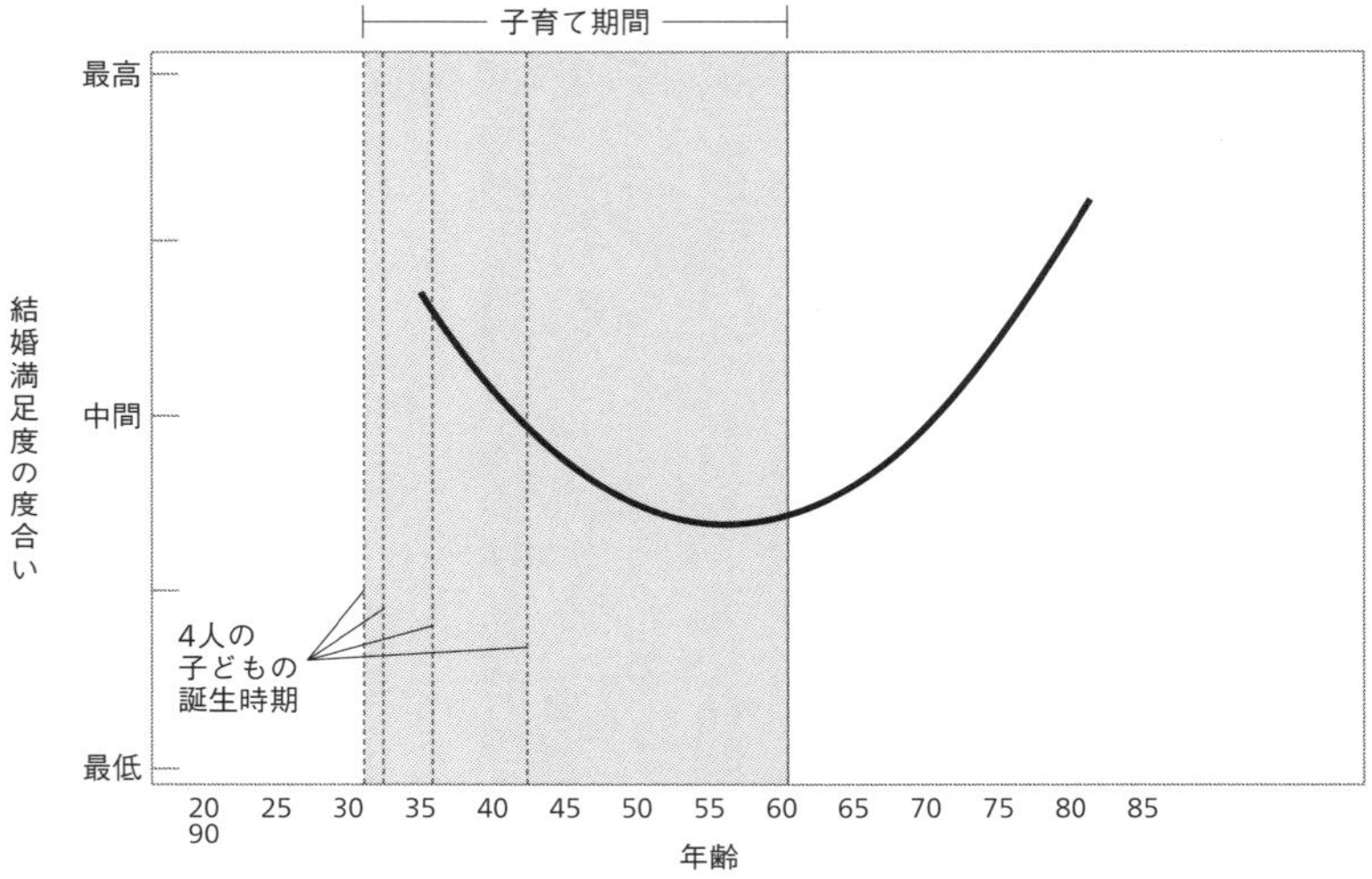

転換期があることがわかる。子どもの巣立ちだ。子どもが成長して家を出ると、夫婦の結婚生活に対する満足度が上がったケースはたくさんある。

本研究は被験者の人間関係を数十年にわたって追跡したデータを有する数少ない研究の一つであり、データには子どもが巣立った時期も含まれている。数百組の夫婦の結婚生活を分析すると、最後の子どもが一八歳になる頃、夫婦関係において満足度が明らかに上昇をする夫婦が多かった。

夫婦関係が冷え切っていたジョセフ・シシーでさえ、この時期は満足度が上昇していた。本研究のデータを用いて夫婦関係の満足度の軌跡を描くと、ジョセフ（上の図）のようなパターンになることが多い。点線は子どもの誕生、灰色の部分は夫婦が一八歳未満の子どもを育てていた時期、六〇歳すぎの濃い灰色の垂直線は末娘のリリーが大学に進学した年を示している。

本研究の男性被験者にとって、子育て終了後の夫婦関係の満足度の上昇は、結婚生活以外の面でも意味がある。実は、**満足度上昇の大きさ（夫婦によって異なる）が、男性被験者の寿命と相関していたのだ。**子どもの巣立ち後の夫婦関係の満足度の上昇が大きいほど、寿命も長かった。

親密な絆は、とりわけ人生の後半において重要だ。年をとるにつれ、健康にまつわる問題が増え、夫婦は以前とは違った形で支え合う必要が生じる。本研究の七〇代後半～八〇代前半の被験者カップルの場合も、互いにしっかりと愛着を感じている男女は気分が良好で、意見の不一致も少なかった。二年半後の追跡調査でも、しっかりと愛着を感じている被験者は、人生への満足度が高く、抑うつが少なかったし、妻の記憶力も良好だった。これもまた、人間関係が身体や脳に影響を与えている事実を示す証拠の一つだ。

老後を迎えた人は、親密な関係の中で人生の変化にどのように適応し、互いに寄り添っていくのか？　この点でも、レオとジョンは両極端に位置していた。八〇代のときの対面調査において、研究チームは二人に以下の質問を行った。

「配偶者とは関係のない問題について、動揺したり、悲しんだり、不安になったりしたときは、どんな行動をとりますか？」

レオの答えは、パートナーとの関係が安定していて愛情を感じている人に特徴的なものだった。「妻に相談します。ごく自然なことです。一人で問題を抱え込んだりはしません。彼女は悩みを打ち明けられる親友なんです」

一方、ジョンの答えは、パートナーに頼ることなく自分の弱さに対処する術を身につけてしまった人に特徴的なものだった。「誰にも言いません。一人で耐え抜きます」

晩年に健康の問題や病気を抱える人は多い。子育て以来初めて（あるいは人生で初めて）誰かの世話（介護）をする場合もあれば、世話（介護）してもらう側になる場合もある。たしかな絆があれば、必要なときに支え合い、頼り合うことができる。一人で靴ひもを結べなくなったり椅子から立ち上がれなくなったりするとショックを受けるが、自分の最も弱い部分をさらけだせる人がそばにいるかどうかが絶望と幸せの分かれ目になる。重い病気にかかった場合は、自分の手や目や耳になり、大事なことを記憶してくれる人が必要になる。また、相手に尽くすことは自己犠牲を伴うが、充実感ももたらす。

単純に言えば、**二人で一緒にストレスに対処するカップルは、健康や幸福、そして人間関係における充実感を受け取ることができる。**

片割れ《ベターハーフ》は万能ではない

一九九六年のロマンチックコメディ映画『ザ・エージェント』で、トム・クルーズがレネー・ゼルウィガーに言った有名なセリフ「君が僕を完全にする」は、プラトンの愛の理論を踏まえたものだ。

パートナーは自分の足りない部分を満たしてくれる「ベターハーフ」だ、という感覚は今でも正しいように思える。だが現実には、**親密な関係が双方に必要なものをすべて与えてくれるわけではない。**パートナーにすべてを満たしてもらおうと期待すれば不満につながり、他の点ではポジティブだった関係の崩壊すら引き起こしかねない。

心理学者のイーライ・J・フィンケルは著書『The All-or-Nothing Marriage』（オール・オア・

ナッシングの結婚、未邦訳）の中で、とりわけ欧米の先進国では結婚への期待が非現実的なレベルまで高まっており、それが二〇世紀に離婚率が急上昇した理由の一端だと主張している。一八五〇年頃まで、結婚は基本的に生存のためのパートナーシップだった。一八五〇年から一九六五年にかけて、結婚の目的として、心の交流や愛情への期待が高まっていった。二一世紀に入ると、さまざまな経済的・文化的な要因があいまって、親密な関係にさらに多くの期待が上乗せされるようになった。地域社会とのつながりは薄くなり、転勤や転職による転居の回数も増えた。親族の近くに住むことも少なくなった。一ヵ所に留まる期間も短いため、付き合いの長い友人グループを構築することも難しい。このギャップを誰に埋めてもらえばいいのだろうか？　傍《かたわ》らにいる配偶者やパートナーだ。

パートナーはお金、愛、セックス、友情を与えてくれるもの、と無意識のうちに期待している人は多い。アドバイスをくれ、話し相手になってくれ、笑わせてくれることを期待している。最高の自分になるために支えてほしいと思うものだし、パートナーに対しても同じようにしてあげたいと思う。パートナーとの関係において、高度な期待をかなりうまく満たしている幸運な人も少数ながら存在する。だが、期待が大きすぎるカップルがほとんどだ。

親密な関係にこれほど多くの期待がのしかかるのはなぜだろうか？　親密な関係以外の人間関係が弱いケースもある。親しい友人や家族との喜びを得る機会が減り、趣味にも目を向けなくなると、心の穴をパートナーに満たしてもらおうと期待する。親密な関係はスポンジのように、満たされない期待を吸い取っていく。ところが人生の他の面や他の人間関係に注意を向ける必要が生じると、突然そばにいるパートナーの欠点が目につくようになる。期待した分、親密な関係が大きく損なわれることがある。

研究の知見ははっきりしている。親密な関係は心身に栄養を与えてくれる。しかし、親密な関係にも限界がある。パートナーとの良好な関係を求めるなら、人生の他の面を維持することで、関係を支えなければならない。パートナーは、たしかにベターハーフ（片割れ）かもしれないが、パートナーの存在だけで人生を完全なものにするのは無理だ。

パートナーとの関係を改善するための三つの方法

愛の治療法はただ一つ。もっと愛することだ。

――ヘンリー・デイヴィッド・ソロー（米国の作家、思想家）

本章でとりあげた内容を自分の人生に当てはめるときには、以下に述べる三つの方法を使ってパートナーとの関係を望ましい方向に導いていこう。

一つめは、**パートナーが優しくしてくれていることに「気づく」こと**。パートナーに感謝の念を覚えたいちばん最近の出来事は何だっただろうか？　相手がつくってくれた夕食？　肩を揉んでくれたこと？　あるいは、パートナーに苛立ちをぶつけたときも、根に持たずにいてくれたことだろうか？

小さな行為を記録しよう。研究によれば、「感謝日記」をつけて感謝したことをしっかり記録と記憶に留めることは有益だ。パートナーがしてくれたうれしいこと、ほんの小さなことに注目して心に留めておくだけでもいい効果がある。人は他人のアラに目を向けがちだが、このシンプルな方法を実践すれば、パートナーの優しさに気づきやすくなる。感謝の気持ちを伝えると、効果はさらに高まる。そもそもパートナーと絆を結ぶのには理由があるし、関係が今の人生をよくしてくれているのにも理由がある――その理由を忘れないことが重要だ（それを言葉にすることも！）。人は感謝されると気分が良くなるものだ。

二つめは、**いつものルーティンとは違うことをすること**。日常に追われていると、関係はマンネリ化するものだ。

毎晩、テレビを観ながら夕食をとる。
毎朝のメニューは、コーヒーとオートミール。
毎週日曜日は芝生を刈り、スーパーに行き、毎度同じ夕食をつくる。

いつもと違うことを試してみよう。ベッドに朝食を運んで、パートナーを驚かせてもいい。もしかして、もう何年も近所を散歩したことなどないのでは？　それなら、夕食後はいつものルーティンをやめて、二人で近所を散策しよう。週一回の夜のデートを計画し、次に何をするかを交代で企画するのもおすすめだ（相手がサプライズ好きなら、新しいことに挑戦しよう）。

人はみな、習慣やルーティンにはまる。よくあることだ。だが、ルーティン化が行き過ぎると、生活の中でパートナーにきちんと注意を向けなくなるものだ。ルーティンをやめると、新しいものに目が向き、相手を新たな視点で理解し、すばらしさに気づく。また、相手が自分にとって大事な存在だと伝えるシグナルにもなる。

カップルの関係はいつだって「心のダンス」を学ぶ教室なのだ。

三つめは、**WISERモデルを実践すること**。意見の不一致が生じたら、第6章で説明したこのモデルを活用しよう。パートナーと一緒に実践してもいい。親密な関係においては、とくに**観察**と**解釈**のステップが役に立つ。強い感情がこみあげてきたら、一息おいて、自分やパートナーの心の状態を観察すると、感情の背後にある理由がはっきり見えてくる。動揺しているときに心を鎮める方法を実践すると、関係の表面下にある濁った水が透明になる。

まず、相手の言動が気に障ったら、即座に反応せず、一息ついて冷静に**観察**し、自分の反応やそのときに考えていたことを記録しよう。

次に、自分の感情を**解釈**して、何が起きているのかを理解しよう。**なぜこの問題は自分にとって重要なのか？　今、自分は何を考えているのだろう？　その思考はどこから生まれたものなのか？　育った家庭環境から学んだのか？　過去の人間関係から学んだのか？　自分の信仰と関係があるのだろうか？**

次が難しい部分だが、パートナーの立場になってみよう。**パートナーがこんなふうに激しく反応するのはどうしてだろうか？　相手にとってこれが重要な理由は何だろう？　相手はそれをどこで学んだのだろうか？　その反応はどこから生じているのだろうか？**

厄介な話題は切り出しにくいし、話しづらい。コミュニケーションをいつもと違う方向に導くのも簡単ではない。二人の間に、積年の不満が深く根を張っていることもある。まず、その話題について不安がある、という事実から切り出すといい。ここで役立つテクニックが三つあるので紹介しよう。

一つめは**反復リスニング**だ。パートナーの意図を自分が正しく理解しているかどうかを確認するのに役立つ。また、自分が相手に関心をもち、共感しようとしていることも示せる。具体的な方法を説明しよう。

まず、**何も言わず、パートナーの話にじっと耳を傾ける。**

次に、今パートナーが言ったことを、**自分の判断を加えず**（ここが難しいところだ）反復して相手に伝える。例えば、「こう言っていたけど、合ってるよね？」という具合だ。

二つめのテクニックは、**相手の感情や行動の理由を理解していると伝えること。**このこと自体が効果的だし、反復リスニングの効果をさらに高めてくれる。自分の洞察力をアピールすることではなく、理解していることを相手に伝えるのが目的だ。「あなたの気持ちや行動は理解できるよ」と伝えることで、共感と愛情の基盤（研究でも人間関係を良好にする力があることがわかっている）を育める。例えば、**「気持ちが昂ぶるのもわかるよ」**と言ってから、**「人に優しくしようとしたからなのね」**、と伝えてもいい。

三つめのテクニックは、**その会話から少し距離を取ることだ。**心理学で「セルフディスタンシング（自分自身と距離をとる）」と呼ばれるもので、他人を観察するように自分の心を眺めてみる。すると、その人（つまり自分）の頭にある考えは一時的なものにすぎないと気づくことがある。マインドフルネスとも共通点が多いテクニックであり、心理学者のイーサン・クロスとオズレム・アイドゥックが多数の研究を行い、有用性を示している。

これらのテクニックを組み合わせれば、話しづらい話題も切り出せるし、話がこじれても感情的になったりせず、相手を理解しようとしていることを落ち着いた態度で伝えられる。

自分たちの関係に合った独自の方法も積極的に編み出そう。怒りややるせなさ、怖れを感じたら、それがシグナルであることを忘れないこと。そういうときこそ、パートナーとコミュニケーションをとろう。表面的な感情の下にあるものを見て、パートナーも自分と同じくさまざまな葛藤と戦っていることを思い出そう。

人は誰でも、自分の強みや弱み、怖れや欲望、情熱や不安を人間関係にもちこむ。だからこそ、二人が踊る「心のダンス」は他の誰のダンスとも違ったものになる。

「私たちは本音を隠したりしないんです」とグレース・デマルコは二〇〇四年、レオとの関係について研究チームに語っていた。「衝突を感じたら、自分が感じていることを言葉で伝えます。意見がまるっきり違っていても、違いを尊重します。むしろ、この**違いが必要**なんです。例えば、彼は陽気なのが好きだし、私は落ち着いているのが好き。それでいいんです」

第8章 家族のグッド・ライフ
――ライフステージによってつながり方は変化する

一族、ネットワーク、部族、家族――なんと呼ぼうが、誰もがそれを必要としている。

――ジェーン・ハワード（米国のジャーナリスト）

ハーバード成人発達研究の質問票（一九九〇年）より

質問　家族や親戚との関係について、以下の文はどのくらい当てはまりますか？
空欄に〇、△、×を記入してください。

喜びや悲しみのほとんどを分かち合っている（　）
一緒に行動することも多いし、共通する興味や関心もある（　）
お互いの状況を把握する努力はあまりしていない（　）
お互いに顔を合わせないようにしている。あまり仲がよくない（　）

ハーバード成人発達研究のどの記録を読んでいても、家族のアルバム、あるいは古い八ミリフィルムをつなぎ合わせたモンタージュ映像を見ているような気分になる。記録の多くは筆記体で手書きされている。被験者の語る話には、過ぎ去った時代の言葉遣いや雰囲気が染み渡っている。ある時は猛スピードで過ぎていく。数ページめくるうちに、数世代の家族の人生が過ぎていく。ある被験者が生まれ、一〇代を駆け抜け、結婚する。わずか一四歳だった少年が今や八五歳になり、大人になった彼の子どもたちが研究チームのオフィスで「親がどんな人だったか」を語っている。本研究の詳細なデータを細かく分析することで得られる洞察はたくさんあるが、ファイルにさっと目を通すだけでも二つのことを大局的に把握することができる。人生が展開するスピードと、家族の重要性だ。

「うちは大家族でしたが、大家族の暮らしに感謝しています」——第二世代の被験者であるリンダは、二〇一八年にボストンのウエストエンドにある研究チームのオフィスでそう語った。彼女の父親、「マック」ことニール・マッカーシーは、最も熱心に参加してくれた第一世代の被験者の一人だ。ニールはこのオフィスからそう遠くないローウェル通り（現在のロマスニー通り）で育った。「楽しくて愛にあふれる家族でした」とリンダは言った。「でも、父のことを考えると切なくなります。私たちとは生い立ちがまったく違っていましたから。父は子ども時代に苦労したし、家族もばらばらでした。高校は卒業できませんでした。戦争にも行きました。そんな苦労をしながらも人生を切り開き、いつも家族を支え、愛情深い、すばらしい父親として生きたんです。父の人生は、まったく違う方向に進む可能性だってありました。父を心から尊敬しています」

さまざまな人間関係の中でも、家族は特別だ。良くも悪くも、幼少期や成長期に最も深く関わり、生涯で最も長く付き合うことになる。親は私たちがこの世に生を享《う》けたときに初めて目にする人間だ。私たちを初めて抱き、支え、育ててくれるのも親だ。親密な関係に何を期待するのかについても、親から多くを学ぶ。兄弟姉妹は、最初に付き合う同世代の人間になり、場にふさわしい振る舞い方や問題になる行動を教えてくれる。親戚との付き合いからは集団《コミュニティ》とはどんなものかを理解する。しかし、どんな形の家族でも、家族は単なる集団以上の存在だ。非常にリアルな意味で、自分の人格と切り離すことができないのが家族だ。だからこそ家族関係は非常に重要だ――家族の特徴は私たちのウェルビーイングに甚大な影響を及ぼしうる。

しかし、家族が与える影響の質や規模については、心理学者のあいだで今も議論が続いている。幼少期の家族との経験が人となりを決めるという意見もある。家族の影響は過大評価されており、遺伝子の影響のほうが重要だとする説もある。人は誰でも自分の家族との長い付き合いを身をもって経験している。だから、家族がどんな存在であるとか、家族が自分の人生をどのくらい左右し、決定づけるのかについては、それぞれ持論がある。私たちはこうした個人的な経験から、家族（生まれ育った家族と自分が築く家族）にできることとできないことについて、思い込みをもつようになるし、そうした思い込みが往々にしてその人の人間関係のあり方を決定する。

例えば、自分の家族のありようはいつまでも変わらないものだ、関係は揺るぎないものだ、と考えてしまうことがある。また、子ども時代や今の家族との関係を、白黒つけて絶対的に評価してしまう傾向がある。「私の両親は最悪だった」「子どもの頃はのんびりしていた」「私の家族は無知だった」「義理の家族は押し付けがましい」「私の娘は天使だ」――という具合だ。しかし、家族の絆は本当にずっと変わらないものなのだろうか?
ハーバード成人発達研究は数十年にわたり多種多様な家族関係を記録しており、記録からはさまざまな家族の役割が時とともに変化していくことがわかる。家族の絆、確執、あらゆる種類の成功と苦闘の記録がある。親と子の双方から見た親子関係の記録もある。被験者の家族の形も、「従来の」核家族世帯、ひとり親世帯、多世代世帯、養子のいる家族、離婚や再婚による混合家族、親に近い役割を担うきょうだいのいる家族など、実に多様だ。それに、四割強の被験者が外国から米国に移住した親(少なくとも片方)をもっている。異国で生きるという試練に直面した家族だ。

ニール・マッカーシーの家族もそうだった。両親はアイルランド移民の第一世代で、ニールが生まれるわずか数ヵ月前に米国に到着し、新しい社会に溶け込むために相当の苦労をした。あとで詳しく述べるが、ニールの子ども時代には、愛を受け取った要因と心を深く傷つけられる要因の両方があった。娘のリンダが言うように、まともな道を外れてもおかしくない状況だった。そういう被験者は本研究にはたくさんいた。だがニールは逆境を脱し、愛する家族にも恵まれ、充実した人生を送った。その歩みは感動的であるだけでなく、多くのことを教えてくれる。

二〇一二年、ニールが八四歳のとき、隔年調査の質問票の回答を郵送する際に、長年本研究のコーディネーターを務めていたロビン・ウェスタン宛のメモを同封した。メモからは、当時のニールの生活や、子ども時代の逆境から長い道のりを経てたどりついた境地がうかがえる。

親愛なるロビンへ

あなたとご家族が元気でいることを願っています。

この研究に七〇年以上も関わってきたなんて、本当に信じられません！

八四歳になっても、家族や友人とは今でもとても仲よく行き来しています。五歳の孫娘の子守で、マックおじいちゃんは気が抜けませんし、休日の集まりはいつも実に楽しいものです！　読書をし、クロスワードパズルをし、七人の孫の学校行事やスポーツ活動に参加したりしています。

あなたとご家族がいつも幸せでありますように。

ぜひ近況をお知らせください。

ニール・マッカーシー（マック）より

家庭が苦境のどん底にあった一六歳のニールに喜びあふれるこの手紙を見せたら、非常に驚いたはずだ。人生の長い長い道のりにおいて、ニールはときに極めて難しい選択を迫られた。たしかに、本研究のすべての家族に共通して言えることが一つある。家族の規模や親密さの度合い、体験した喜びや苦しみとは関係なく、家族は変わり続けるという事実だ。

家族のどんな瞬間にも、人間のライフサイクルが反映される。幼児期、青年期、そして成人期の全ライフステージは家族との関係のなかで進んでいく。ライフサイクルの変化に従い、家族一人ひとりが家庭内での立場を変え、新たな役割を果たすようになる。役割が変化するたびに、適応していかねばならない。つい最近まで思春期の子どもをパーティーに車で送り、宿題を手伝っていた親も、子どもの青年期が始まるとともに、大きくなる自立心を尊重することを学ばなければならない。兄弟姉妹も、それぞれが自分の道を進み始めると付き合い方が変わる。成人した子どもは年老いた親の世話をし、そして最終的には自分が晩年を迎えれば、子どもに支えてもらうという役割の変化を否が応でも受け入れなければならない。こうした変化は、新しい役割や責任に適応するだけでは切り抜けられない。心の面でも変化に適応する必要があるからだ。

時とともに家族全員のライフステージが変わっていくと、家族関係も必ず変化する。**この避けられない変化にどう対応していくかが、家族の関係の質を決める最重要因子の一つだ。**両親に見守られる小さな子ども時代にも、恋愛に目覚めたばかりの思春期やかわいい孫を膝に乗せた老後の始まりの時期にも、留まり続けることは不可能だ。特定の順調な時期に必死でしがみつこうとしても、やがてその時期は過ぎ去っていく。新しい役割や新しい課題に向き合いながら前に進んでいくほかないし、同伴者がいたほうが必ず楽になる。だが、どんなふうに楽になるというのだろうか？

花の形が一つひとつ違うように、家族のあり方も一つひとつ違う。一見、他の家族と似ていても、よく観察すれば唯一無二だとわかるものだ。家族とは、自分が帰るべきあたたかい場所だと思う人もいれば、疎外感、あるいは恐怖を覚える人もいる。たいていの人にとって、家族は複雑なものだ。この複雑さゆえに家族の研究は難しいのだが、数十年にもわたり数百組の家族を緻密に追跡してきた本研究は、多様な家族のあいだに重なる部分を見出し、家族関係の特徴を決定する共通点を明らかにしてきた点で唯一無二の研究だ。本章では、本研究の重要な発見を紹介し、さまざまな「レンズ」、つまり読者のみなさんが自分の家族の特徴を理解するためのさまざまな視点を生み出していく。なぜなら、家族が重要だということ、これこそが、本研究において筆者らが繰り返し見出してきた明らかな真実の一つだからだ

「家族」とは誰のこと？

人間は島ではない
それ自体で完全な者などいない
誰もが大陸のひとかけらであり
全体の一部なのだ

――ジョン・ダン（英国の詩人）

運命は自分の力で操れる、と思いたいものだ。だが実際には、人はみな、自分を取り巻くさまざまな生態系に組み込まれており、そうした生態系が人を形づくる。経済や文化、サブカルチャーはみな、人の思考や行動、人生の歩みにおいて重要な役割を果たす生態系だ。そして何よりも重要なのが、家族という生態系だ。

しかし、そもそも家族とは何だろう？　家族といえば、たいていの人は「自分の」家族を思い

浮かべる。だが、実の両親や兄弟姉妹、子どもたちで構成される家族もあれば、親の再婚によって生まれた家族もあるし、義理の家族やいとこやまたいとこ、姪や甥を含む大家族である場合もある。あるいは、血縁を超えた大切な絆が家族をつくる場合もある。

「家族」の定義は、それを取り巻く文化による。古代中国では、家族という概念は集団全体の健康や成功を重視する儒教や集団主義のイデオロギーによって形づくられた。家族は両親、祖父母、子どもたちによって構成され、家族が人生の中心とされた。一人っ子家庭が中心の今日の中国でも、この家族モデルは根強く残っている。古代ローマでは、家族は使用人も含む世帯を指し、「パテル・ファミリアス」と呼ばれる最高齢の男性が家長を務めていた。現代の欧米文化では、両親とその子どもたちからなる「核家族」が一般的だが、これ以外の形もたくさんある。

「僕には母さんが五人いる。でも、父さんは一人だけだよ」と一四歳のある被験者は語った。彼が養子として家族の一員になったとき、養父母にはすでに孫がおり、養母と養母の二人の姉妹、二人の娘の全員を母親のように慕っていた。

家族にはさまざまな形があり、親密さの度合いや距離もそれぞれ違う。家庭のあたたかさに触れられなかった、そばに寄り添ってもらえなかった、虐待された、理解してもらえなかったといった理由から、大人になってからの人間関係に家族のようなぬくもりや支えを求めようとする人もいる。父親が不在でも、叔父や祖父母、あるいはサッカーのコーチや親友の母親など、家族以外の大人と強い絆を築く人もいる。また、家族とは別の集団に家族のような絆を見出す人もいる。

ニューヨーク市やデトロイトなど米国都市部には「ボール・カルチャー」と呼ばれる文化がある。これは非伝統的家族の典型例だ。ＬＧＢＴＱ＋コミュニティのメンバー（多くは黒人やラテン系）は「ハウス」と呼ばれる集団に所属し、「ボール」と呼ばれるパーティーイベントでパフォーマンスを競い合いつつ、生活面でも支え合う。ハウスは共通の経験や目標、価値観を中心として構成され、メンバーが必要とする家族のような絆をもたらす。一つひとつのハウスは血を分けた家族のように機能し、ハウスの「母親」や「父親」が伝統的家族の親の役割を果たし、ハウスの「子どもたち」の多くは幼い頃に得られなかったポジティブな人間関係や絆を育む。

マーロン・M・ベイリーはボール・カルチャーをめぐる二〇一三年の著書『Butch Queens Up in Pumps』（未邦訳。タイトルはベイリー自身が出場していたボール・パーティーのカテゴリーに因《ちな》む）でこう述べている。「一般的に『ハウス』は具体的な建物を指すわけではない。むしろ、さまざまな場所に暮らすメンバーが、自分たちを家族ととらえ、互いに交流している状態を指す。（中略）実際、生まれ育った家族や宗教団体、社会から拒絶・疎外されてきた者、とりわけ一〇代後半から二〇代前半のＬＧＢＴＱ＋の有色人種のメンバーにとって、ハウスというコミュニティは社会の内側に息づく聖域となる」

何より重要な点は、人格の形成に影響を与える親密な集団がさまざまな場所から生まれ、さまざまな人を含み、さまざまな名で呼ばれるという事実だ。**誰を家族と見なすかだけではなく、最も親密な関係が人生においてもつ意味も重要だ。**

とはいえ、生まれ育った家族の重要性が小さくなるわけではない。新しい家族をつくるとき、あるいは家族のようなコミュニティのメンバーになるときでさえ、生まれ育った家族との歴史や、自分に良くも悪くも影響を与えた家族との経験は生き続ける。過去の経験があるからこそ、新たな家族のすばらしさや愛がますます強く感じられる。現在の人生がどうであれ、人は子ども時代のおぼろげな記憶、育ててくれた人たちの思い出を抱えながら生きていく。

幼少期の逆境の影響は無効化できる

ボブ（筆者）の自宅キッチンの引き出しの奥のほうに、かつては母親のものだったアルミ製の古いアイスクリームスクープがしまってある。子どもの頃、夏の日にアイオワ州デモインの自宅付近を遊びまわって帰宅すると、母親はこのスクープでアイスクリームをすくって皿に盛りつけてくれた。母はときどき自分のために少しだけアイスクリームをすくうこともあった。六〇年以上経った今でも、このスクープを手に取るたびに思い出が蘇る。母親のキッチンの匂いや当時の感触が、このアイスクリームスクープに宿っている。

マーク（筆者）にも同じような家宝がある。デスクの上に置いている、祖父の名前が刻まれた小さなネームプレートだ。マークの祖父は建築業者で、このプレートを自分のデスクの上に飾っていた。このプレートを見ると、金づちと釘の使い方を教えてくれた祖父の姿を思い出す。祖父のしわがれた優しい声が聞こえてくるようだ。

多くの人は家族から受け継いだ大事なものを手元に置き続ける。良きにつけ悪しきにつけ、自分にとって意味のある何かだ。ある種の品は、過去の記憶を呼び覚まし、これまでの人生やその中で学んだ教訓を思い起こさせる。

こうした家宝は、大きな「財産」を相続したしるしだ。単なるモノではなく、ものの見方、習慣、哲学、経験という財産だ。人はアイスクリームスクープのようなモノだけでなく、心の中の家宝も手放さない。ボブの母親は常々、相手がウェイターや見知らぬ人など誰であっても、他人と接するときはつとめて親切にしなさい、と言っていた。ボブは今でもこの教えを守ろうと努力している自分に気づく。マークの祖父はよく、いい建物ができたときの喜びや、金づちが釘をしっかり打ったときに出る音について語ってくれたが、建築業者ではないマークもこうした素朴な教えをよく思い出す。

心の相続財産には、負の財産もある。幼少期の逆境やトラウマも人の心に刻まれるからだ。マークの父親の場合、「水晶の夜《クリスタル・ナハト》」やホロコーストからの脱出経験は、生涯にわたり心に留まり続けた。本研究でも、親の虐待に苦しんだ被験者は多い。

心の相続財産は非常に根深いもので、深すぎて自覚しにくい場合もある。生みの親から身体的な特徴を受け継ぐ以外に、家族のメンバーからは習慣や物の見方、行動様式を学ぶ。良きにつけ悪しきにつけ、最も重要な経験は単なる思い出にとどまらない。感情をかきたてられた出来事は心にくっきりと刻まれる。その影響が、長い時間をかけて人生を形づくる。

このことはあらゆる経験、年齢についていえる。生まれ育った家族の中で子どもが重ねる経験にはとくにあてはまる。子ども時代の経験の重要性をテーマにした研究や著作は大量にあり、子ども時代が成人してからの人生に与える影響については、さまざまな説が一般にも流布している。ポップカルチャーや映画、メディアは、人がある種の行動をとった理由として、困難な生い立ちを引き合いに出すことが多い。そのため世間では、子ども時代が運命を決定するのは自明の理だと受け止められている節がある。テレビ番組で殺人鬼の生い立ちが語られるとき、子ども時代に虐待されていた、という話になることが多い。こうした語りぶりがあまりに一般化しているため、つらい子ども時代を送った人は「自分の人生はもう取り返しがつかないのではないか？　私は不幸な人生を歩むしかないのだろうか？」と不安になることが多い。

一九五五年、発達心理学者のエミー・ワーナーは、子ども時代のつらい経験がもつ意味をより深く理解するため、子どもが生まれたその日から成人期以降まで追跡する縦断研究をハワイのカウアイ島で開始した。調査対象となった家族の多くは、ハーバード成人発達研究の開始時にボストンに住んでいた移民家族と同じく、苦しい生活を送っていた。ワーナーはこう書いている。

（被験者たちは）東南アジアや欧州からハワイに移住し、サトウキビのプランテーションで働いていた人々の子どもや孫である。被験者の約半数は、父親が半熟練または非熟練労働者で、母親の教育期間は八年未満であった。（中略）（彼らは）日本人、フィリピン人、ハワイ人、混血ハワイ人、ポルトガル人、プエルトリコ人、中国人、韓国人、そして少数のアングロサクソン系白人である。

この研究について特筆すべきは、被験者をこの年にカウアイ島で生まれた子どもの一部に限定せず、六九〇人全員を、三〇年以上追跡調査した点だ。

ワーナーは被験者の幼少期、青年期、成人期のデータを分析し、子ども時代の困難な経験とその後の人生の幸福度との明らかな関連性を示すことに成功した。出生時に何らかの新生児合併症を患った人、養育者の世話が不足していた人、虐待を受けた人は、精神的健康障害を抱えたり学習障害を発症したりする確率が高かった。幼少期の経験は、たしかに重要だった。

しかし、ワーナーは希望も見出した。

子ども時代に逆境を体験した人の三分の一は、気配りができ、親切で、情緒的に安定した大人に成長していた。ワーナーは、彼らが逆境を乗り越えられた理由をいくつか挙げている。**逆境がもたらす影響力を無効化し、子どもを守ってくれる要因がいくつかあった。主な要因の一つは、いつもそばにいてケアしてくれる大人が少なくとも一人はいた、という点だ。**子どもを気にかけ、いつでも手を差し伸べ、幸せを心から願い、助けようとする大人が一人でもいれば、その子の発達や将来の人間関係にポジティブな影響を与える。逆境にもかかわらず幸せになった子どもの何人かは、とくにこうした支えに頼ることができたようだった。

ハーバード成人発達研究の成人の被験者の場合も、逆境を認識し、包み隠さず語ることができた人は、ワーナーの研究の被験者と同じく他者の支えを引き出せていたようだ。自分の経験を隠さず率直に話せば、周りの人から助けてもらうチャンスにつながる。困難を無視しようとせず、むしろ自分から認めて対処しようとする能力は、子ども時代もそれ以降も支えを引き出すうえで重要な役割を果たしているようだ。ニール・マッカーシーの人生は、このしくみの作用や、家族をめぐる体験——良きにつけ悪しきにつけ——がどのようにして幸せへの足がかりとなるのかを見事に示している。

感情のコントロール法は、いくつになっても身につけられる

一九四二年一一月のある寒い土曜日の午後、本研究の調査員がボストンのウエストエンドにあるニール・マッカーシーの家族が暮らす自宅を初めて訪れた。ニールの記録ファイルの最初のページをめくると、調査員が記したこの日のメモがある。三部屋のアパートは活気にあふれ、賑やかだった。家事をしながらふざけ合っていた六人の子どもたちは、キッチンテーブルの前に座っている見知らぬ訪問者に挨拶をした。シャツにネクタイ姿の調査員だ。子どもの一人はたまった皿を洗っていた。ニールはいちばん下の妹に靴ひもの結び方を教えていた。彼は一四歳だった。

一九三〇年代後半から四〇年代前半にかけて、研究チームは第一世代の被験者の自宅をこんなふうに訪問し、家族の生活を調査した。親の厳しさや優しさはどのくらいか？　どんな寄り添い方をしているのか？　どんな関わり方をしているのか？　親は子どもに対して常にポジティブな心の絆を維持しているのか、それとも距離をおいていて、ときどき注意を向ける程度なのか？　諍いの多い家族か？　つまり、子どもたちをどのくらいあたたかく支える家庭環境なのかを調べていた。

ニールの両親はどちらもアイルランドで生まれ、ニールが生まれる数ヵ月前に米国に移住した。本研究の初めての訪問調査では、ニールの母親のメアリーが調査員のためにお茶を入れ、キッチンテーブルに着き、家族の歴史を尋ねる質問に答えた。ときどき子どもがやってきて、家事の手伝いが終わったと知らせたり、友人と遊びに出かけてもいいか、と訊いたりした。「子どもたちはみな、母親を尊敬している」と調査員は書いている。「メアリーは優しくて温厚な人物で、子

どもたちの中心になっている。母と子は互いにあたたかい愛情をもって接している。メアリーはとりわけニールを誇りに思っていた。とてもいい子で手がかからないからだ」

ボストン都心部の被験者の多くと同様、ニールも幼いうちから働き始めた。一〇歳で食料品と新聞の配達を始め、日曜日には町の反対側にある「窓にレースカーテンがかかっている」裕福なアイルランド人地区に行き、礼拝を終えて教会から出てくる人たちの靴を磨いた。大人になったニールは当時を振り返り、稼ぎのほとんどは家計を助けるために母親に渡していたと語った。「いつも四ドルほど渡していましたね。母はとても喜んでくれました。でも、僕が帽子の中に一ドル取っておいたのは知らなかったはずですよ」。午後なるとたいていはボウリング場に行って倒れたピンを立てる手伝いをし、報酬をもらう代わりに無料で遊ばせてもらった。

母親は、ニールが付き合う友達にはとくに気をつけていた。調査員がニールに、この地区の同世代の子はみな非行に走るのに、君がそうならないのはなぜだと思うか、と尋ねると、「悪い友達とつるまないからだよ」と答えた。

港湾労働者だった父親も、子どもたちから尊敬されていた。優しくて頼りになる父親だった。だが、母親が家を切り回していたのは明らかだった。

本研究では、大勢の被験者をサンプルにして、幼少期の経験が成人後の人生に与える影響を調べたが、ニールもその一人だった。研究チームが知りたかったのは、「幼少期の家族体験は、生涯にわたり影響し続けるのか」ということだ。初訪問から詳細なメモをとり、評価を記録することで、被験者の子ども時代の家族環境を把握することができた。ニールの場合、家庭環境は非常に良好に見えた。両親は子どもたちに愛情を注ぎ、積極的に関わり、裏表がなく、自主性を尊重していた。ニールの家庭環境は全体としてあたたかく、結束力があると評価された。

ではここで、六〇年後の記録に目を向けてみよう。研究チームは七〇代、八〇代になった被験者を自宅に訪ね、対面調査を行った。訪問時には、とくにパートナーとの絆の強さに注目した。被験者は愛情のあるふるまいを見せているか？　自然に支えを求め、与え合っているか？　パートナーを大切にしているかどうか？　被験者の回答をそのまま受け取るのではなく、内容の信憑性や一貫性も考慮した。

ニールと妻のゲイルの対面調査を行うと、二人が愛情でしっかりと結ばれているのがすぐにわかった。夫婦関係について一人ずつ個別に質問したときも、二人が選んだ言葉は驚くほど似ていた。ニールは**仲よし、話し好き、優しい、愛情深い、心地よい**と答えた。ゲイルは**優しい、隠し事がない、寛大、理解がある、愛情深い**と答えた。そして、二人は対面調査の中で、こうした表現をしっかりと裏付ける実例をたくさん挙げた。当時、ゲイルは数年前からパーキンソン病を患っており、身体の自由がどんどん利かなくなっていた。二人はニールが共同設立した会計事務所があるワシントン州シアトルに住んでいた。ニールは働き方を変え、クライアントの数を絞って仕事量を減らし、自分の世話をしてくれている、とゲイルは話した。ニールは妻の好きな料理のつくり方を学び、家事もすべて担当していた。だがゲイルは、ニールに趣味のバードウォッチングだけは続けてほしいと言い張り、ニールが出かけるときには「私の分まで素敵な鳥を見つけてね！」と言って送り出した。

「私、ウグイスにはとても詳しくなったのよ」と彼女は研究チームに語った。

本研究は被験者たちの人生の端から端までを調査対象にしている。研究チームは幼少期と晩年の関連性を探るため、両端のデータ――最初と最後――に目をつけた。六〇年以上という時を経ても関連性は見出せるのか？　研究チームにも確信はなかった。しかし、仮説は正しいと証明された。ニールのように、幼少期に仲がよくあたたかい家庭で育った被験者のほうが、六〇年後もパートナーと絆を結び、互いに支え合う傾向が見られた。六〇年を隔てた関連性は極めて強いとはいえなかったが、被験者の子ども時代が、まるで数十年をつなぐ長く細い糸のように、成人後の人生を静かに牽引していたのは明らかだった。

この関連性から、非常に重要な疑問が浮かんできた。いったいどんなしくみが働いているのか？　子ども時代の生活の質は、成人後の人生に具体的にどのように影響しているのか？

エミー・ワーナーの研究やハーバード成人発達研究、そしてさまざまな文化や集団を対象にした縦断研究の成果を集約すると、**子ども時代の経験と成人後のポジティブな人間関係については、感情を処理する能力に決定的なつながりが見い出せた。**

人は幼少期の人間関係――とくに家族との関係――から、他者に何を期待するかを初めて学ぶ。このとき人は、いわゆる心の習慣を発達させ始める。生涯にわたり作用する習慣だ。心の習慣は、他者と絆を結ぶ方法や、支え合う関係に他人を引き込む能力を決定づけることが多い。

ここで一つ非常に重要なのは、**感情を処理する能力は伸ばすことができる**という点だ。**実際、人は年をとるほど感情のコントロールが上達する。そして、晩年にならないと上達しないわけではないというたしかな証拠もある。適切な指導と練習を行えば、何歳であっても感情のコントロールを上達させることはできる。**

幼少期の経験と成人後の人生との結びつきは、絶対に変えられないほど強くはない。成人後のどんな経験にも、人を変える力がある。例えば、本研究の被験者にも、あたたかく愛情に満ちた子ども時代を過ごしながら、のちにつらい経験をしたせいで人間関係への対処のしかたが変わってしまった人もいる。また、子ども時代は苦労をしたが、のちの経験を通じて人を信じ、絆を結ぶ方法を学んだ被験者もいる。

この点で、ニールのケースはとりわけ興味深く、勇気を与えてくれる。なぜなら、幼い頃の家族環境は被験者のなかでも際立って良好だったが、長続きしなかったからだ。研究チームによる初訪問調査の直後にマッカーシー家の状況は一変した。その後の数年間、ニールは子どもの頃に身につけた前向きな心を試されることになった。

家族の試練への向き合い方

研究チームがニールの家を初訪問したとき、母親のメアリーは良い面と悪い面を含めた家族の暮らしの全体像をリアルに語り、生活の細部まで実に率直に教えてくれた。だがこのとき、彼女が触れなかった重大な問題があった。彼女自身がアルコール依存症に深く苦しみ始めていたのだ。

メアリーはすでに何年にもわたり、子育てや家庭生活に支障をきたさない範囲で酒を飲んでいた。飲むときは隠れて一人で飲み、酒量とタイミングをコントロールしていた。しかし、初回の訪問調査からほどなくして、コントロールが利かなくなった。やがて毎日泥酔するようになった。飲酒によって家庭に悪影響が及び、両親が激しく口論するようになると、家のなかは荒れ、子どもたちの心は傷ついた。両親はどなり合い、ときに暴力をふるった。両親を愛していたニールは、壊れかけた家族を助けるために一五歳で高校を中退し、働きに出た。一九歳まで実家に住み、家族を支え、弟や妹を養った。若い頃から働き始め、家族への責任を負ったニールのようなケースは、ボストンの被験者にはめずらしくなかった。

どなり合い、暴力と怪我、ストレス、母親の酩酊《めいてい》、家族の悲しみ——混乱を極めたつらい時期の鮮明な記憶は、ニールに一生つきまとうことになる。ニールは、もうこれ以上自分にできることはないと感じ、家を出た。

「結局は、家を出るほかなかった」と六〇代のとき、ニールは研究チームに涙ながらに語った。「そうするしかなかった。母はアルコール依存症で、両親はけんかばかりしていましたから」

カウアイ島の縦断研究の被験者となった多くの子どもたちと同じく、ニールの家庭環境においても、さまざまな経験と感情、愛情と不満、親近感と疎外感、善と悪が複雑にからみ合っていた。ニールの家族も、他の家族と同じく複雑だった。

しかし、人にはみな、人生のストーリーを自分で決める力がある。ニールのケースがそのことを示している。ニールはまず愛情に満ちたあたたかい環境で幼少期を過ごした。その後、母親がアルコール依存症になり、苦労に満ちた波乱の青年期を送った。どちらの経験も、彼に根深い影響を与えた。それでも、ニールはポジティブな経験を大切にし、ネガティブな経験にとらわれないよう努力した。また、常に注意を払ってくれる大人がそばにいた——父親だ。この二つの条件が、心を揺さぶる試練に対処するための強さと自信を与えてくれた。

「こんな生活を送りたかったわけではない、と思っていました」とニールは両親の不仲を目の当たりにしていた一〇代の頃を回想し、研究チームにそう語った。「どなり合い、酒、叫び声。大人になったら、自分の子どもには絶対に同じ経験をさせたくなかったし、自分自身も二度とあんな経験はしたくありませんでした」

一九歳のとき、ニールは実家から逃げるように陸軍に入隊した。朝鮮戦争に従軍し、除隊するとGED（一般教育修了検定。高校卒業と同等の資格）を取得した。退役軍人恩給を使って大学に進学し、そこでゲイルと出会って恋に落ちた。大学を卒業してちょうど一一日後に二人は結婚した。ほどなくして、母親はアルコール依存症に伴う合併症で亡くなった。まだ五五歳だった。

波乱万丈の経験を経て、ニールは何が起こっても自分の感情をしっかり見据えて行動する力を身につけていた。一歩下がり、問題をよく観察し、進むべき道を見つけるための心の余裕をもつ。こうした能力は、その後の人生でも必要になった。ニールは苦労の多い波乱万丈の青年期を過ごし、戦争も体験した。だが、本人いわく、家庭を築き、子どもをもってから、人生最大の試練が訪れた。

五六歳のニール・〝マック〟・マッカーシーと妻のゲイルは、成人した四人の子どもを誇らしく思っていた。子どもたちはみな自分より優秀で、そして心優しい――彼はこの点を強調した――と研究チームに語っていた。双子の長男と長女は大学に進学した。長男は会計士になり、長女のリンダ（本章の冒頭に登場した第二世代の被験者）は博士号を取得して化学者になった。ニールはリンダの偉業に驚いた。というのも、親族初の博士号取得者になったからだ。次男のティムは若くして結婚し、今はコスタリカに住んでいた。末娘のルーシーは大きな可能性を秘めた、才能あふれる子どもだった。青年期に入ったルーシーは天体物理学と宇宙に魅せられ、ＮＡＳＡのエンジニアになることを夢見た。「ルーシーは頭がよすぎて怖いくらいだ」と当時のニールは話していた。

だが年月が経つにつれ、ルーシーは親のニールとゲイルの手に余る問題を抱えるようになった。幼い頃は内気で友達がなかなかできず、小学校ではいじめに遭った。家庭は安全な避難所になり、兄や姉も気遣ってくれたが、家の外での生活は難しいままだった。高校になってもほとんど友人ができず、授業をさぼり始め、両親は何年も気づかなかったが、この頃から過度な飲酒をするようにもなった。ルーシーは高校卒業後も親元で暮らし続けた。何回か就職したが、欠勤が多いため解雇され、ときには部屋に数日こもったまま出てこようとしなかった。一度、デパートで腕時計を盗んで捕まったこともあった。

母親の件もあり、ルーシーの飲酒はニールの心に大きな不安をかきたてた。ルーシーは依存症の遺伝子を受け継いでしまったのだろうか？　母親のようになってしまうのか？

家族はできる限りルーシーを支えようとした。兄や姉はいつでも妹に手を差し伸べたし、とくに次兄のティムは頻繁に電話をかけてきて様子を尋ねた。ルーシーもティムとは話しやすかったし、親には言えないことも話せた。ニールとゲイルはルーシーに干渉しないように努めつつ、心が離れすぎないよう気を配った。ゲイルは心理療法家を探し回り、何人かに当たって、ルーシーが安心して話せる人を見つけた。ルーシーは好不調を頻繁に繰り返した。うつ病と診断され、薬を服用し始めると効果はあったが、完全な問題解決にはならなかった。兄や姉のように大学に進学したいと思っていたが、出願する段になるとどうしても行動に移せなかった。代わりに、親元で暮らしながらシアトル近郊のレストランで働き始め、何度か一人暮らしにも挑戦した。ルーシーが二五歳のとき、ニールが日中に会議の合間を縫って職場から家に戻ったこともある。ルーシーは、もうこれ以上生きていたくない、とキッチンのテーブルで泣きじゃくっていた。ニールにはかける言葉が見つからなかった。間違ったことを口走ってしまうのが怖かった。仕事の予定をキャンセルし、コーヒーとサンドイッチを用意し、ルーシーのそばに腰を下ろした。ルーシーは母親が帰宅する前には泣き止んだ。

「どうしていいか、わからないんです」とニールは研究チームに語った。「私たち夫婦は彼女に寄り添おうと努力していますが、打つ手がありません。大切に思っていることはしっかりと伝えています。今は一人暮らしをしていて、必要なときには経済的な援助もしています。彼女のほうから無心したことは一度もありません。私のほうからお金を受け取ってくれと言い聞かせるんです。娘が路上で暮らす姿は見たくありませんから。ルーシーに手がかかったから、父親としての注意の八割がたは彼女に向け、他の三人の子どもには残りの二割だけ。不満だと言われたことはないけれど、つらかったはずです。なるようにしかならないものなんでしょうね」

ルーシーは成人期への移行にも苦労した。だが、彼女をめぐる状況には、成人期前期の子どものいる親なら必ず直面するジレンマが見られる。一歩引いて見守るよりも干渉すべきなのはどんなときか、そしてどんなふうに支えるのがいちばんいいのか？　いつ子どもに手を差し伸べればいいいか？　どのような支えが最適か？　子どもの側にも、鏡に映った同じジレンマが存在している。うまくいかなくて親の助けが必要なときはどうしたらいいのか？　大人としてきちんと生きていくためには、どんなふうに助けてもらったらいいのか？

どんな家族にも試練はある。ときには解決できない問題もある。西洋、とりわけ米国には、問題があれば残さず解決すべきだという社会通念がある。一方で、問題が解決できそうにないときには、完全に目を背けてしまいがちだ。つまり、**あらゆる手を尽くすか、あるいは何もしないか**の二者択一になってしまうのだ。

だが、中庸の道もある。本書では、問題から逃げるのではなく向き合うという戦略をずっと説いてきたが、**問題に向き合うことと解決することは、必ずしも同じではない**。家族と向き合うときには、不愉快な状況や感情を受け止め、自分の思いから目を背けず、きちんと表現することが大事だ。絶対的な解決策を求めるよりも、柔軟に対応していくほうがいい場合もある。ニールとゲイルが実践してみせたように。

ニールとゲイルは岐路に立っていた。ルーシーの挑戦を全力で後押しすべきか？　それとも本人が自分でもがき、道を切り拓けるように少し距離をおいて見守るべきか？　夫婦は悩んだ。だが、ルーシーが抱える問題にきちんと向き合った。些細なことと片付けたり、見て見ぬふりをすることもなかった。ルーシーから拒絶されても、匙《さじ》を投げたり縁を切ったりはしなかった。本人が自由に考える余地を与え、機会を待った。きょうだいも両親とルーシーを支えた。どなり合いのけんかもしたが、最後には互いを思いやる家族の愛が勝った。完璧ではなかったが、みんなが臨機応変に対応し続けた。ときには一歩引き、ときには一歩踏み込む必要があった。しかし、**家族は決して問題に背を向けなかった**。

とはいえ、自分の対応は正しいのだろうかと悩むこともあった。正しいかどうかを確かめるすべはなかった。ニールは自分の対応がルーシーを苦しめていないだろうかと心配していた。

あるとき、研究チームにルーシーのことを話していたニールが、「専門家の意見を聞かせてもらえませんか?」と三〇歳も年下の調査員に尋ねたこともあった。「娘のために私にできることはもっと他にありませんか? 私の対応は間違っていないでしょうか?」と。

子どもの失敗や成功に親が責任を感じるのは自然なことだ。親の力ではどうにもならなくても、だ。子どもが問題にぶつかると、親が罪悪感を覚えることは多い。罪悪感があるせいで、問題から目を背けてしまうこともある。自分の感情に向き合うことができないからだ。子どもが苦労していると、多くの親は「自分のせいなのだろうか?」と思うものだ。この疑問を口にするのは、ニールにとっても勇気のいることだった。

完全な答えは見つからなかった。ルーシーは三〇代、四〇代になっても好不調を繰り返し、ホームレスになったり依存症の問題も抱えた時期もあった。その間も、疑問はニールの心に留まり続けた。

たしかに幼少期は重要だし、子育ては重要だが、人生のたった一つの要素が将来のすべてを決めてしまうことはない。子どもがどんな大人になろうが、親のおかげ、あるいは親のせい、という部分はそれほど多くない。人格の形成には、生まれつきの性格と養育、遺伝による先天的要素と、環境による後天的要素、親の教育と同世代の仲間といった要因が複雑にからみ、影響を与える。誰かが苦しんでいるとき、決定的な要因を一つに絞り込めるとは限らない。できることがあるとすれば、ニールのように勇気をもって自分の感情に向き合い、問題に最善を尽くして対処することだけだ。

人生を軌道修正するための四つの方法

では、苦労が多く、心が深く傷つくような子ども時代を送った人は、どうすればいいのか？ニールとは違い、幼少期は苦しいことばかりだったという人にも、希望はあるのだろうか？

答えははっきりと、イエスだ。希望はある。これは、幼少期につらい経験をした人だけではなく、今まさに苦難を抱えている人にも当てはまる。経験が人生を形づくるのは子ども時代だけではない。どんな時期の、どんな経験にも、他者との関係の築き方を変える力がある。非常にポジティブな経験によって幼少期のネガティブな経験が修正されることはよくある。暴君のような父親のもとで育った人が、のちにまったく違うタイプの父親をもつ人と友達になることもある。最悪の父親像とは異なる友達の父親のおかげで、人生観が少しずつ変わっていくかもしれない。すると、他の生き方をもっと受け入れるようになるかもしれない。

自覚があるかどうかは別として、人は常にこうした経験を繰り返している。人生とは、長い時間をかけて幾度となく軌道修正していく一つのチャンスだともいえる。例えば、よいパートナーとのめぐりあいは、幼少期に身につけた思い込みや期待を修正するのに大いに役立つ。常に自分を大切に考えてくれる大人とのつながりが生まれるという意味で、心理療法も役に立つ。

人生の軌道修正を促す経験が得られるかどうかは、単純に運次第というわけではない。世界観を変えてくれるチャンスは絶えずやってくるが、ほとんどが過ぎ去ってしまう。思い込みや自分の意見に固執するあまり、さりげなく訪れるチャンスを受け入れる余地がないだけだ。しかし、目の前に訪れるチャンスを見出し、軌道修正のチャンスとして活用するためのシンプルな方法

（ただし簡単ではない！）はいくつかある。

一つめは、**ネガティブな感情から目を背けず、しっかり注意を向けること**。人生の課題や問題に取り組むには、反射的にわき上がってきた感情を放置せず、有益な情報としてとらえる必要がある。

二つめは、**想像していた以上にポジティブな経験が訪れたときには、そのことに気づくこと**。例えば、何ヵ月も前から気が重かった家族の集まりの最中に、ふと、とても楽しいと感じている自分に気づくときがそうだ。

三つめは、**他人のよい行動を「キャッチ」するよう努力することだ**。**以前に述べた、パートナーの優しさを「キャッチ」することと同じだ**。人は、他人のよくない行動にはすぐ気づくけれど、よい行動に気づくのは下手だ。路上でも、よいドライバーは目立たないが、悪いドライバーほど目立つ。そのため、人は悪い運転をするものだと学習してしまい、そう想定して備えてしまう。人生についても同じだ。よいドライバー、よい人に目を向けることが大事だ。

四つめは、**人は予想外の行動をとるものという考えを持ち続けること**。いちばん効果のある方法だ。**人の行動に驚く心構えが備わっていれば、誰かが自分の想定とは違うことをしたときに気づきやすくなる**。この種の気づきは、家族との関係の中ではとりわけ重要だ。

どんな家族も、メンバーは互いに対するイメージを育み、ことあるごとにそのイメージを固めていく。姉はいつも偉そうだ、父はいつも私にきつく当たる、夫はいつも本当に気が利かない、といった具合だ。

これは「あなたはいつも／あなたは決して」式思考と呼ばれる罠だ。家族との経験はごく幼い時期から始まるため、相手との関係に対する期待と思い込みは心に深く刷り込まれる。どんなに些細なことであれ、何かが起きるたびに、印象が重なり刷り込まれていく。自分が生涯を通して変化していくように、家族もまた変わっていくということを思い出さなければいけない。あの人はこういう人、と決めつけてしまうと、相手の変化に気づけなくなる。

今日、父が電話をくれた。父はいつも私から連絡するのが当たり前と思っていたのだから、これは大きな前進だ。

今夜は娘が弟の宿題を手伝っていた。思いもよらないことだったけど、あとでちゃんと感謝を伝えておこう。

義母とはずっと距離があったけど、この前、子どもが病気になったときに駆けつけてくれた。彼女は努力してくれている。ありがたいことだ。

第5章では、日常的に周りで起きていることを察知し、注意力を高める方法として瞑想を紹介した。あの瞑想は家族との交流にも有効だ。家族を目の前にしているときには、「この人について、今まで気づいていなかったことは何だろう？」と自問してみよう。

この問いは、人間関係についても活用できる。「この人との関係において気づいていなかったことは何だろう？　私が見逃していたものは？」と自問してみよう。

大勢の家族が集まる感謝祭のディナーで「世の中の人はみなコンピューター・プログラミングを学ぶべきだ」と言い張る義兄の隣に座る羽目になったとき、あるいは延々と愛犬の話をしたがるおばにつかまったとき、少なくとも最初の数分間はさきほどの質問を活用してみよう（普通は数分が精一杯だ)。「この人について、今まで気づいていなかったことは何だろう?」と考えてみれば、意外な発見があるだろう。

確信をもって言えることが一つある――人生で出会うどんな人も、完全には知り尽くせないということだ。未知の部分は常にある。それらを発見し心に刻むことで、誰よりも付き合いの長い人たち――家族――との関係を妨げていた偏見を正せることもある。

家族とのつながりを維持する方法とは?

家族というものは、決して変わらないものに思えるものだ。家族はいつも自分のそばにいて、今のまま何も変わらないだろうと思ってしまう。だが、家族一人ひとりが新たなライフステージに進むと、互いの役割は変化する。**こうした変化が起こるときこそ、気づかぬうちに家庭内の問題が生じやすい**。思春期の若者には、二歳児と同じレベルの見守りは不要だ。八〇代の親や祖父母には、六〇代のときよりも多くの支えが必要だ。新米の母親には家族の手助けが必要だが、口出しは大きなお世話だ。ときどき、こんなふうに自問する必要があるだろう――**今、このライフステージにいるこの人に対して、私が担うべき役割は何だろう?**

家族の一人ひとりに、それぞれの知識や能力、経験がある。それはさまざまな形の「財産」となり、家族の誰かに変化が起きたときに活用できる。子どもの頃にいじめを乗り越えた兄弟が、同じ経験をしている幼い息子を助けてくれるかもしれない。しかし、こうした財産を活かすには、日頃から家族と連絡を取り合っていなければならない。また家族に助けを求めたり、これまでと違う役割を求めたりするときには、はっきりそう伝える必要もある。

また、時間の経過とともに、さまざまな理由で家族がばらばらになっていくこともある。些細な意見の食い違いがもとで疎遠になり、大切な家族の関係が途絶えてしまうこともある。誰かが遠くへ引っ越し、訪ね合うのが不便になり、家族全員の集まりがなくなってしまう場合もある。そんなときには、第4章で紹介した、誰かと残りの人生であとどれくらい一緒にいられるかという計算を思い出してほしい。めったに行き来しない家族なら、残りの人生で会う時間を合計してもせいぜい数日にしかならないかもしれない。つながりを維持するには、努力が必要だ。ましてや、地理的な距離ではなく、感情的な理由で疎遠になっている家族とのつながりを維持するには、罪悪感や悲しみ、恨みなどの感情に進んで向き合う必要がある。

あらゆる家族には、その家族にしかわからない複雑な思いがある。その思いは重要だ。また、家族が私たちに及ぼす影響は、他のどの人間関係とも違う。家族は歴史や経験、血を分かち合っている。家族は他の誰かに置き換えられない、かけがえのない存在だ。さらに重要なことがある。自分のことを生まれたときからずっと知っている人は家族以外にいない、という点だ。問題があったとしても、家族との関係を育み、深め、支え、そして家族関係から受け取るポジティブな価値を大切にすることには、労力を投じるだけの価値がある。ボブが若い頃、両親にひどく腹を立てていたときに、叔父からそっと言われた言葉がある。**怒りたくなる気持ちはよくわかる。でも覚えておいてほしい。これから先も、親以外に自分のことをこんなふうに気遣ってくれる人はいないんだから。**

家族や親戚と強い絆を育むための三つのルール

家族の関係においては、思いもよらないときに思いがけない形で、生き方や考え方の軌道修正のチャンスとなる経験が訪れる。だから、本章の前半では、こうした経験を受け入れるためのアドバイスを紹介した。だが、家族の絆を深めるために、自分から積極的に行動することも可能だ。もちろん、ある家族でうまくいくことが別の家族でもうまくいくとは限らない。それでも、家族や親戚と強い絆を育むのに役立つ一般的なルールはある。ここでは三つを紹介しよう。

一つめは、**まず自分と向き合うこと**。家族に対して、無意識に反応してはいないだろうか？過去の経験に基づいて相手を批判し、いつもと違うことが起こるチャンスをつぶしてしまってはいないだろうか？

誰でも簡単にできることが一つある。**相手が変わってくれたらいいのにと思っている自分に気づくことだ**。そして、**批判をせず、この人の好きなようにしてもらったらどうなるだろうか？どんな変化が起こるだろうか？** と考えてみよう。**ありのままの**相手を受け入れ、**相手の立場になって考える**ことは、絆を深めるのに大いに役立つ。

二つめは、**ルーティンを大事にすること**。第7章で述べたように、いつもと違うことをすると、親密な関係にとっていい刺激になる。ルーティンの廃止は、関係がマンネリ化した家族にとってよい刺激になることもある。だが、**家族の絆は定期的に会ったり連絡を取ったりすることで培われるものだ**。同じ屋根の下に住んでいる家族でもそうだし、離れて暮らしている家族ならなおさらだ。恒例の集まりや夕食、電話、メールなどは、どれも家族をしっかりと結びつける。生活が変化し、複雑化していくなかで、**新たに定期的なイベントをつくることはとても大事だ**。そうでもしなければ、家族の絆は弱まってしまうからだ。昔は、宗教的な行事（キリスト教の洗礼式やイスラム教のラマダン、ユダヤ教の成人式など）を通して家族が定期的に交流していた。もちろん、こうした慣習は今も残っている。だが、世俗化が進み、代わりとなる行事を見つけるのに苦労している家族もいる。

ここで役に立つのがＳＮＳだ。疎遠になりがちな家族でも、オンラインなら定期的に連絡を取れるかもしれない。顔の表情やしぐさによるコミュニケーションが取れるビデオ会議ソフトは、とくに力強い味方だ。とりわけ新型コロナウイルスのパンデミックによるロックダウン下では、ビデオ通話がライフラインになった家族は多い。

しかし、**ＳＮＳやビデオ通話には、それだけでコミュニケーションが充分取れているという錯覚をもたらす危険性もある**。実際のところ、こうしたコミュニケーションは表面的なものだ。物理的に一緒にいるときには、神秘的にして繊細な感情が通じ合う。第5章ではレイチェル・デマルコが父親のレオと夜にじっくり話をする機会をつくっていることに触れた。父親と一緒に照明を落とした部屋に入り、膝の上に飼い猫をのせて向き合うからこそ、深い会話が生まれていた。日常生活のルーティンの中にも、家族とつながる機会なのに見逃されているものがあるかもしれない。最も強力にして最もシンプル、そして最も昔ながらの機会といえば、家族の夕食だ。

家族が集まって語り合うためなら、理由はどんなことでもかまわない。家族での食事は、とくに子どもにとってよい影響があるという科学的裏付けもある。研究でも、定期的に家族で夕食をとっている子どもは成績がよく、自尊心が高く、薬物乱用や一〇代での妊娠、抑うつの発生率が低いことがわかっている。自宅で食事をするほうが健康的な食生活につながることを示す証拠もある。家族で食卓を囲む食事を生活の中心に据えている文化もあるが、欧米ではかつてないほど孤食（一人きりでの食事）が増えている。米国の成人は食事の機会の約半分が孤食になっており、人がつながる機会が大いに失われていることになる。家族の食事は、みんなが互いの近況を報告し合う定期的な機会になる。苦手だという人もいるかもしれないが、食事をともにするで、「自分は一人ではない」と思える点が重要だ。子どもは会話の中で発言する順番のルール、話の伝え方、人の話に好奇心をもって耳を傾ける姿勢を学ぶ。大人は幼い子どもたちのお手本になる一方で、逆に子どもたちから最新の流行を教わることもある。会話が弾まない場合も、その場に一緒にいることがもたらすメリットを侮《あなど》ってはいけない。家族の誰かが発した言葉以上に、その場の空気が大切なことを伝えることもある。別の部屋にいながらメールや大声でやりとりすることのメリットは、たとえ一五分でも一緒にテーブルを囲むメリットにはとても及ばない。夕食を一緒にとるのが難しいなら、朝食でもいい。効果は同じだ。誰でも食事はする。できる限り、家族と一緒に食事をとろう。

最後に、**家族の一人ひとりが埋もれた宝物のような価値をもっていることを思い出そう**。その人にしか発揮できない、普段は隠されたままの、唯一無二の価値だ。例えば、祖父母は長い人生の間にさまざまな経験を重ねた人たちだ。世代特有の価値観、家族が過去に大きな試練を乗り越えた経験、家族の歴史についての豊富な知識は、今の状況を眺めるとき、他の方法では手に入れられない視点を与えてくれる。家族の物語は絆を強くし、維持していくうえで重要だ。高齢の家族が健在なうちに尋ねておきたいことは何だろうか？　自分が子どもたちに語り継ぎたいことは何だろうか？　高齢の親族に昔話を聞くのもいい。短い動画や写真も重要だ。家族が他界したあとでは、とりわけそうだ。家族の歴史や絆を維持するための新しいツールが次々と登場し、進化しているのだから、活用すれば役に立つはずだ。

価値があるのは年配の世代の記憶だけではない。きょうだいがいる場合、彼らの子ども時代の思い出が、自分の思い出も豊かにしてくれる。成人した子どもがいるなら、幼い頃の思い出を訊いてみると、子どもたちの意外な一面が見えたり、親としての自分の経験が違って見えてくるだろう。思い出を分かち合えば、家族の絆は深まる。

ある意味で、ハーバード成人発達研究は家族に対するこうした掘り下げを大規模な形で行う試みだともいえる。被験者のファイルを紐解くとき、研究チームは家族のアルバムを見ているような懐かしさを感じる。だが、その目的はあくまで研究調査だ。だが、自分の家族の記憶という宝物を掘り出すのなら、好奇心と時間があればいい。研究機関も資金も不要だ。良きにつけ悪しきにつけ、さまざまな発見と驚きがあり、それが家族への理解を深めてくれるはずだ。

ニールの子どもたちも、そんなふうに父親の思い出話に耳を傾けた。父親の子ども時代が話題になることもあった。ニールは何もかも洗いざらい話したわけではない。彼が研究チームに話したところによれば、それほど多くのことは話していない。だが、順風満帆な時期もあれば、ひどく苦労した時期もあったことは、しっかりと伝えたという。

結局のところ、何よりも重要だったのは、子どもたちの目に映った父親の姿だった。家族をもったとき、ニールは困難に背を向けず、自分の子ども時代に試練をもたらした原因を断ち切り、家族にしっかりと寄り添った。失敗したときも、目を背けたりはしなかった。ニールは常に家族のそばに寄り添っていた。次世代の人たちにアドバイスするとしたらどんなことか、と研究チームがニールの娘のリンダに尋ねると、父から学んだこととして、次のように答えた。「人生の真の価値を決して忘れないこと。お金をどれだけ稼ぐかではありません。そう父から学んだんです。いちばん大事だったのは、私や子ども、きょうだい、七人の孫にとって、父がどんな人だったかという事実です。半分でも父のようになれれば、私は十分だと思っています」

第9章　職場でのグッド・ライフ
——つながりに投資しよう

一日の成果は、収穫量ではなく、蒔いた種の数で判断すべきだ。

——ウィリアム・アーサー・ウォード（米国の作家）

ハーバード成人発達研究の質問票（一九七九年）より

質問　収入はそのままで働くのをやめられるとしたら、やめますか？　やめたら、仕事の代わりに何をしますか？

毎日、地上に暮らす数十億人が目を覚まし、仕事に向かう。夢見た仕事に邁進している人もいるだろうが、多くの人は仕事内容や収入をほとんど選べない。仕事をする最大の目的は、自分や家族の生活費を稼ぐことだ。第1章に登場した本研究の被験者ヘンリー・キーンも、人生の大半はミシガン州の自動車工場で働いていた。車をつくるのが大好きだったわけではなく、人並みの生活を送るためだった。ヘンリーは貧しい家庭に育ち、若くして働き始めた。ハーバード大学卒のジョン・マースデン（第2章）やスターリング・エインズリー（第4章）のような学歴の恩恵はなかったし、稼ぎもまったく及ばなかった。それでも、あらゆる評価基準において、ヘンリーはジョンやスターリングより幸福だった。ヘンリーと同じく、ボストンのウエストエンド出身の被験者のほとんどは、ハーバード大学の被験者に比べて職業を選べなかった。きつい仕事に従事し、稼ぎは少なく、引退も遅かった。仕事に関するこうした要因は、健康や幸福の達成に確実に影響を与えた。だが、ハーバード大卒の被験者が得ていた高収入や高い社会的地位は、幸せな人生を保証するものではなかった。医学者や売れっ子作家、ウォール街の高給取りのブローカーといった「夢の仕事」に就きながら、仕事に不満をもっていた被験者が大勢いる。一方で、ボストン都心部出身の被験者のなかには、望まなかった仕事や過酷な仕事に就きながら、充実感ややりがいを大いに感じていた人がいる。なぜなのか？　どこに違いがあるのだろうか？

本章では、職業を問わず見落としがちな仕事上の重要な側面に着目する。つまり、職場での人間関係だ。職場の人間関係は幸福な人生にとって重要だが、それだけが理由ではない。職場の人間関係には自分の努力でコントロールできる部分があるし、日常生活をすみやかに改善してくれる力があるからだ。人は必ずしも仕事を選べるわけではない。だが、私たちは思っている以上に仕事を通して幸せになれる。

ある会社員の二日間を想像してみる。仮にローレンと呼ぼう。彼女はさまざまな問題を抱えている。筆者らが本研究の被験者の人生や臨床現場で頻繁に目にする問題だ。

ローレンは半年前から、数名の医師の事務を処理する医療事務会社で働いている。職場で席を並べる同僚はいい人たちだが、あまりよく知らない。仕事をさっさと終わらせて、別の難題が待つ自宅に帰ることが毎日の最大の目標だ。不幸なことに、最近は定時に帰るのが難しい。というのも、会社は新しい取引先を何社か獲得したばかりだからだ。それにこの数ヵ月間、上司が自分の仕事を押し付け、無茶な締め切りを設定し、「仕事が遅い」と非難してくる。今日、上司は定時の一時間前に帰宅する。彼女は二時間の残業だ。

帰宅すると、夫と、九歳と一三歳の娘二人が夕食をとっている。今週三回目のピザだ。ローレンは家族のために夕食をつくるのが好きだし、楽しみは料理しながら子どもたちを相手にわいわいとおしゃべりすることだ。だが、今週はそれもできていない。それに、夫は最低限の家事しかしない。せめてサラダくらいつくってほしいといつも頼んでいる。でも、つくってくれたことはない。今日は口に出すのもやめた。

くたびれはて、頭がクラクラするし、仕事着のままだが、家族の時間を少しでももとうとテーブルにつく。

娘たちが学校での出来事を話す。だが、ローレンは上の空だ。夫はスマホの画面をスクロールしている。以前、転職したいと伝えたときには賛成してくれた。でも、何も変わっていない。だが、今夜、その話を蒸し返す気力はない。会社に置いてきたやりかけの仕事が頭をよぎる。明日はたぶん遅くまで残業する羽目になるだろう。長女が週末にミネアポリスまで車で買い物に連れていってほしいと言いかけたが、ローレンは会話を途中でさえぎった。「その話は金曜日にしましょう。ママの頭が働いているときに」。ピザがなくなり、みんながテーブルを離れる。彼女は一切れも口にしていない。食べ残しの切れ端を食べ、それから一人分のスープをつくる。毎日こんな調子だ。明日もこの繰り返しだろう。

仕事と私生活を分けるのは合理的だ。ローレンのように、多くの人がこの二つをまったくの別物と見なしている。人は生きるために働く。情熱を傾けられる仕事に就いている幸運な人でさえ、仕事と私生活は別と考えることはめずらしくない。それに、誰もがワーク・ライフ・バランスを取るのに苦労している。

しかし、大事なことを見逃してはいないだろうか？　仕事と私生活を分けるのは、幸せな人生を送るのに役立つのか、それとも妨げになるのだろうか？　もし仕事の価値が――たとえ嫌いな仕事であっても――給料だけでなく、やりがいや人とのつながりにもあるのだとしたら？　職場で過ごす一日が、人生を素敵なものにし、世界とのつながりを広げる機会になるのだとしたら？

翌日、ローレンが出社すると、同僚のハビエルがストレスで凹んでいる。彼女よりひどい状態だ。自分の席に座り、ヘッドフォンをつけているが、ため息が聞こえるし、スマホをしきりにチェックしている。ハビエルとはとくに親しくはないけれども、大丈夫なの、と声をかけた。

聞けば、昨日交通事故に遭ったという。責任はハビエルにあった。幸い怪我人はいなかったが、車はひどい状態で、彼の保険でカバーできるのは損害賠償金だけだという。家が遠くて車がなくては通勤できないのに、新車を買うどころか、修理に出す余裕もない。今日はルームメイトに送ってもらったが、ずっと頼るわけにもいかない。

「車はまだ動く？」

「かろうじて。でも高速道路は走れないな」

「うちの夫は車体整備士で、ラリーレースもやってるの。車をうちに運んできたら、夫が安く直してくれると思う。少なくともまともに走れるようにはなるはず」

「修理代は出せないと思う」

「見た目さえ気にしなければ、格安かタダでやってくれるわよ。部品やビール一ケースは買ってもらうかもしれないけど。大丈夫、夫はガラクタの山から車をつくれる人なの。車を運んできて。夫は私に借りがあるから、頼めばやってくれるはずよ」

　この件をきっかけに、二人は話をするようになる。何ヵ月も一緒に働いていたが、お互い共通点がないと思っていた。ローレンは一五歳年上だし、ハビエルの趣味はビデオゲームだ。だからまともに話したこともなかった。ローレンはハビエルに、仕事がなかなか終わらなくて、と話す。ハビエルは、会社が導入しているやや時代遅れなソフトウェアに関するオンラインフォーラムの常連だ。具体的な問題を聞き出すと、彼女の仕事の肝心な部分はこのソフトウェアを使えば自動化できる、とすぐに見抜いた。

「ちょっと待ってて」ハビエルはそう言って、ローレンのコンピューターの前に座る。一〇分後には、今まで何時間もかかっていた作業をソフトウェアがさくさくと処理している。ローレンはほっとして涙が出そうになった。

話をするうちに、二人ともオフィスの壁一面を占めるファイリングシステムに不満があることがわかった。このシステムのせいで仕事が面倒になっていた。ハビエルは最近まで似たような職場で働いていたが、ファイリングの方法は違っていた。

二人は一緒に上司のところに行き、ファイリングの方法を変えれば生産性を大幅に向上できる、と説得する。上司は同意し、普段の業務をきちんと続けながら新しい方法を考案するよう二人に指示する。新システムは、業務時間外に段階的に導入する必要があり、多くの手間と労力もかかる。だが上司が計画を承認すれば、二人は残業手当をもらえるはずだ。

翌日、ローレンが出社すると、デスクに紙袋が置いてある。サワードウ・ブレッドだ。ハビエルの家には代々伝わる発酵種のレシピがある。ハビエルのような若者が自分でパンを焼くなんて、とローレンは心底驚いた。

「いくらでも焼いてくるから」と彼は言う。

結局その夜も、ローレンは少しだけ残業する。だが、今までのように遅くなることはない。夫に電話し、夕飯は食べずに待ってて、と伝える。サワードウでBLTサンドをつくるつもりだ。

ここでは、重要なことがいくつか起こっている。まず、ローレンがきっかけをつくり、同僚が思いがけず友人になった。つながりが芽生えるとすぐにチームワークが生まれ、共同作業によって彼女のストレスは瞬《また》く間に小さくなった。今や二人は戦友だった。助けてもらうだけではなく、**自分からも助けの手を差し伸べることで、心が安らかになっていた。**

次に、やりがいのあるプロジェクトに着手したこと。毎日の仕事に張りが生まれたし、プロジェクトが完成すれば、働き方も改善されて楽になるはずだ。会社の仕事に積極的に取り組み、自分で小さな目標を立てて仕事を進めるようになった。プロジェクトが進むと、人間関係にもメリットがあった。ここが重要なポイントだ。**人にとって最も価値があるのは人間関係に関わる部分だからだ。**人は、他者にとって価値のあることに取り組むことで、さらに多くの価値を受け取る。ローレンやハビエルのように、チームとして連帯感をもって取り組むのもいいし、人の役に立つことをするのもいい。どちらも人間関係にメリットをもたらす。また、成功を友人や家族と分かち合うと、満足感が高まる。これも一つのメリットだ。

最後に、**ハビエルとの友情が育まれると、ローレンにとって仕事の意義が大きくなった。**夫に車を修理してもらうと申し出たり、手作りのパンをお礼にもらったりすることは、その場限りの行為に見えるかもしれない。だが、現実には、こうした行為が仕事と私生活という二つの世界をつなぐ大切な扉を開く。この扉を通じて、私生活と職場の両方から、人生をすばらしいものにする要素が行き交うようになるからだ。

ほとんどの場合、職場の同僚は自分で選べるものではない。このことは仕事に伴うマイナス面に思えるかもしれない。だが、職場以外では決して出会わないかもしれない人と関わり、同僚ならではの人間関係や相互理解が生まれる。職場の同僚同士は、ハビエルやローレンのように、違いを超えて心が通い合うことがある。

仕事と私生活のバランスをどうとるか？

世界のどこへ行っても、大人たちは人生の大半を仕事に費やしている。経済、文化によって差はあるが、どの国でも、起きている時間のかなりの部分を仕事に捧げている人は多い。

平均的な労働者を考える場合、例にとるなら英国人がいい。英国の平均年間労働時間は世界最長でも最短でもないからだ（二〇一七年の調査では、対象六六ヵ国のうち最長はカンボジア、最短はドイツだった）。平均的な英国人は、八〇歳になるまでに友人との交流に約八八〇〇時間、配偶者やパートナーとの活動に約九五〇〇時間、そして仕事に一一万二〇〇〇時間以上（一三年間！）を費やす。米国人の時間配分も似たようなものだ。一六歳以上の米国人の六三％は有給労働をしている。子育てや家族の介護といった重要な無給労働に携わっている人はもっと多い。合計すれば毎日何億時間という時間が労働に費やされている。

本研究の被験者のなかには、七〇代や八〇代になって、仕事に時間を費やしすぎたと後悔する人がいる。昔から「死の床で、もっと働けばよかったと思う人はいない」と言われるのには理由がある。往々にして真実だからだ。

もっと家族と一緒に過ごせばよかったと思います。私は猛烈に働きました。仕事中毒だった父親とまったく同じでした。今は、息子がそうならないか心配しています。

――ジェームズ、八一歳

もっともっと子どもと一緒に過ごせばよかった、仕事の時間をもっと減らせばよかった、と思います。

——リディア、七八歳

私は必要以上に働いてしまったのかもしれません。仕事はよくできたけれど、代償は大きかった。長期休暇も取りませんでした。人生を仕事に捧げすぎたんです。

——ゲイリー、八〇歳

同じ悩みを抱えている人は多い。家族を養うためには働かなければならないが、働けば家族との時間が減る。読者のみなさんも、仕事を減らして家族や身近な人間関係を大切にしよう、と本書が勧めると思ったのではないだろうか。実際、仕事を減らすべき人もいる。だが仕事、余暇、人間関係、家庭生活、幸福は複雑にからみ合っている。だから、もっと細やかな解決策が必要だ。職場で過ごす時間は家庭で過ごす時間に、家庭で過ごす時間は職場で過ごす時間に影響を与える。この相互作用の根底にあるのが職場と家庭の人間関係だ。仕事と家庭のバランスが崩れる場合は、職場か家庭のどちらかの人間関係への対応が間違っている可能性がある。

本研究の被験者である建設技師のマイケル・ドーキンスは、仕事に大いに誇りを持ち、仕事こそ人生の中心だと考えていた。にもかかわらず、多くの人と同様、仕事に時間を費やしすぎたことを後悔していた。「私は何かを創造し、学び、自分が変わっていくのを実感するのが好きなんです。プロジェクトを完成させ、業績を認めてもらうのが生きがいです。いい気分になれますから」。それでも彼は、家庭での過ごし方や仕事中心の生き方が結婚生活に与えた影響を嘆いた。「失ってしまったものには気づきにくいものです。家にいるときも仕事のことばかり考えていると、ある日、ふと周りを見回して、手遅れだと気づくことになります」

だが、仕事に打ち込みながら、仕事と家庭の両方で充実した日々を送った被験者もいる。例えば、ヘンリー・キーンだ。調査では、工場でつくる車の話はほとんどしなかったが、職場の仲間との付き合いは楽しい、とよく話していた。職場の仲間は第二の家族だ、とヘンリーは考えていた。市の給与課に三〇年間務めた妻のローザも同じだった。二人はよく、職場の仲間を大勢招いてバーベキューパーティーをした。パーティーをきっかけに、幸せなカップルも誕生したことだろう。

高校教師の被験者レオ・デマルコの場合は、教師として現場で教え続けたいという理由で、管理職への昇進を何度も断っていた。彼にとっては、生徒や教師仲間との心の交流が大きな喜びだった。家族はレオにもっと家にいてほしいと言っていた。だが、一緒に過ごした時間はかけがえのないものになったし、レオの家族には固い絆があった。

学生自治会研究（第1章）の被験者であるレベッカ・テイラーのケースもまた、仕事、家庭、人間関係の相互作用の複雑さを示す典型的な一例だ。レベッカは四六歳のとき、苦境に陥った。夫が突然家族を捨てて出ていき、離婚したのだ。レベッカは、イリノイ州の病院で看護師としてフルタイムで働きながら、一人で二人の子どもを育てた。一〇歳の息子と一五歳の娘は父親に捨てられたことにショックを受けていた。だから、レベッカは父親のあけた穴を埋めようと必死だった。しかし、家庭での奮闘と仕事の責務の板挟みになり、ずっと限界状態が続いた。いつも時間に追われていた。

「私は何をするにも完璧主義なんです」とレベッカは離婚の二年後に研究チームに語っている。「でも今は、やるべきことをやるだけで精一杯。週に三回、資格取得のための講義を受けているので、家に帰っても夕食をつくり、参考書を読んで、寝る前に家事を片付けたら限界です。子どもと過ごす時間は足りていません。自分のストレスが子どもたちに伝わっているのがわかるし、それがよくないのもわかっています。でも、今の私にはとにかく仕事が大事なんです。経済的にもそうするしかない。困窮しているわけではないので、大げさに言いたくはありません。けれど、息つく暇もないし、お金の余裕もありません。何もかも投げ出したくなることもあります」

だが、子どもたちは協力的で、レベッカの奮闘を支えるささやかな力になっている。「私が帰宅すると、子どもたちが洗濯もゴミ出しも終わらせて、夕食をとっていることがあります。二人とも自発的に動いてくれるんです。家族は一つだと理解しているんですね。二人を見ていると安心するし、家族の絆が強まります。息子は一〇歳なので、まだ甘えたがります。家に帰ると私のそばにきて、その日の出来事を話してくれます。ずっと話しかけてくるんです。私も一生懸命耳を傾けます。仕事がきつかった日は大変ですけどね」

仕事の影響が家庭に及んでしまう。これはよくある問題だ。仕事がうまくいかない日は誰にだってある。同僚と衝突したり、働きを認めてもらえなかったり、ジェンダーなどの属性によって職場で見下されたり、無理難題を押し付けられたり。すると、動揺した心を職場から家庭に持ち帰ってしまう。家庭では子どもの世話が何より大事だ。だが、子どもを寝かしつけ、終わりのない家事をなんとか片付けても、ネガティブな感情が消えないときもある。

職場で生じた苛立ちは、人生の他の面にどんな影響を与えるのだろうか？　職場から引きずっている感情があることを、パートナーや家族は知らない。だが、そうした感情の矢面に立つのは彼らだ。

イライラを家庭に持ち帰らないために必要なこと

一九九〇年代、筆者のマークとガールフレンド（現在の妻）との交際が真剣な関係に変わり始めた。するとマークは自分のワーク・ライフ・バランスが気になり始めた。人生でもいちばん忙しく仕事をこなしていた時期だった。だから、大切な人と過ごす時間が減ることや、仕事のストレスが二人で過ごす時間に与える悪影響が心配になった。

心理学者は、個人的な関心から研究テーマの着想を得ることがある。マークの場合も、自分を出発点として、仕事と私生活との関係を調べ始めた。職場での苦労が私生活の親密な関係に与える影響を数値化するという研究だ。

子育て中の夫婦を被験者とし、数日間にわたって終業時と就寝時に質問票に答えてもらった。イライラしたまま帰宅したとき、親密なパートナーとの関係にどのような影響があるのか。この疑問に光を当てるべく、研究を組み立てた。

結果は、多くの夫婦が知っているとおりだった。職場のイライラが、帰宅後の夫婦のコミュニケーションに悪影響を与えていた。職場で嫌なことがあると、女性は怒りを態度に表すことが多かった。男性はパートナーに対して冷淡になることが多かった。

普段は仕事のストレスを職場に置いてくる、と答えた人は多かった。とくに男性はそうだ。だが、研究結果を見ると、仕事のことは職場だけ、と言いながら、気づかぬうちに職場での気分を家庭に持ち込んでいた。家族からの日常的な質問にぶっきらぼうに答えたり、テレビやコンピューターの前でぼーっとしていたり、家族の誰かの相談事も上の空で切り上げたりしていた。職場から引きずってきた気分が家庭生活に与える影響の大きさには驚くはずだ。だが、パートナーがイライラして帰宅すると、「八つ当たりしないで!」と相手を責めてしまいがちだ。

職場でのイライラが家庭内の親密な関係に波及してしまうときには、感情にしっかり向き合う以外の対処法はない。この場合、自分の感情にうまく対処する方法（第6章）や、親密な関係を改善するためのテクニック（第7章）が役立つ。職場での不愉快な気分を抱えたまま帰宅すると、悪循環に陥りやすい。イライラして帰宅すると、家族や子どもへの対応がぶっきらぼうになり、その態度にパートナーや子どもが腹を立て、みんながピリピリして棘《とげ》のある対応になり、家庭内の雰囲気はひたすら悪くなっていく、という具合だ。

悪循環を止めるのは簡単ではない。だが、不可能ではない。まず、原因である感情に意識を向けること。何かを知覚すると感情が生じるが、だからといって感情に振り回される必要はない。不愉快な気分のまま帰宅してしまったら、**ネガティブな感情は仕事中に職場で発生したのだという事実をしっかり認識する必要がある。**この点を認めたら、少し時間をかけて感情と向き合おう。場所は職場の駐車場でも、帰宅途中の電車の中でも、自宅でシャワーを浴びながらでもいい。ありのままの感情と向き合うと、不愉快な気持ちがいくぶん和らいでくる。不愉快な気分をもたらした直接の原因や背後にある不正をほじくり返して、ネガティブ思考のスパイラルにはまり込む必要はない。また、感情を無視したり、パートナーに悟られないように抑え込むという逆の戦略をとると、感情はかえって強くなり、身体にも怒りの反応が表れてしまう。そうならないためには、まず自分の感情を認め、受け入れることが最も有益な第一歩になる。

注意を向けるテクニック（第5章）の活用も検討しよう。職場での不愉快な気分を引きずって帰宅するときは、仕事のことで頭がいっぱいになっているものだ。しかし、この時点では、そもそものイライラの原因（仕事上の問題）に関してできることはあまりない。思考の悪循環から抜け出すためには、頭を切り替え、周りの環境や音、感触に注意を向けてみよう。配偶者に「今日はどんな一日だった？」と尋ね、相手の話にしっかり耳を傾ける。もちろん、口で言うほど簡単ではない。訓練が必要だ。

パートナーが機嫌の悪い状態で帰宅し、八つ当たりされていると感じた場合も、同様のアプローチが有効だ。即座に否定的な態度をとるのではなく、一歩引いてパートナーの身に起こっていることに関心を向けよう。一呼吸置き、「今日はどんな日だった？」とさりげなく尋ねてもいい。あるいは、おざなりに尋ねているわけではないことを示すため、いつもと質問のしかたを変えて、「今日は大変な一日だったみたいだね。何があったの？」と訊いてみるのもいい。

仕事をしていれば、つらい日が必ずあるものだ（何日も続くこともある）。だが、打つ手はないのだろうか？　厄介な感情が生まれる原因が、仕事そのものにある場合もある。だが、気難しい同僚や、要求の厳しい上司、面倒なことばかり求める顧客など、職場の人間関係にある場合も多い。人は、職場の人間関係は変えられないもの、と考えがちだ。だがそうとも限らない。これまでに紹介してきた、家族やパートナーとの関係を改善するテクニックは職場の人間関係にも応用できる。ぎくしゃくした人間関係への対応に役立つWISERモデル（第6章）は職場の同僚との関係においても大変役に立つ。

ボストン出身の被験者であるビクター・ムラッドの場合、ストレスの原因は職場での難しい人間関係でもなければ、要求の厳しい上司でもなく、心の交流の欠如にあった。現代の職場に蔓延している問題だ。ビクターは、来る日も来る日も孤独感を抱えながら働いていた。

心通い合う関係は、福利厚生になる

ビクターはボストンのノースエンド地区で、シリア系移民の子として育った。本研究では数少ない、アラビア語を話す家族出身の被験者だ。ノースエンドはイタリア系移民が非常に多い地区だったため、幼いビクターはなじめないと感じることが多かった。対面調査を行うたびに、研究チームは彼の知性の高さと自意識の強さに驚いていた。ところが本人は、自分は周りの子より頭が悪い、と思い込んでいた。子どもの頃、同級生がずる休みしたり家出したりすると、頭が良すぎて学校が退屈なんだろうとか、自分よりも勇気があるな、などと考えた。

「ビクターは率直で、気さくで、愛すべき少年で、いつも周りに気を配っています。でも神経質な子です」と、中学校の担任教師は研究チームに語った。二〇代のときは職を転々としていたが、ニューイングランド地方を営業エリアとする小さなトラック会社を設立したいとこから、働かないかと誘われた。ビクターは一度は断った。だが、その後結婚し、いとこの会社が成功して支社を増やすと、考え直した。

「一人で過ごすのが好きだから、トラックドライバーの仕事は悪くないかも、と思ったんです」

数年後、ビクターは会社の共同経営者になり、ドライバーの仕事を続けながら、会社の利益の一部を受け取る立場になった。収入は上がり、妻子にいい暮らしをさせているという誇りも生まれた。だが、孤独感は消えなかった。仕事で数日間家を留守にすることもあったし、定期的に交流する友人もいなかった。いとこは職場で唯一、よく知っている人間だったが、短気で、会社の経営方針をめぐって衝突することも多かった。この会社に勤めて二〇年が経った頃、ビクターは研究チームに対し、「なまじ給料がよかったせいで他のことに挑戦できなかった。仕事が人生の重荷になっていた」と語った。「勇気があったら会社を辞めていたと思います。でも、今の収入を手放せないから、辞められない。死ぬまでトレッドミルの上を走っている気分です」

世の中では、ビクターのように仕事を選べない人のほうが普通だ。生まれ育った境遇や経済的理由により選択肢が限られ、心が満たされない仕事を続けるほかない人もたくさんいる。また、満足度が最も低い職種と最も孤独感の強い職種が一致するのも偶然ではない。一昔前までは、孤独な仕事といえばトラックドライバーや夜間警備員など、夜勤のある仕事だった。しかし、今どきは、新興産業のIT産業にも孤独な職種がたくさんある。例えば、ネット通販の配送やフードデリバリーといった単発の請負仕事（いわゆるギグワーク）には、同僚がいない。オンライン小売業は数百万人の労働者を抱える巨大産業に成長したが、物流センターでの梱包や仕分けの仕事は、同僚が大勢いても孤独な仕事になりやすい。大量の作業が猛スピードで押し寄せるし、広大な倉庫内では、同じシフトで働いていても互いに名前さえ知らないのが普通だ。心の通う付き合いが生まれる機会もほとんどない。

子育ては太古からある、大切な仕事だ。他の仕事と比べて難易度が高いため、育児に携わる人は孤立しやすい。来る日も来る日も、大人と話す機会のない時間が何時間も続く。うんざりしてしまうのも当然だ。

仕事において他者のつながりが感じられないと、起きている時間の大半を寂しく過ごすことになる。これは健康面の問題にもつながる。前述のように、孤独感、寂しさは喫煙や肥満と同じくらい死亡リスクを高める。仕事の場において孤独を感じているなら、他者と交流する機会をなんとかしてつくるべきだ。自宅で子育て中の親なら、親子で外出しよう。近所の公園に行くと（子どもにとっても親にとっても）気分転換になるはずだ。物流センターで働く人は、シフトの前後に同僚と声をかけ合おう。単発の請負仕事をしているギグワーカーも、仕事中に誰かと小さなやりとりをするよう心がけよう。気分がよくなり、孤独感からふと解放されるはずだ（第10章では、こうした「ちょっとした」交流の重要性を詳しく取り上げる）。職場でのウェルビーイングを高めるには、意識的な行動が必要だ。

職場での孤独感は、人の関わりが乏しい職種だけの問題ではない。大勢の人と関わる多忙な職種でも、同僚との間に心の通うつながりがないと、非常に強い孤独感を抱くことがある。

世論調査会社のギャラップは、三〇年間にわたって職場でのエンゲージメント（組織に貢献しようという従業員の意欲）に関する調査を実施してきたが、そのなかで大きな議論を呼んだ質問がある。「職場に親友はいますか？」という質問だ。

この質問を「的外れな質問だ」ととらえる人は、管理職にも従業員にもいる。従業員同士が親しくなるのを警戒する職場もある。従業員同士がおしゃべりして楽しそうにしていると、「仕事をサボっている」「生産性を下げている」と考える管理職もいる。

実際には、逆だ。**研究によれば、職場に親友がいる人ほど、仕事に意欲的に取り組んでいる。**とりわけ女性はそうで、職場に親友はいるかという質問に「はい」と答えた女性たちは、仕事に意欲的に取り組む人の割合が二倍になっていた。

就職活動や転職活動をしているとき、給料や福利厚生には注目しても、職場の人間関係を気にすることはあまりない。しかし、職場では、心通い合う人間関係がある種の福利厚生になる。雰囲気のいい職場はストレスが少ないため健康に働けるし、不機嫌になって帰宅する日も減る。つまり、幸福度が高まるのだ。

不平等や権力勾配がもたらす歪み

しかし、職場で良好な人間関係を求める際に、気をつけるべきことがある。昔から、社会的弱者は、職場でも他の人より大きな負担や苦労があった。二〇世紀前半、本研究のボストン都市部の被験者の大半は欧州や中東の貧困地域からの移民であり、社会的弱者だった。学生自治会研究の被験者だった女性たちも社会的弱者だった。今日でも女性や有色人種は職場でさまざまな壁に直面しており、社会的弱者だ。そして、職場において不平等や偏見が蔓延している場合、損得抜きのまっとうな人間関係を築くのは難しい。

「今、とても不安なんです」と、一九七三年、前述の学生自治会研究の被験者レベッカ・テイラーは研究チームに語った。「勤務先の病院が看護師を何人か解雇しようとしていて、私もその一人かもしれないんです。先日、男性医師たちが『看護師を辞めさせたって、大した問題にはならないさ。どうせ共稼ぎで大黒柱の夫がいるんだから』と話しているのが聞こえきたんです。私はいてもたってもいられなくなり、話に割って入りました。『いいかげんにしてよ！　どういうつもり？　女の看護師は背負うものがなくて気楽だ、看護師なんてみんな同じだって言いたいわけ？』と言ってしまいました。本当に頭にきていたんです。職場には男女差別がはびこっています。私の知る限り、病院の経営陣も同じです。私なんていつ仕事を失ってもおかしくない。不安でたまりません」

男性中心の心理学界で女性として活躍したメアリー・エインズワース（第7章の「ストレンジ・シチュエーション法」の考案者）も職場で性差別を受けた。一九六〇年代初頭のジョンズ・ホプキンズ大学では、職員用のカフェテリアは男性専用だった。報酬も男性より低かった。若い頃には、女性であることを理由に、カナダのクイーンズ大学が研究職採用を見送った。もし彼女が差別を乗り越えて活躍しなかったら、心理学の分野も本書の内容もまったく違っていたはずだ。

職場における女性差別については世界各地で改善が見られるものの、不平等は根強く残っている。米国では一九六〇年以降、職場における女性の役割が大きく変化した。今では女性がかつてないほど多様な職に就き、長時間働いている。だが、家庭内の女性の役割には、それに見合った変化が起こっていない。社会学者のアーリー・ホックシールドは一九八九年の著書『セカンド・シフト』の中で、職場で女性が担う役割には革命が起きたが、家庭で女性が担う役割はほとんど変わっていないし、子育て中の夫婦でも事情は同じだ、と述べている。

ホックシールドの指摘から三〇年以上が経過したが、夫婦間での家事や育児の分担は今も不公平なままだ。筆者らが実施している夫婦療法でも、頻繁に見られる問題だ。男性は、家事を夫婦で平等に負担していると思っていることが多い。父親の世代より家事を負担しているのはたしかだ。だが、男性の家事時間は本人たちが思うより少ない。例えば、女性は夕食をつくる、男性は食器洗い機に食器を入れるという分担なら、女性の負担は一時間、男性の負担は数分のみだ。女性が子どもの宿題を手伝い、男性は寝る前に子どもに絵本を読み聞かせている場合も、女性は三〇分、男性は一五分の負担だ。もちろん、夫婦の関係のあり方は千差万別だ。だが、統計的には、今も女性のほうが家事時間の負担が大きい。

女性の苦労は家の外でも続く。「Me Too（ミー・トゥー）」運動により、職場での上司・部下の関係など、権力勾配のある関係に由来する性的虐待やハラスメントがしかるべき注目を集めるようになった。だが、セックスがからまなくても、職場での地位に差がある人同士が人間関係を築く場合はリスクが伴う。女性でも男性でもそうだ。職権に差があると、人間関係は歪みやすい。ときには職場全体の人間関係が崩壊することもある。

第一世代の被験者の妻であるエレン・フロインドは、ある大学の入学選考事務局で働いていた。彼女は権力勾配がもたらす危険性に気づいていた。というのも、地位の違いによって職場の友人関係を失った経験があったからだ。二〇〇六年の調査で、研究チームが「後悔していることはありますか？」と尋ねると、彼女はこう答えた。

実は、とても後悔していることがあります。数十年も前の出来事ですが、お話しします。大学に勤めて数年が経った頃のことです。同年代の女性、四、五人が一緒に働く職場でした。

彼女たちは厳密には私の部下でしたが、仲のいい友人同士として付き合っていました。いつも一緒に行動していたんです。あるとき、新任の局長が私に、スタッフ全員を内密に評価するよう指示しました。短所と長所を報告しろ、と。私は全員を評価しました。本当に率直に。でも、事務長だった女性は、裏切り行為だととらえました。私が書いた評価表をコピーして、女性スタッフ全員の机の上に置きました。その後、私は学内で働く誰とも親しくなれませんでした。あの一件は、今でも心に引っかかっています。彼女たちとの友情は終わりました。職場ではみな、大人の対応をとり、あの一件については決して口にしませんでした。おそらく、私の報告内容自体は正しいと思っていたのでしょう。私はできる限り公平に評価しましたから。私の評価のせいで立場が悪くなった人はいなかったはずです。でも、友情は壊れてしまいました。

この一件の後、同僚との付き合いを意識的に避けるようになったか、とエレンに尋ねると、「もちろんです。誰にも縛られず、純粋に職業人として同僚と接しよう、と思いました。個人的な人間関係の影響を受けたくなかったし、影響を受けていると思われるのも嫌でしたから」と答えている。

エレンは職場での人間関係を断つという選択をした。「私的な人間関係」と「職場の人間関係」を切り離すという選択だ。公私を分けるという考え方はめずらしくない。合理的ともいえる判断だ。職場での交流を最小限に抑え、表面的な付き合いに限れば、職場で問題が起こる可能性も小さくなる。だが、新たな問題にもつながる。分断や孤立という問題だ。エレンの場合、自分の決断がキャリア全体に影を落とし、結局は後悔していた。あのとき、他の選択はあっただろうか？　問題に正面から向き合えば、つまり、同僚一人ひとりとしっかり話をし、傷ついた心を癒やす努力をしていたら、大切な友情を多少は維持できたかもしれない。

公私を分けるという決断は、職場にさまざまな影響を及ぼす。職場の雰囲気が悪くなるだけではない。知識が伝わりにくくなるため、（とくに若い）労働者が成長しにくい職場になる。というのも、権力勾配を伴う関係、つまりメンター（助言・指導する者）とメンティー（助言・指導される者）の関係は、最も重要な人間関係の一つだからだ。

世代を超えて与え合うことで得られる幸せ

高校教師のレオ・デマルコは若い頃、小説家を夢見ていた。しかし結局、その夢は教育への情熱へと変わり、物書きを目指す生徒の指導に生きがいを見出した。「自分で夢を追うよりも、夢を追う誰かの後押しをするほうが、僕にとっては大事なんです」と彼は話していた。

レオもそうだったが、教師は生徒のメンターになる。だがどんな職業にも、経験の浅い人とベテランがいる。メンターシップ（助言・指導する／される）という関係は、メンターとメンティーの双方にとって有益なものだ。メンターの立場にある人は、次世代を育てる。積み重ねてきた経験や知恵を自分の代で終わらせず、次の世代に伝えることは特別な喜びをもたらす。**職業生活を通じて自分に与えられたもの、そして与えてもらいたかったものを次の世代に与えることができる。**新人のエネルギーや前向きな気持ちに刺激を受け、若い世代の斬新な考え方に触れることもできる。一方、メンティーの立場にある人は、何もかも独学、独習しなければならない人より、早く技能を身につけ、キャリアを高めることができる。実際、メンターシップが不可欠な職業もある。経験を積んだ人の弟子となって細かな指導を受けなければ、技能を身につけることが難しい職種は多い。メンターシップを受け入れ、育んでいくと、メンターとメンティーの双方にとって豊かな体験がもたらされる。

筆者のボブとマークの場合も、キャリアはもちろん、人生についてさまざまなメンターからの指導を受けたおかげで、今がある。実際、お互いがメンターとメンティーの関係になったこともある。

初めて会ったとき、公式にはボブがマークの上司だった。マークがインターンをしていた心理学プログラムの責任者がボブだったのだ。マークはボブより一〇歳以上若い。だが、研究者としては先輩だった。出会って間もない頃、ボブは研究者の道を本格的に歩み出すため、研究助成金を申請することにした。ボブは臨床精神科医・教育者としてキャリアを築いてきた。だが、研究に軸足を移すとなると、管理職という立場を捨て、肩書のない立場からやり直すことになる。今さら遅すぎるとか、キャリアの変更は難しいと反対する同僚もいた。それでもボブは前に進んだ。ところが問題が起こった。助成金の申請には複雑な統計分析が必要だが、ボブにとってはまったく縁のない分野だった。そこで、友情と一生分のチョコチップクッキーを約束し、マークに教えを乞うた。

メンターシップとしては複雑な関係だった。ボブはマークの上司という立場だが、教えを乞うとなるとそれなりに弱さをさらけ出すことになる。一方、マークにとっては、ボブはずっと年上ではるかに安定した大人だから、やりづらいところがある。それでも、ボブとマークは互いに学び合った。マークはボブに統計学を教え、ボブはマークに豊富な経験を伝えた。最終的に、ボブは助成金を獲得し、研究者へとキャリアを変更した（ただしマークはもう何年もボブから報酬のクッキーをもらっていない）。

年齢を重ね、メンティーからメンターへ、教わる側から教える側へと立場が変わっていくと、新たな人間関係を紡《つむ》ぐ機会が生まれる。そうした機会は思いがけない形で訪れる。若い世代を指導し、知恵や経験を伝えることは、キャリアの一部であり、職種を問わず仕事のやりがいを高めてくれる。次世代を育てるという満足感は、職場における幸福な人生《グッド・ライフ》につながっている。

引退後に気づく、職場でのつながりの大切さ

ライフステージが進んでいくと、昇進や失業、転職、出産をきっかけとして、仕事上の転機が訪れる。人生が大きく変化するときには、一歩引いて、鳥の目で新しい生活をとらえ直してみるといい。**この変化によって、職場やそれ以外の人間関係はどんな影響を受けるだろうか？　大切な人とのつながりを保つための選択肢はあるだろうか？　新しいつながりをつくる機会を見逃していないだろうか？**

キャリアにおける最大の変化は、キャリアの最後に訪れる。引退だ。一筋縄ではいかない転機、人間関係の問題がたくさん生じる転機でもある。同じ職場に定年まで勤め上げ、退職して年金を満額受け取り、悠々自適の生活を送るという「理想的な」引退生活は、実際にはあまりない（現

代では絶滅したも同然だ)。

本研究では、引退について頻繁に調査を行った。仕事あっての人生だから、引退するなんて考えられない、とむきになる男性被験者は非常に多かった。彼らは「引退なんてしませんよ!」と言っていた。引退したくない被験者、経済的な事情で引退できないと感じている被験者、仕事のない生活を想像するのは無理だという被験者もいた。就業状態がはっきりしない被験者もいた。引退という問題について考えることを拒否し、質問票の引退に関する質問を空欄のままにする人も多かった。引退したと回答しながら、実際にはほぼフルタイムで働いている人もいた。つまり、彼らにとって、引退したかどうかは本人の気持ち次第のようだった。

引退すると、新たな生きがいや人生の目的を見つけるのに苦労するものだが、自ら探す努力をする人はほとんどいない。だが、引退生活が充実している人は、職場で長い間自分を支えてくれた人間関係に代わる新しい仲間を見つけていた。仕事を楽しめず、自分や家族の生活のためにしかたなく働いていたという人でさえ、日常生活の大半を占めていた仕事がなくなると、人間関係に大きな穴があく。

五〇年近く医療従事者として働いた被験者は、引退して何が恋しいかと尋ねられて、こう答えた。「(仕事自体については)何も恋しくありません。恋しいのは同僚や友情ですね」

レオ・デマルコもそうだった。引退して間もない頃にレオの自宅を訪ねた本研究の調査員は、こんな調査記録を残している。

　　引退して何がいちばんつらいかとレオに尋ねると、同僚が恋しいし、今もできるだけ連絡を取るようにしていると言う。「仕事の話をすることが心の支えになっています」。若者に教える仕事について語り合うのが、今でも楽しいのだという。「人が技能を身につけるのを助けることはすばらしいことなんです」と言い、それから「教えることは、自分の全存在をかけて相手に向き合うことなんです」と話した。若者に教えることは「大いなる探求の始まり」だと語った。幼い子どもたちは遊び方を知っているが、「教育に携わる大人は遊び方を思い出さなければならない」とも語った。日常生活に「やるべきこと」が多すぎて、若者も大人も遊び方を思い出せなくなっている、と言っていた。

こう話した頃、レオは引退したばかりの時期にあり、人に教える立場ではなくなったことの意味を理解しようともがいていた。教師生活を振り返り、それが自分自身にどんな影響を与えたのか、それを失った今、正確には何が恋しいのかを考え続けていた。大人は遊び方を思い出さなければならない、という発言は、当時の彼自身の課題でもあった。仕事が生活の中心ではなくなり、遊ぶことが再び重要になっていた。

心の底で、仕事こそ自分の存在価値だと感じている人は多い。仕事があるからこそ、職場の仲間、顧客、そして家族にとって、価値ある存在になれたと感じているからだ。引退してこの感覚がなくなると、他者にとって価値ある存在になるための方法が新たに必要になる。自分より大きな何かの一部になる新しい方法だ。

ヘンリー・キーンは典型的な例だ。彼は勤めていた自動車工場の都合で急な退職を余儀なくされた。突然、時間と体力がたっぷりある立場になったため、手伝えそうなボランティア活動を探した。最初は退役軍人省が運営する高齢者介護施設で、次に米国在郷軍人会と退役軍人会で活動し始めた。家具の塗り替えやクロスカントリースキーなど、趣味にも時間を割けるようになった。だが、心は満たされなかった。何かが足りなかった。

「仕事がしたいんです！」ヘンリーは六五歳のとき、研究チームに語った。「本格的な仕事でなくていい。働けば、毎日暇を持て余すこともないし、収入にもなります。自分は働くのが好きで、人と一緒にいるのが好きな人間なんだと気づいたんです」

お金が必要だったわけではない。それなりの年金はもらっていたし、収入には満足していた。だが、お金をもらうことで、自分の活動の意味を感じていた。お金を払ってくれる人がいるということが大事だった。人は誰でも、他者にとって価値のある存在になる手段を必要としている。また、人と一緒にいたいというヘンリーの気づきは、一つの重要な教訓、引退ではなく仕事そのものについての教訓を与えてくれる。つまり、職場で重要なのは人だ、ということだ。職場を見回し、自分の人生に価値を与えてくれる同僚に感謝することが大切だ。仕事にはお金の問題やストレス、不安がつきまとう。だから、職場で育まれる人間関係の重要性は見過ごされやすい。職場の人間関係の本当の大切さは、失ってから気づくことも多い。

仕事の質を変えれば、人生の質も変わる

フィラデルフィアの北東にある郊外、マークの自宅からそう遠くないところに、かつて家族経営の農場だった広大な土地がある。当時このあたりに住んでいた人々は、朝になると車で農場の

脇を通り過ぎながら、緑の牧草地で牛が草を食《は》む光景を眺めたものだった。第二次世界大戦が始まると農場は米国政府に売却され、砲弾や飛行機の試作機を製造する巨大な工業団地になった。のどかな眺めは建物群や滑走路に変貌し、トラックや飛行機が行き交った。戦後はこの場所でさまざまな製造業が営まれたが、一九九〇年代後半になると再び売却され、ゴルフ場に変わった。ゴルフコースの周りには住宅が立ち並び、窓からは工業団地ではなく木立やフェアウェイ、モーター付きのゴルフカートが見えた。それからさらに三〇年が過ぎた今、経済情勢のさらなる変化を経て、ゴルフ場は売却された。本書の執筆時点では、敷地の大部分は貨物運送会社UPSの仕分けセンターに生まれ変わろうとしている。やがて、近隣の住民が窓から外を眺めると、フェアウェイやゴルフカートではなく、巨大な倉庫や配送車が目に入るようになるだろう。この地域が特別なわけではない。国中のあらゆる場所で、あらゆる経済分野で、私たちはこうした進化を目撃している。

ボストンの貧困地区出身の被験者（第一世代）の場合、幼児期から一二歳までの発育期が大恐慌と重なった。経済的安定が当たり前ではなかった時代に育ったことが、彼らの仕事観を形づくった。仕事とは、幸せな人生《グッド・ライフ》の実現というより、極貧生活を回避するための手段だった。

ボストンの被験者が経験した経済的な苦労は他人事ではない。今だって経済、環境、テクノロジーの課題が山積し、将来の見通しが立たない時代だ。大恐慌時代、ヘンリー・キーンやウェス・トラバースは配給の列に並んだ。リーマンショックが起こったとき、Z世代の子どもたちは家族が自宅から立ち退きを迫られる姿を見ていた。今、若者たちは、新型コロナウイルスのパンデミックをようやく抜け出そうとしている。だが、若者が抱く将来への不安は、本質的に変わっていない。

テクノロジーの進歩にもかかわらず、過酷な仕事に従事する人、困窮にあえぐ人は今も大勢いる。コンピューターと情報化の時代が到来したが、恩恵を手にしたのは限られた人たちだけだ。残りの人々の生活は以前より苦しくなった。新たなテクノロジーの登場で、職場での交流のあり方もどんどん変わっている。人工知能（ＡＩ）により自動化され、人間が不要になる仕事もある。機械相手のやりとりが増え、人間同士の交流は減っている。通信技術の発達に伴い、ビジネス、メディア、教育などの産業ではリモートワークがますます一般的になったが、常にインターネットにつながっているせいで、家庭が職場の延長になってしまう。こうした環境の変化はソーシャル・フィットネスに影響を与えるが、十分に考慮されているとはいい難い。人間関係のあり方は、人の健康と幸福にとって最も重要な要素だというのに。

第5章では、各人に残された時間は有限で、しかも残りの時間の長さは知り得ないという事実を思い起こすよう、読者のみなさんにおすすめした。人生の時間を最大限に活用したいなら――多くの時間は仕事に費やされているのだから――**職場が人間同士の交流やつながりをもたらす非常に重要な場であることを**忘れてはいけない。**仕事の質が変われば、人生の質も変わる。**

これはコロナ禍を通じて嫌というほど痛感したことでもある。ロックダウンに見舞われ、自宅待機や解雇、一時帰休やリモートワークという経験をしたことにより、日常的に慣れ親しんでいた職場のつながりを恋しく思っている自分に気づいた人は多い。仕事仲間や顧客、同僚と会えなくなり、私たちは孤立した。著者の二人も、講義や同僚との仕事上のやりとりはもちろん、心理療法でさえリモートで行うほかなかった。慣れるまで、しばらく時間がかかった。手段がないよりはましだが、以前と同じようにはいかなかった。

テクノロジーの進歩は避けられない。経済的なメリット（オフィスの維持費の削減）や、従業員にとってのメリット（柔軟な働き方、通勤時間の減少）があるため、完全または部分的リモートワークは間違いなく増えていくだろう。コストや事業運営という点では合理的だが、労働者のウェルビーイングにはどんな影響が生じるだろうか？

リモートワークにはいい面もある。柔軟な働き方ができるし、家族と過ごす時間も増える。家庭での時間を増やしたい子育て中の人や、経済的な理由などにより保育サービスを利用できない人、通勤に時間やコストがかかる人などにとっては好都合だろう。

しかし、負の面もある。在宅勤務では、職場における重要な人間関係から切り離されてしまう。リモートワークは、最初のうちこそ解放感があり、便利に感じるものだが、第5章で述べたように、メリットの影にはデメリットが隠れている。新しいテクノロジーは、深刻な損失をもたらすかもしれない。在宅勤務の割合が増え、人と人との直接的な交流が失われると、働く人の精神衛生やウェルビーイングに大きく影響する可能性がある。さらなる研究が必要だ。子育て中の人にとっては、在宅勤務には子どもと関わる時間が増えるというメリットがある。だが、仕事と子育てを同時に行うことになり、負担が増える可能性もある。そして、この負担は、働く母親や、保育に関するリソースをほとんどもたない人々に、より重くのしかかる可能性が高い。

「職場におけるテクノロジーの変化は、私たちのソーシャル・フィットネスにどう影響しているのか？」という問いは重要だ。自動化により機械相手のやりとりが増え、人間同士の交流が減るなかで、職場において新たな人間関係を育む方法はあるだろうか？　リモートワークが増えていくなら、従来の職場で営まれていた人間同士のふれあいを補うにはどうしたらよいのか？

人間の脳は新奇なものや危険を敏感に察知する。だから、新たなテクノロジーのすばらしさにも職場のストレスという刺激に対しても強く反応する。対照的に、いい人間関係は穏やかに感じられるものだ。だから、幸福にとって非常に重要であるにもかかわらず、見過ごされやすい。新しい働き方の中で、職場と家庭の両方において良好な人間関係を維持するためには、意識的に人間関係を手入れする必要がある。それは、自分にしかできないことだ。もし本研究が八〇年後も続いていたら、現在いちばん年少の被験者たちは八〇代になる。人間関係のメンテナンスを怠ったまま生きた八〇代の彼らに、最大の後悔を尋ねてみよう。すると彼らは、とても大切なものを失ってしまったことに気づくはずだ。本章の前半で、仕事に人生を捧げすぎたと後悔していた、第一世代の被験者たちのように。

職場での人間関係を豊かにするための五つの問い

生き方を変える時間はいくらでもある、職場での生き方を改善し、仕事と家庭生活のバランスを改善する方法を考える時間もたっぷりある、と考える人は多い。**今の大変な状況を切り抜けさえすれば、目の前の問題を乗り越えさえすれば、その問題について考える時間ができるだろう。今日はだめでも明日がある**、と。だが、五年や一〇年はあっという間だ。本研究では、一〇年または二〇年ごとに個別の対面調査を実施している。長い間隔のように思えるが、研究チームが対面調査を依頼するたびに、被験者は「もうそんなに時間が経ったのか」と驚く。一〇年という時間は瞬く間に過ぎ去った、と感じるらしい。

第5章では、すべきことをするための時間はいつでもとれるはず、というありがちな幻想をとりあげ、実際に行動すべき時は今しかない、と説明した。**時間ならあとでとれると考えていると、ある日、残り時間などないことに気づく羽目になる。あったはずの「今」は、とうに過ぎ去ってしまっている。**

そこで、明日、目を覚まして職場に行ったら、次の質問について考えてほしい。

・職場で一緒にいていちばん楽しい人、大切にしたい人は誰か？　その人のどんなところが自分にとって大切なのだろうか？　その人に対してきちんと感謝を示しているだろうか？

・自分とは違うなと思う人（考え方や経歴、専門分野など）は誰だろうか？　その人から何を学べるだろうか？

・職場で対立している人がいる場合、どうしたら対立を和らげることができるだろうか？　WISERモデルが役に立つのではないだろうか？

・職場に足りていなくて、もっとあってほしいと思う人間関係はどんなものか？　こうした人間関係を増やし、豊かなものにするための方法はあるだろうか？

・職場の仲間を本当に理解しているだろうか？　もっと深く知り合いたいと思う人はいるだろうか？　どうすればその人に近づけるだろうか？　共通点がいちばん少ないと思う同僚を選び、その人がデスクに飾っている家族やペットの写真、職場で着ているTシャツなどを話題にして、話しかけてみてはどうだろう？

次に、帰宅するときには、職場での出来事や気分が自宅で過ごす時間に影響するかもしれないことを思い出そう。もちろん、いい影響を与えることもある。だが、不機嫌になっているなら気分転換しておこう。帰宅前に一〇分または三〇分ほど散歩や水泳をするのもいい。帰宅後は、家族の時間を仕事に邪魔されないよう、一定時間はスマートフォンの電源を切っておくといい。

仕事が嫌になるときは誰にでもある。だが、仕事をしている時間は人と交流できる大きな機会になる。本研究の被験者のなかでとりわけ幸福度が高かったのは、タイヤの販売員であれ、幼稚園の先生であれ、外科医であれ、仕事に満足しており、職場の仲間との関係が良好で、仕事と家庭生活のバランスも取れていた（苦労と交渉を重ねてそうしたバランスを手に入れた人がほとんどだ）。仕事と家庭生活の両方が同じように重要だと理解していた人たちだった。

前述した、大学の入学選考事務局に勤めていたエレン・フロインドは、二〇〇六年に次のように語った。「自分のキャリアを振り返ると、職務上の問題より、部下や周りの人にもっと気を配ればよかったと思うことがあります。私は自分の仕事が大好きでした。本当に。でも、気難しくて、せっかちで、要求の厳しい上司だったと思います。たしかに、仲間の気持ちをもう少し理解すべきだった、と思います」

人生は、朝、職場の入口で私たちを待っているわけではない。運転手がトラックに乗り込むときに、道路脇に立っているわけでもない。教師が授業の初日に生徒たちと会うとき、教室の窓からこちらを覗いているわけでもない。仕事に勤しむ一日一日が、価値ある経験をもたらす。一日が人間関係を通して豊かになれば、幸せな人生《グッド・ライフ》につながる。仕事もまた、人生なのだ。

第10章

友情とグッド・ライフ
――友とのつながりが人生を左右する

友人は私の「財産」だ。だから貪欲に貯め込む私を許してほしい。

――エミリー・ディキンソン（米国の詩人）

ある日、弟子のアーナンダがブッダに言った。「私は、聖なる人生の道の半分はよい友情でできていると気づきました」

「それは違う」とブッダは言った。「友人たちは聖なる人生の道の半分ではない。聖なる人生のすべてなのだ」

――ウパダ・スッタ（仏教の経典）

友人がいなければ、誰も生きることを選ばないだろう。

――アリストテレス（古代ギリシャの哲学者）、『ニコマコス倫理学』

ハーバード成人発達研究の質問票（一九八九年）より

質問　親しい友人を一〇人思い浮かべてください（家族や近親者は除く）。その一〇人は、次の三つの友情のタイプのどれに当てはまりますか？

（1）親友――喜びや悲しみのほとんどを分かち合う関係
（2）仲間――共通の趣味があり、そのために頻繁に会う仲間
（3）たまに会う友人――日常的に誘い合って会ったりはしない関係

五〇代のルイ・デイリーに、いちばん古い友人は誰か、と研究チームが尋ねると、「残念ながら友達はいません」と答えた。「いちばんの親友は、モリス・ニューマン。大学一年のときにルームメイトだった男です。私が今、情熱を注いでいるジャズを教えてくれたのも、モーです。彼が退学するまでの一年間は、ものすごく仲がよかった。それから一〇年ほど手紙をやりとりしたけど、やがて返事が来なくなりました。五年前、モーが懐かしくなり、興信所に五〇〇ドルを払って探してもらったんです。ちゃんと見つけてくれて、また文通を始めました。三ヵ月ほど経った頃、郵便箱に手紙が届いたけど、モーからではなかった。彼の急逝を知らせる弁護士からの手紙でした」

困ったときは誰に連絡するのかと尋ねると、「私は一人が苦にならないんです。友達はあまり必要ないんです」とルイは答えた。

レオ・デマルコの答えは違っていた。親友はいるかと尋ねると、ためらうことなく「イーサン・セシル」と答えた。小学校時代からの付き合いで、いまだに親しい仲だという。イーサンは車で二時間ほどの場所に住んでいて、折に触れて遊びに来ては、ソファにどっかりと腰を下ろし、おしゃべりを始める。レオが二人の友情について研究チームに語っていると、電話が鳴り、電話口の相手と楽しそうに話した。電話を切ると「イーサンからさ」と言った。

大人にとって、友人とは何だろう？ **友人であるとはどういうことなのだろう？ 私たちの人生において、果たして友情はどれくらい重要なのだろうか？**

子どもの頃は、友情が人生の重要な位置を占める。友情には、子どもの心を強くとらえる力があるからだ。幼年期において（あるいは青年期でさえも）、友情の強さに匹敵する力があるのは、仲違いしたときの痛みくらいだ。好かれていると感じると、相手との一体感が高まるし、冷たくされたりいじめられたりすると、心に深い傷が刻まれる。

人は年齢を重ねるうちに変わるし、結果として友人との関係も変わる。友情は成人期前期には人生の中心を占めるが、結婚して間もない時期や子どもが生まれる頃には、存在感が薄れていく。しかし、結婚生活がうまくいかない時期や愛する人の死を経て、また付き合いが始まる。

まったくもって自然なことだ。しかし、人生が浮き沈みする間、私たちは友人との付き合い方を習慣まかせにしてしまう。習慣は無意識に近いものだ。友人関係に何が必要かを考えることなく、なんとなく気の赴くままに付き合い続ける。大人になり、生活が忙しくなると、限られた時間をどう使うか決めなければならなくなり、往々にして友人関係は後回しになる。旧友への電話や知り合ったばかりの友人とのコーヒー、おなじみのメンバーでのカードゲーム、月例の読書会

（課題書には本書『グッド・ライフ』をおすすめしたい）よりも、家族や仕事を優先させてしまう。何を優先させるかを考えるとき、「友達と会うのはもちろん楽しいけど、もっと大事なことがあるから」と考えてしまう。あるいは、「友達とはいつでも会える。子どもが成長して手がかからなくなったら、仕事が落ち着いたら、時間ができたら、また声をかければいい」と考える。

実は、友情は成人の健康や幸福にとって、みなさんが思うよりはるかに重要だ。実際、友人関係に向けられる気配りと比べると、友情が成人の生活に及ぼす影響力の大きさには驚くばかりだ。友人は落ち込んでいるときに元気づけてくれるし、自分の大切な人生の歩みを思い出させてくれる。おそらく最も重要なのは、私たちを笑わせてくれる点だ。友と過ごす楽しい時間ほど、心身の健康にメリットをもたらすものはない。

哲学者たちは何世紀にもわたり、友情がもつ奥深い効果に気付いていた。ローマ帝国の哲学者セネカは「友情の真の価値は、友人が私たちのためにしてくれることをはるかに上回る」と述べている。友人をつくるのは、病気のときに寄り添ってくれる人や、困ったときに助けてくれる人を見つけるためだけではない。「自分の利益のためだけに友情を求めるのは大きな間違いだ」とセネカは書いている。「友人をつくる目的は何か？　この人のためなら死ねるという相手、地の果てまでついていこうと思える相手をもつためだ」

セネカは、友情がもたらす真の恩恵は曖昧で、簡単に見抜けるものではないと論じた。友情はしばしば放置されてしまうのも、おそらくこれが理由だ。いい友情は、常に私たちに呼びかけてきたり、目の前に姿を現して注意を引こうとしたりはしない。ときには、人生の背景に静かに退き、ゆっくりと消えていってしまうこともある。

だが、そうあるべきではない。周りをよく見渡してみれば、友人に注意を向けて人間関係《ソーシャル・ユニバース》を充実させるという、すばらしい機会を見逃してきたことに気づくかもしれない。人生を大いに充実させる機会はありふれた日常の中にある。**友情のほうからこちらに働きかけてくることはない。だが、放置していてもひとりでに育まれるものではない。**

友人の存在は、人を健康にする

三〇年前、知り合ったばかりの頃、著者のボブとマークの関係は主に職業上の付き合いだった。週に一度、昼食をとりながら、統計モデルや研究の手法と設計などの話をした。会話のほとんどは仕事に関する内容だったが（ときには学内政治などのゴシップ的な話題もあった）、次第に相手をもっと知りたいと感じるようになった。だから、差し迫った仕事がなくても、毎週同じ時間に昼食をとり続けた。そしてもちろん、話題はどんどん広がっていった――家族や趣味、子どもの頃の思い出まで。

ある時点で、妻を連れて四人で食事に出かけることにした。幸いなことに、ボブの妻ジェニファーとマークの妻ジョーンはこの機会を楽しんでくれた。統計分析に関する会話を黙って聞かされる時間もあったが、二人ともそうした負担を受け入れ、比較的短いうちに四人はいい友人――だが親友まではいかない――になった。あるとき、食事会をもたない月が数ヵ月ほど続いたあとで、ボブとジェニファーはマークとジョーンを自宅に招待することにした。当時ジョーンは初めての子どもを妊娠中で、臨月に入っており、夫婦は不安を抱えながら子どもの誕生を待っていた。

ボブとジェニファーにはすでに二人の幼い息子がおり、マークとジョーンはボブとジェニファーから心強いアドバイスをもらえたら、と楽しみにしていた。

だが、夕食会を直前に控えた木曜日のこと、終業時刻が近づいた頃、マークはジョーンから電話を受けた。ジョーンは取り乱していた。定期検診を受けにいったら、医師に今すぐ緊急帝王切開を行う必要があると告げられたのだった。マークは職場を飛び出したが、途中でボブにぶつかりそうになった。

「ジョーンとお腹の赤ちゃんが！」マークは言った。「救急車で病院に向かってるんだ」

マークが病院に到着すると、ジョーンはモニターにつながれ、苦しそうに身をよじっていた。医師によれば、妊娠高血圧腎症で命に関わるとの説明だった。肝機能不全の兆候が見られ、背後のモニターに映る血圧値が急上昇している。ジョーンはマークと看護師に、お願いだから血圧が下がっていると言って安心させて、と頼み続けた。医師が「帝王切開がうまくいかなければ、母子の両方が命を落とすかもしれない」と言ったのを、二人は今でもよく憶えている。

手術の準備が進むなか、マークはボブに電話をかけ、状況を知らせた。ボブは、必要ならすぐに病院に行って付き添うと伝えた。この夜の出来事はあまりにも早く展開したため、結局ボブは病院に行くタイミングを逃してしまった。だが、大きな不安を抱えていたマークにとって、いつでも力になるというボブの言葉はとにかく心強かった。マークとジョーンの実家はどちらも遠く、親類は病院に駆けつけられない。だから、励ましてくれる友人の存在が何より必要だった。

帝王切開はうまくいった。マークはジョーンに寄り添って男の子の誕生を見守った。ジョーンの血圧が正常に戻り始めるとほっとした。息子がかすかな産声をあげたときは、二人で大喜びした。予定日より一ヵ月早かったため、体重はわずか二〇〇〇グラムほどだった。だが、あとは健康そのものだった。ジョーンとマークは疲れ果て、子どもの名前を決めることさえできなかった。マークはボブに電話で状況を報告し、少し眠ると言った。

翌日、ボブはその日の予定をキャンセルして、ジョーンとマーク、そしてジェイコブと名付けられた赤ちゃんがいる病室を見舞った。

ジョーンの回復には時間がかかったが、五日後には無事退院して自宅に戻った。夫婦の手元には、ジョーンがゆっくりと歩きながら病院から出てくる様子や、出発を待つ間、ジェイコブが車のチャイルドシートでもぞもぞと動いている様子を撮影した動画がある。動画の出来はあまりよくない。少々手ぶれもしている。当時のボブは、動画撮影が得意ではなかったせいだ。

マークにとって、この頃の記憶は非常におぼろげだった。ずいぶんあとになってから、たとえジョーンを助ける手立てがなくても、ボブがそばにいてくれたことに大きな意味があったのだと気づいた。また、二人の友情には、統計や研究の話をしたり夫婦四人でディナーデートを楽しめること以上の価値がある、とマークは思い至った。ボブは大事なときに自分とジョーンの力になってくれた。だからマークは、必要なときがきたら、自分もボブの力になろうと心に誓った。

これは、ボブとマークの友情をめぐるたくさんの逸話の一つにすぎない。二六年後、二人の友情はみなさんのもとにこの本を届けることになった。苦しかった時期を振り返れば、みなさんの心にも似たような友情のエピソードが思い浮かぶはずだ。苦境に陥ったとき――そういうときは必ずくる――手を差し伸べ、人生の荒波から守ってくれるのは、友人たちであることが多い。

友情の力は、逸話を生んだり、哲学的考察の対象になったりするだけではない。科学も友情の効果を明らかにしている。友人の存在は、苦しいという感覚を和らげる。逆境においても、友情があればストレスが小さくなる。極度に強いストレスを抱えていても、友人がいれば、ストレスの影響の強さや持続時間が小さくなる。ストレスを感じていても、友人の助けがあれば、うまく対処できる。ストレスが減り、ストレス管理がうまくいけば、身体への悪影響を減らすことにもつながる。

手短に言えば、**友人の存在は人を健康にする**。

第2章では、ジュリアン・ホルト゠ランスタッドらが一四八件の研究の膨大なデータを分析し、人間関係が健康や長寿に及ぼす影響を調べた研究をとりあげた。一四八件の研究のなかには、とくに友情に焦点を当てたものもたくさんあった。そのなかからいくつかを紹介しよう。

・オーストラリアの大規模な縦断研究によれば、友人とのつながりが最も強い七〇歳以上の人は、最も弱い人に比べて調査期間中（一〇年間）の死亡率が二二％低かった。

・乳がんになった看護師の女性二八三五人を対象にした縦断研究では、一〇人以上の友人がいる人は、親しい友人がいない女性に比べて生存率が四倍高かった。

・スウェーデンの二九～七四歳の一万七〇〇〇人以上の男女を対象にした縦断研究によれば、社会的なつながりが強い人は、調査期間中（六年間）、あらゆる原因による死亡リスクが四分の一ほど低下していた。

同様の例は枚挙にいとまがない。友人との絆が強くなると、身体への好影響が数値にはっきりと現れる。人の身体は友人が与えてくれる力を必要としているからだ。人は友人や仲間、そして彼らがもたらす協力を必要とする。これは、進化の過程において種としての人類を繁栄に導いた重要な要因だ。友人がいること、仲間がいることが、危険な環境を生き延びる可能性を常に高めてくれたし、ストレスの多い現代社会においても健康を守ってくれる。どんなに強く、自立し、自足した人でも、生物学的には友情を求めるようにできている。困難《タフ》な状況になると、タフな人の出番になるが、その強《タフ》さは友人の力から得られるものだ。

命を守ってくれた友の支え

友情と逆境の関係を研究するうえで、ハーバード成人発達研究はある意味、特別な存在だ。というのも、困難な時代を経験した被験者の記録が大量にあるからだ。第一世代の被験者全員が、大恐慌時代の生存者だ。ボストン都市部の被験者のほぼ全員が、（控えめに言っても）貧しい家庭の出身で、困窮を極めた幼少期を経験した人もいた。ハーバード大学の被験者の多くも、経済的・社会的に困難な時代に育った。前述のように、ハーバード大の被験者の八九％が第二次世界大戦に従軍し、約半数が戦闘を経験した。それより数歳年下のボストン都市部の被験者の多くも、朝鮮戦争に出征した。殺すか殺されるかという状況に直面した人、友人が殺されるのを目撃した人もいた。心に深い傷を負った状態（この時期から、心的外傷後ストレス障害《PTSD》と呼ばれるようになった）で帰国した者もいた。

こうした逆境において、友情はどのような役割を果たしたのだろうか？　彼らの体験から私たちが学べる教訓はあるだろうか？

もちろん、ある。戦闘の実体験や、仲間の兵士との絆に関する被験者たちの生の証言によれば、仲間の兵士と固い友情を結んでいた被験者や、団結の強い戦闘部隊に所属していた被験者は、戦後のＰＴＳＤ発症率が低いことがわかった。つまり、戦地での友情は、一種の防弾チョッキになっていた。信頼できる良き友人の存在が、人生最大の試練の渦中にいる被験者を守ってくれたのだった。

戦地での友情が、戦後も続く場合もあった。研究チームの調査には、軍隊時代の友人とその後も連絡を取り続けているかどうかを尋ねる質問があった。クリスマスカードを送り合う人、たまに電話で話をする人もいれば、最晩年まで仲間を訪ね続けていた人もいた。なかには、戦友の配偶者と連絡を取り続けている人もいた。

しかし、被験者の多くは、軍隊時代の友人との連絡が途絶えていた。彼らは戦友以外の友人とも連絡が途絶えていた。試練に見舞われたときには、親友の支えなしで乗り切らなければならなかった。ニール・マッカーシー（第８章）のように、戦争に従軍して戦闘にも参加したが、人生最大の試練は平時の生活の中で起きた、と語った被験者もいる。離婚や事故、配偶者や子どもの死などの出来事は、強いストレスとなって心に重くのしかかる。年齢を重ねるにつれて友情への関心が薄れていくと、友人の支えのないままストレスの大きい試練に直面することになった。戦場とは異なり、頼れる仲間、苦難を分かち合う仲間はいなかった。誰も助けてはくれなかった。

友情を求める心に男女の差はほとんどない

本研究のファイルに目を通すと、晩年に自分の友人関係のあり方を後悔している男性被験者はすぐに見つかる。スターリング・エインズリー（第4章）やビクター・ムラッド（第9章）のように極端な孤独に陥っているケースもある。だが、本研究全体を見ても、年齢を重ねるにつれてつながりがなくなっていく傾向はあるし、男性はライフステージが進むにつれて親友の数がどんどん少なくなる。友人関係について話す機会――本研究の調査以外ではめったにない機会だ――を得ると、男性たちはたいてい、友人が少ないのは自分が一人でも平気な、自立した人間だからだ、と主張する。一方で、多くの男性が親しい友人を強く求めていることを明かす。

「私のように親しい友人が少ないことを悔やんでる男は多いよ」と、ある被験者は語った。「私には親友と呼べる人が一度もいなかった。私より妻のほうが友人が多い」

こう述べる被験者はめずらしくないし、とくに男性に多く見られる。だが、男性は精神的な自立やストイックな生き方を好むように「できていて」、親しい付き合いを嫌がるという見方を裏付ける確実な証拠はない。それどころか、友情（そして人間関係全般）に対するこうした向き合い方の背景には、文化が強く影響している。例えば、ＬＧＢＴＱ＋の人々の交友パターンは異性愛者とは異なる点が多い。また年をとってからの男性の人間関係のあり方には、世代による違いがたくさん見られる。

研究結果によれば、男性と女性の友情パターンの違いは、実は小さい。数多くの縦断研究に目を通すと、背景の異なる青年期の男性たちが、ジェンダーの固定観念を覆すような形で親密な友情を築いていることがわかる。例えば、心理学者のニオベ・ウェイは、大都市の貧困地区で育った黒人、ラテン系、アジア系米国人を被験者として、青少年（一〇代から二〇代前半）の男性の友情を研究してきた。本研究のボストン都市部の被験者と似た背景をもつ被験者たちだ。

ウェイによれば、「私の研究に参加した被験者たちによれば、親友の定義とは、秘密を共有し親密な話をする相手、だった」。例えば——

マーク（大学一年生）は言った。「親友は僕に何でも話せるし、僕も彼になら何でも話せる。彼のことは全部知ってるよ……お互いに秘密はないし、クールな関係なんだ。困ったことがあったら、何でも話すよ」（中略）エディ（大学二年生）は言った。「絆っていうか、二人とも秘密は守り合う。自分にとって重大な問題も、親友には話せる。親友がそれを誰かに話したり、からかったりすることはない。家族の問題とか、そういうことだよ」。少年たちは、友達とバスケットボールやビデオゲームをするのが好きだと話していた。だが、親友との付き合いでは、語り合うことや秘密を分かち合うことが重視されていた。

少年たちは、青年期後期から成人期初期へと移行するにつれて、友人との関係に慎重になり、以前ほど自由に交流しなくなる。生き方の変化への対応として、こうした変化が起こることもある。この変化は男女の両方に生じる。つまり、仕事や恋愛が友情にとって代わるのだ。しかし、男性においては文化の影響がさらに強く作用する。成人男性に独立心や男らしさを求める文化は世界各地にたくさんある。そうした文化のもとでは、同性の友人と親しくすると男らしさを認めてもらえなくなるのでは、という不安が募る。そのうちに、友人との親密さが失われていく。

青年期の女性の友情も、女性ならではのさまざまな圧力や制約をたしかに受けているが、多くの文化において、女性は一〇代以降も同性の友人との親密な交流を保ち、育み続けることが期待される。こうした期待は女性が親密な関係を深めていくのに役立つ。だが、それゆえ、女性は親密な関係における感情的な問題を乗り越え、解決するという重荷を負っているようだ。

一九八七年、ハーバード成人発達研究は第一世代の男性被験者に質問票を送った。被験者が既婚者の場合は、妻に別の質問票を送った。この年の調査では、夫婦の友人関係が調査テーマの一つになっていた。

男性の被験者には、「(妻以外の) 友人の数と、彼らとの親しさについて、どれくらい満足していますか?」と尋ねた。三〇%が「数に満足していない。もっと多くの友人がほしい」と回答した。妻に同様の質問をしたところ、「数に満足していない」と答えたのはわずか六%だった。

同じ頃、社会学者のリリアン・ルービンが、「なぜ男女の友情には違いがあるように見えるのか?」という疑問をめぐる重要な研究を行った。

ルービンの研究によれば、女性は男性に比べて友人関係を長く維持する傾向があった。また、友人関係の質にも差があった——男性は何らかの活動を中心として友情を築く傾向があるのに対して、女性は感覚が通じ合うことで親密になり、本音や気持ちを分かち合う傾向が見られた。女性は互いが向き合う《フェイス・トゥー・フェイス》友情を、男性は同じ方向を向く《サイド・バイ・サイド》友情を築いていた。

ルービンの主張は、他の複数の研究によってある程度の支持を得ている。だが、このテーマの研究が進むにつれ、一つの事実が明らかになった。**文化が与える影響を考慮すれば、男女が友情に求めるものの違いは、一般的に思われているよりも小さかった。**

例えば、研究によれば、女性は男性に比べて親密な友情に高い期待を抱いているが、期待の差は小さい。心理学では、グループ間の差が小さい場合、重複している部分は「例外」ではなく「法則」と見なす。全体として見れば、ジェンダーに関係なく多くの人が、友人に対して同じような近さや親密さを求めていた。

ハーバード成人発達研究の中で育まれた友情

本研究の被験者が研究チームから質問票を受け取るとき、同封されているのは返信用封筒だけではない。スタッフが心をこめて書いた手紙も添えられている。長年にわたり、スタッフと被験者はメモや手紙をたくさんやりとりしてきた。被験者のファイルに残されているこうした手紙を一読すれば、彼らの間に生まれていた深いつながりがわかる。第一世代の被験者にとって、手紙の末尾に記されている「ルウィーズ・グレゴリー・デイビス」という名前は、ハーバード成人発達研究の代名詞だった。

ソーシャルワーカーだったルウィーズは、アーリー・ボックが本研究を立ち上げた頃からの生え抜きのスタッフだった。研究規模が大きくなるにつれて、彼女は被験者との連絡業務に深く関わるようになった。被験者はルウィーズの名前を憶え、彼女宛の手紙やメモを添えて近況を知らせるようになった（質問票が細かな点まで尋ねていたにもかかわらず、だ）。質問票の返送が遅れると、彼女は被験者に連絡を取り、提出を促した。ルウィーズは被験者を友人や第二の家族のように思っていた。被験者の多くが質問票に回答し、対面調査の依頼に応えたのは、彼女への忠誠心もあったからだった。

やがてルウィーズは退職した。だが、夫が他界すると、本研究を通じてできた友人たちが恋しくなり、スタッフに復帰して働き続けた。被験者の九割近くが八〇年以上にわたって本研究に参加し続けたのは、ルウィーズをはじめとするスタッフの貢献があったからだ。被験者は、自分が研究チームや研究——被験者の多くは内容を目にすることがない——にとって重要であるだけではなく、ルウィーズにとっても大切な存在であることを知っていた。一九八三年に二度目の退職のときを迎えたルウィーズは、被験者全員に宛てて短い手紙を書き、自分の人生にとってかけがえのない経験をもたらしてくれた被験者たちに最後の感謝を伝えた。

親愛なる友人のみなさんへ

長年にわたり、みなさんやご家族との友情は私の大切な宝物でした。この思い出は私の人生の輝ける光です。この研究へのみなさんの忠誠と献身に、深く感銘を受けてきました。みなさんとご家族の末永いご多幸を願っています。

あなたの古き良き友
ルウィーズ

傍目には、重要ではない関係だったかもしれない。被験者の大半はルウィーズと一、二回しか会っていないし、一度も顔を合わせたことがない人もいた。しかし、彼女は彼らの生活の一部になっていた。多くの被験者が彼女と知り合えたことを喜んでいた。取るに足らない、ささやかな関係に見えたかもしれないが、実際にはそうではなかった。第9章のローザ・キーンと同じく、ルウィーズも職場で固い絆を育み、その過程で自分自身も成長した。こうした小さなつながりや、ささやかだけれどあたたかい心の交流がなければ、おそらく本研究は今日まで続いていなかっただろう。

「弱いつながり」は遠くまで届く

ローザの夫であるヘンリー・キーンは、「真の友人の定義とは？」という質問に対し、多くの人が納得すると思われる回答を述べた。

「真の友人とは、寂しいときや助けが必要なときに頼れる人のことだ」

これは社会科学の専門用語で「強いつながり」と呼ばれる種類の友情だ――自分が困ったときに頼ることができる人、落ち込んだときには元気づけてくれる人、相手が問題を抱えていれば助けようと思える友だ。多くの人が「大切な友人」を考えるとき、こうした関係を思い浮かべる。

だが、頻繁に会わなくても、親密ではなくても、人間関係にはたしかな価値がある。実際、**最も有益な関係のなかには、多くの時間を過ごすわけでも、よく知っているわけでもない関係もあ**

る。見ず知らずの人との交流にさえ、隠れたメリットがある。

コーヒーを買うという、ごく日常的な、取るに足らないやりとりを考えてみよう。コーヒーショップに行ったとき、店員に話しかけることはあるだろうか？「調子はどう？」とか「仕事はうまくいってる？」と尋ねることはあるだろうか？　こういう行為が習慣化している人もいるし、そうではない人もいる。だが、いずれにせよ、多くの人は**こうしたやりとりが大事だとは思っていない**。本当にそうだろうか？　こうした会話に価値はないのだろうか？

興味深い研究がある。コーヒーを飲みたいと思っている被験者を二つのグループに分け、一方のグループにはバリスタと話をするように、もう一方のグループにはできるだけ事務的かつ効率的に行動するよう指示をした。結果は「電車内の見知らぬ人」（第2章）の実験と同じだった。コーヒーをテイクアウトするときにバリスタ（被験者にとっては見知らぬ人）に微笑みかけ、目を合わせ、軽い世間話をした人は、できるだけ効率的に行動するよう指示された人よりも気分が良くなり、相手に対して強い一体感を覚えていた。要するに、見知らぬ人との友好的なひとときは、人に高揚感を与えてくれるのだ。

ささやかなひとときが、気分を高め、ストレスを和らげてくれる。気の重い通勤も、職場の警備員との短い会話で楽になる。郵便配達員に挨拶すれば、孤独感も薄れる。こうした小さなやりとりが、私たちの気分や意欲に一日中いい影響を与えてくれる。日常の中で気分を高めてくれる機会を求め、見つけていくことを習慣化すれば、効果はやがて大きく広がっていく。自分にとって、そして人間関係全体にとっても、そうだ。親密な友情は、何気ない交流の繰り返しによって結ばれ、育まれていくことがわかっている。そして、ときには、本当に些細な交流が、まったく新しい世界への扉を開いてくれることもある。

さまざまな人間関係のなかでも、最も価値が見逃されているかもしれないのが、気軽な友人との関係だ。費やされる時間も多くないし、与える影響も目立つものではない。だが現在では、こうしたつながりのメリットを探る研究がたくさん行われている（社会科学の専門用語では「弱いつながり」と呼ぶが、筆者はこの表現があまり好きではない。「弱い」とは言えないケースもあるからだ）。困っているときに助けを求めるような関係ではないかもしれないが、日常のなかでいい気分や元気を与えてくれる存在だし、彼らのおかげで大きなコミュニティにつながっていると感じることができる。

社会学者のマーク・グラノヴェッターの研究は、気軽なつながりには人生を左右する価値があることを示した点で重要だ。グラノヴェッターによれば、新しい人間関係への架け橋になるのは、軽い知り合い程度の人だ。この架け橋を通じてさまざまなアイデア、ときには驚くようなアイデア、これまでは得られなかった情報や機会が行き来するようになる。また、気軽なつながりを大切にしている人は、良い仕事を見つけやすい。人間関係に多種多様な人が関わるほど、何かが起こる可能性の幅も広がる。気軽なつながりは、自分が関わっているコミュニティの価値も大きくなる。内輪のつながりの外にいる人にも声をかけ、つながり、経験を分かち合う人は、対立が生じたときにも相手の気持ちを汲み取り、共感する力がある。

第4章で作成した、自分のソーシャル・ユニバースの図を見てみよう。図を作成しなかった人は、自分の友人関係全体を思い浮かべ、日常的にどんなやりとりをしているかを考えよう。他の社会集団につながる友人関係はあるだろうか？　斬新なアイデアに触れる機会をもたらす友人はいるだろうか？「弱い」つながりを育む機会はあるだろうか？

また、気軽な人間関係は、非常に移ろいやすい。人生が移り変わるなかで、ふと生まれるが、何もしなければいつの間にかなくなってしまう。本研究の被験者たちとルウィーズ・グレゴリーら研究スタッフとの絆が続いたのは、長年、組織的な努力や献身によってつながりを維持してきたからだ。距離を隔てた人間関係や気軽な人間関係では、めったにないほど細やかな注意が向けられていた。

第3章では、ライフステージの変化に合わせて人間関係も変わっていくと述べたが、友人関係はとりわけそうだ。生活が変わり、今までのような気楽な付き合いができなくなったとき、友情に空白が生じる。若い頃には夜や週末に友人と遊ぶ時間がたっぷりあるものだが、結婚して子どもが生まれると自分の時間はほとんどなくなってしまう。あるいは、会社で会議に明け暮れていた現役時代が終わり、待望の引退生活に入ったとたん、想像以上の孤独感に襲われる場合もある。人間関係は、人生の歩みにずっと寄り添っていてくれるわけではない。

ライフステージが変われば、友情も変わる

夏の日に町や近所を散歩すると、さまざまなライフステージにおける友情のワンシーンが目に入ってくる。若者たちはチームスポーツに興じている。中年の男女は仲間とコーヒーを飲んだり、一緒にランニングしたりしている。同じ年頃の子どもをもつ親たちは遊び場に集い、八〇代の老

人たちは公園でチェスを楽しんでいる。

友情の種類も、友情が果たす役割も、ライフステージによって大きく変わる。新しい友情は人生の大きな変化に伴って生じることが多い。また、そうした変化を乗り切るときの力になってくれることもある。

青年期の若者は、一緒に何かを発見し、考えや気持ちを共有することで友情の絆を結んでいく。親元を離れ、初めての一人暮らしに挑戦する大学生は、同じ境遇の仲間と一緒に試練を乗り越えながら信頼を深めていく。子育てを始めたばかりの新米の親たちは、実体験に基づく情報を求め、精神面でも実務面でも頼りになる子育ての先輩とのつながりを求める(ちなみにマークとジョーンの場合も、子育てに関してはずっとボブとジェニファーを頼りにしていた。ジョーンの体力が回復すると、出産後初の二人きりの夜のデートを楽しんだが、そのときもボブ夫妻に子守を頼んだ)。それに、前にも述べたが、幸福になるためには、人に助けられるのと同じくらい人を助けることが重要だ。子育ての先輩は(ボブとジェニファーがそうであったように)、新米の親に**必要な助けを差し伸べることで人生が豊かになる。**ライフステージに由来する友情は、ともに大きな課題を乗り越えていく仲間だから、結びつきが強くなる。ライフステージが変われば、毎度のことだが、そうした友情も色褪せていく。しかし、短期間の固い絆から何十年も続く絆が生まれ、ライフステージが変わっても続いていくことがある。

人は、常に友人たちと歩調を合わせて人生を歩むわけではない。以前はぴったり息が合っていた友人が、最近はどうもしっくりこない、ということもある。そうした友人関係を維持したい場合は、二人の間にできた隙間を埋め、相手の状況を理解する努力が今まで以上に必要になる。

例えば、自分はまだ独身なのに、友人たちは結婚して子どもが生まれるという時期がそうだ。ふと気がつけば、友人たちは別世界にいて、話題は赤ちゃんやおむつのことばかり。子どものいない自分は取り残された気分になる。嫉妬というより、永遠に続くと思っていた友情が薄れていく寂しさを感じるかもしれない。

だが、ライフステージが変わると、ある種の友情が失われるのは自然なことだ。本研究でも、引退後に友人関係を失った被験者は男女を問わずたくさんいた。第9章で見たように、仕事がソーシャル・ユニバースの基礎になっている人もいる。その場合、仕事がなくなると、ソーシャル・フィットネスも損なわれる。

ハーバード大学出身の被験者ピート・ミルズも、弁護士を引退すると、この問題に直面した。ピートには、仕事を通じた人間関係しかなかった。新たな友人をつくるには、自分から積極的に行動しなければならない。そう気づいたピートは妻と一緒にボウリングを始めた。

「私はピートに、人を家に招いてもてなす機会はどのくらいあるかと尋ねた」と調査員は調査メモに記している。

月曜の夜には、ボウリングのあとで二〇人を自宅に招いて「飲み物と、たっぷりのつまみ」を楽しんだ、とピートは言う。金曜日の夜には夕食に六人を招いた。友人たちが来る前には、彼が床を拭き、妻がほこりを払って家を掃除する。

二人で一緒にいちばん楽しんでいることは何か、と尋ねた。「仲間と過ごすことですね」とピートは言った。ボウリングのグループは月に一回集まる。朗読劇のサークルにも参加しており、定期的な集まりがある。「妻の声はよく通らないけど、私の声はよく通りますよ」と彼はいたずらっぽく言った。

家族以外の人間関係を尋ねた。「人付き合いはたくさんありますよ」と彼は言った。「それに、大勢の旧友たちとも連絡を取っています。大変ですよ。向こうからは連絡してこないから、自分からやるしかない」。親友は誰かと尋ねた。彼はしばらく考えた後、よく一緒に美術館めぐりをし、旅行の話をし、旅先の写真を見せ合う友人夫婦の名を挙げた。「朗読劇のサークルにも仲がいい人が何人かいます」。また、ケンブリッジに住んでいる「大学時代のルームメイトのうちで今でもつながっている唯一の友人」も親友だと思っているが、あまり頻繁には会っていないと認めた。「おそらく、いちばんの親友は、今、ここで付き合いのある友人たちですね」と彼は言った。ほとんどは退職後の数年間に出会った人たちだ。

ピートは積極的に友人を探し、関係を維持している被験者の好例だ。彼は正しかった。旧友と付き合うには、相手に合わせる努力が必要だ。自分には無理だ、とやめてしまう人も多い。だが、ピートと妻は二人ともそういう努力が苦にならない性格だったし、大勢で集まるのが好きだった。誰にでもできることではない。月に数回、二〇人ものゲストを自宅に招くのが楽しくてしかたないという人はめずらしい。だが、重要なのは、自分を幸せにしてくれる友人関係を見極めることだ。自分にはそうしたつながりが十分にあるだろうか？　もしなければ、つながりを手に入れる方法はあるのだろうか？

友人関係にはメンテナンスが必要だ

耳を傾けることは、魅力的で不思議なこと、創造力そのものだ。（中略）人は真摯に話を聴いてくれる友に引きつけられる。（中略）相手に耳を傾けるとき、私たちが創られ、開かれ、広がっていく。

――ブレンダ・ウェランド（米国のジャーナリスト・編集者）

友情は最も放置されやすい人間関係の一つだ。本研究の被験者の人生においても、男女を問わず、放置したせいで友情が悪化していくケースを繰り返し目にしてきた。友情は自由意志によって育まれる。だからこそすばらしいし、だからこそはかない。はかないものだからといって、大して価値がないわけではない。すでに手にしている友人関係を維持したり、新しい友人をつくっていくには、意志を伴う行動が必要だ、という意味だ。

筆者らが最もよく訊かれる質問の一つに「私に必要な友人の数は何人ですか？　五人？　一〇人？　一人？」という質問がある。

残念ながら、本人以外には答えられない質問だ！　必要な友人の数は、人それぞれ違う。親友が二人もいれば十分だという人もいれば、一緒にいろいろな活動を楽しみ、大人数で集まりたいから友人はたくさんほしい、という人もいる。ライフステージによって、求めるものも変わる。自分にとって関心が共通する社会問題や活動を通じて、新しい友人や仲間と出会うこともある。自分にとって最適で充実感を得られる友人関係を見極めるには、自分を振り返る必要がある。だが、ここで自分の人生における友人という存在について、考えるべきことをいくつか挙げておきたい。

友人関係も、家族関係と同じ原因によって損なわれる。慢性的な対立、倦怠、好奇心の欠如、注意をきちんと向けない、といった問題だ。

まず、**友人の言葉に耳を傾ける態度を身につけること**。耳を傾けることには、話を聴く側と聴いてもらう側の両方に、同じくらいのメリットがある。先のブレンダ・ウェランドの言葉のとおりだ。耳を傾け、相手の人生経験を真摯に受け止めることで、聴き手と話し手がそれぞれの殻を破り、「開かれて」いき、双方の人生が豊かになる。誰にでも心に秘めた悩みはあるものだが、それが親しい人との会話を難しくすることがある。だが、努力してみてほしい。例えば、自分や家族の病気については、話題にしたくないものだし、話したくても友人の負担になるかもしれないと思って控えてしまうのが普通だ。だから、相手が病気のことに触れたときには、もっと詳しく聞かせてほしいという姿勢を示そう。するともっと深い友情への扉が開かれるかもしれない。

話を聴いてもらうことで、相手が自分を理解し、気遣い、見守ってくれているという感覚が得られる。友人に寄り添い、話を聴くだけで、自分自身も相手に見守られ、理解されていると感じるものだが、自分の話を聴いてもらう勇気も必要だ。また、友人関係においては、話し手と聞き手の役割が固定化してしまうことがある。自分がどちらになりがちかを見極めて、バランスをとろう。双方向の関係が、いちばん強い友情になる。

次に、**仲違いした友人との関係について考えてみること**。友人との関係の中で傷つき、それが長く尾を引くことがある。だが、いつまでも仲違いし続ける必要はない。「私が悪かった」と素直に謝ったり、仲直りの機会――丁寧なメールを送る、昼食をごちそうすると提案する、誕生日に電話する――をつくったりするだけで、過去の傷を修復できることもある。人は友情よりも傷ついた自分の心を守ろうとすることがある。だが、わだかまりを手放せば、心の重荷から解放される。

最後に、**友人付き合いのルーティンを見直すこと**。最も頻繁に会う友人との付き合いはパターン化しやすく、いつも同じ話題ばかり話してしまう。だが、その友人からもっと聞き出したいことはないだろうか？　自分から話せることはもっと他にないだろうか？　おそらくその友人について、その人の過去について、もっと知りたいことがあるはずだ。あるいは、二人で一緒に新しい活動や体験をしてみてもいいだろう。

本章を読んでいて、そんな努力は自分にはとてもできない、と思った人もいるかもしれない。また、孤独感や寂しさを感じていても、自分のやり方は変えられないと思っているかもしれない。昔からなじんだやり方を変えるのは難しい。それに、内気だったり、群れることが嫌いだったりと、人付き合いが難しくなる心理的な壁は誰にでもある。今さら手遅れだと考えている人もいるはずだ。

だが、そう思っているのはあなただけではない。本研究の被験者にも、大人になると友人関係のあり方は変えられない、という考えを繰り返し口にする人はたくさんいた。孤独だと言ったあと、「人生はそういうものだから」とか「忙しくて友人付き合いの暇がなくて」といった発言が続く。質問票に書き込まれた回答からも、そんなあきらめの声が聞こえてくることがある。

アンドリュー・デアリングもそんな被験者の一人だった。心の底で、自分の人生は決して変わらないと思い込んでいた。多くの人のように――あなたもそうかもしれないが――もう手遅れだと決めつけていた。

いくつになっても友達をつくることはできる

アンドリュー・デアリングは、本研究の被験者の中でもとりわけ苦労の多い、孤独な半生を生きてきた。母子家庭で育ち、子どもの頃に引っ越しを繰り返したため、長い付き合いの友人ができなかった。大人になってからもよい友人をつくるのに苦労した。三四歳で結婚したが、妻はアンドリューの生活にあれこれと口を挟み、人付き合いを嫌った。妻は誰とも会いたがらず、夫が誰かに会うのも嫌がった。二人で外出することはなかったし、人が訪ねてくることもめったになかった。彼にとって、結婚生活は人生最大のストレスの一つだった。

幸せを感じられたのは、仕事だけだった。アンドリューは時計の修理職人だった。振り子時計や鳩時計を分解し、また動くようにする仕事は楽しかった。客は、古い時計にまつわる家族の思い出を語ってくれたし、客の家宝を蘇らせるのは幸せな仕事だった。五〇代後半になった頃、質問票にあった引退予定を尋ねる質問に、彼はこんな回答を寄せた。「はっきりとはわかりません。八歳のときから働いてきました。仕事があるから生きてこられた。引退は人生の終わりのように思えます。だからずっと仕事を続けたい」

だが、成人後のアンドリューが、調査ではほぼ毎回、幸福感や人生の満足度のレベルは非常に低いと回答していたのも事実だ。四五歳のときには、深く絶望して自殺を図った。二〇年経っても、生きることは苦しみだった。質問票の余白欄に「人生を終わらせようと思ったことがある」と書いてきたこともあった。

六〇代半ばの調査では、親友の存在やその親友の意味を尋ねる質問に対し、「親友は一人もいない」と短く回答していた。趣味についての質問には、「何もない。仕事に行く以外はずっと家にいる」と書いていた。

六七歳のとき、視力の低下により精密な作業ができなくなった。引退するしかなかった。引退して間もなく、生まれて初めて心理療法家のもとを訪れた。自分は一人ぼっちだと感じていること、引退するしかなくてとても悲しかったことなどを話した。自殺願望があることも打ち明けた。心理療法家からは、離婚を考えたことはあるか、と訊かれた。離婚すれば妻を傷つけることになるから申し訳ない、と彼は考えていた。だが、この質問は彼の心を離れなかった。翌年、六八歳のとき、籍は残したまま別居した。アパートで一人暮らしを始めた。

息苦しい結婚生活からは解放されたが、孤独感はさらに強くなった。ふと思いついて、近所のスポーツクラブに入会した。気晴らしに運動しようと思ったのだ。毎日通ううちに、来る日も来る日も同じ顔ぶれがいることに気づいた。ある日、常連の一人に挨拶し、自己紹介してみた。

三ヵ月後にはクラブの常連の全員と知り合いになっていた。人生で最大数の友人ができた。毎日クラブに行くのが楽しみになり、何人かとはクラブの外でも会うようになった。友人のうち数人とは、古い映画が好きだという共通点があるとわかった。そこで、集まってお気に入りの作品の上映会をするようになった。

数年後、アンドリューは、孤独を感じることはあるかという質問に対し、「よくある」と答えた。やはり一人暮らしということもあったのだろう。しかし、現時点での人生がどのくらい理想に近いかを七段階評価で答える質問には、「理想に近い」を意味する「七」と回答していた。寂しさは消えなかったが、人生は以前よりはるかに充実しており、これ以上よくなるとは思えないほどだった。

それから八年後の二〇一〇年、アンドリューは同じ友人たちと親しく付き合い、人間関係の輪をさらに広げ、生き方を変えたことで心が安らいだと言っていた。外で人と会ったり、自宅に人を招いたりする頻度を尋ねる質問に、以前は「まったくない」と答えていた。ところが、八〇代では同じ質問に対し「毎日」と回答した。

人生は千差万別だし、歳月とともに人も大きく変わっていく。だから、人生においてできることとできないことを一概に言うことはできない。ただ、最も孤立し、孤独を感じていた被験者の一人だったアンドリューは、救いを見出すことができた。生活のルーティンを変え、人とつながった。その過程で、自分には価値があると思える世界に足を踏み入れ、成長していった。

私たちは人とのつながりを渇望する世界に生きている。自分は流されるままに生きている、孤独だ、もう手遅れで何も変えられない、などと感じることもあるだろう。アンドリューもそうだった。変えられる時期はとうの昔に過ぎてしまったと思い込んでいた。だが、そうではなかった。遅すぎることはなかった。なぜなら、本当のところ、遅すぎることは決してないからだ。

結論　幸せになるのに、遅すぎることはない

ハーバード成人発達研究の質問票（一九八三年）より

質問　どんな調査も、被験者に影響を及ぼすものです。過去数十年のあいだに、ハーバード成人発達研究はあなたの人生にどのような変化をもたらしましたか？

一九四一年、ヘンリー・キーンは一四歳の健康な少年だった。貧困のはびこる地区に暮らしており、知り合いの多くは非行に走ったが、ヘンリーは違った。なぜだろうかと興味をもったハーバード大学の若い研究者は、ある雨の日に、安アパートの三階へと階段を上り、ヘンリーの家族が暮らす部屋を訪ねた。そしてヘンリーと両親に、最先端の研究プロジェクトの被験者になってほしい、と頼んだ。ボストンの貧困地区に暮らす少年たちの生活を調べるため、向こう数年間、定期的に健康診断と対面調査を行いたいという。他にも、ヘンリーの家族のような移民世帯を中心に、市内の他の地区に住む同年齢の少年五〇〇人近くが被験者リストに入っていた。

ヘンリーの両親は半信半疑だったが、研究者は信頼してもよさそうな人物に見えた。両親は被験者になることを承諾した。

その数年前、ハーバード大学の二年生だった一九歳のレオ・デマルコとジョン・マースデンは、学生保健管理センターのオフィスでアーリー・ボックとの面談予約を取った。二人は若い男性の将来の成功要因を調べる研究の被験者になっていた。初回の対面調査は二時間にわたった。翌週、ボックは再び二人と個別に面談した。

「聞き出さなければいけないことがまだあるなんて、想像もつかないですね。自分自身について話す価値のあることが二時間以上もあるなんて、思ってもみなかった」とジョンは言った。

二つの研究はどちらも、数年の規模で実施される予定だった。研究資金が集まれば、一〇年続けられるかもしれなかった。

三人の少年は、長い人生の入口にいた。今、被験者登録時に撮影された当時の彼らの写真を見ると、旧友の写真を見ているような驚きや懐かしさがこみあげてくる。三人には、これから直面する試練も人生の行方も見えていなかった。

被験者のなかには、その後の戦争で命を落とした人もいた。アルコール依存症の合併症で亡くなった人もいる。金持ちになった人も、有名人になった人さえいる。

幸せな人生を送った人もいた。そうでない人もいた。

八〇年が経った今では、ヘンリーとレオが幸せな人生を送った被験者グループに属していることがわかる。二人とも、前向きで現実的な世界観をもち、ひたむきに生きる健康な男性へと成長した。彼らのファイル——彼らの人生——を見ると、不運や悲劇、困難に見舞われるなかで、いくつかの思いがけない幸運があったことがわかる。恋に落ち、子どもに愛情を注ぎ、自分が暮らす地域社会を大切にした。二人とも多くの面でポジティブに人生を生きていたし、自分が生きてきた人生に感謝していた。

ジョンは、不幸せな人生を送った被験者のグループの一人だ。裕福で恵まれた境遇で人生をスタートし、思いがけない幸運もいくつかつかんだ。学業に優れ、ハーバード大に進学し、弁護士として成功するという夢を叶えた。だが一六歳のときに母親を亡くし、子どもの頃には何年もいじめに遭った。大人になるに従い、他人を警戒し、何ごとにもネガティブな態度で当たるようになった。他者とうまくつながることができず、試練に直面すると本能的に身近な人を遠ざけた。二度結婚したが、心から愛されていると感じたことは一度もなかった。

写真を撮影した一九歳の日に戻ることができたなら、ジョンを救うことはできるだろうか？ジョンが人生の試練に対処するとき、彼が被験者として貢献した研究の知見を活用して助けることはできるだろうか？ **ほら、これは私たちが研究したある被験者の人生です。彼の生き方を参考にすれば、あなたはもっと幸せな人生を送れますよ**、と。

だが当然ながら、**本研究の重要な発見の多くは被験者が人生の大半を生きたあとで得られたものだ**。そのため被験者たちは、本書がこれまで紹介してきた知見を、本人がいちばん必要としていたときに役立てることができなかった。

筆者らが本書を書いた理由はそこにある。つまり、被験者本人には伝えられなかった知見を読者のみなさんと分かち合うことが目的だ。本書は本研究および他の十数件の縦断研究に基づいているが、幸福や健康をめぐる大量の研究がはっきりと示していることが一つある。それは、**何歳**

であっても、ライフスタイルのどのステージにいようが、結婚していようがいまいが、内向的だろうが外向的だろうが、そんなことには関わりなく、誰でも人生をポジティブな方向へ変えていけるということだ。

ジョン・マースデンは仮名だ。冒頭でも述べたが、本書では、被験者のプライバシーを守るために、職業や身元の特定につながる細部の情報は変えてある。残念ながら、本書でジョンと呼んだ人物はすでに亡くなってしまった。幸せになりたくても、もう手遅れだ。だが、本書を読んでいるみなさんにとっては、遅すぎることはない。

自分こそ自分の人生の専門家、とは限らない

ハーバード成人発達研究について、よく訊かれる質問がある。「研究チームの質問が、被験者の生き方に影響を与えたのではないか？」「被験者が人生を自己点検しながら生きると、一種の心理的な観察者効果（観察するという行為が観察される対象に変化を与える）が生じ、データが歪められるのではないか？」という質問だ。

この質問には、本研究の創設者であるアーリー・ボックを始め、歴代の責任者や研究員も関心を抱いてきた。一方で、これは答えられない質問だ。ことわざにもあるように、誰も同じ川に二度足を入れることはできない（ゆく河の流れは絶えずして、しかももとの水にあらず、だ）。もし被験者が本研究に参加しなければ、人生がどう変わったかを知る手段はない。しかし、本研究の被験者たちは、自分なりの見解をもっていた。

「申し訳ないが、調査の影響はなかったと思う」というのが典型的な回答だ。

「残念ながら、話のネタになっただけだね」という答えも多い。

ジョン・マースデンはシンプルに「影響はなかった」と答えている。

ジョセフ・シシー（第7章）も「影響はなかった」と回答し、その理由を挙げている。「自分にとって意味のあるフィードバックはもらっていなかったから」


しかし、本研究の調査をきっかけにして自らの人生について考え、違う生き方の可能性に目を向けていた被験者もいた。

「おかげで、二年ごとに自分の人生を見直せた」と、ある被験者は回答した。


自己点検の手順を細かく説明してくれた被験者もいた。「調査のたびに、進行中の活動のレビューや確認を行い、人生の棚卸しをし、目標と優先順位を明確化し、結婚生活の評価をする。三七年の結婚生活が人生の揺るぎない土台になっているのは明白だよ」

「ちょっとした振り返りのきっかけになる」とレオ・デマルコも書いている。「僕の欠点をおおらかに受け入れてくれる愛すべき妻がいてありがたいし、自分は幸せ者だと思える。質問に答えるうちに、**ありえたかもしれない他の生き方や選択肢の存在を意識するようになった**」


本研究の質問に被験者が影響を受けていたという事実自体が、被験者以外の人間の役に立つ教訓だ。電話での調査や質問票による隔年調査をしてもらえなくても、自分が今どこにいて、これからどこに向かいたいのかをじっくり考える時間を自分でつくることはできる。一歩下がって自分の人生を見つめることで、人生にかかった霧を晴らし、進むべき道を選べるようになる。

だがそれは、どの道なのだろうか？

自分を満足させてくれるもの、自分にとって良いことと悪いことはちゃんとわかっている、と私たちは考えがちだ。自分のことを誰よりもよくわかっているのは自分だと思っている。自分が自分であることに慣れすぎてしまい、別の生き方がありえることが必ずしも目に入らない点こそ、私たちの問題だ。

「初心者には、熟達者が忘れてしまったさまざまな可能性が見えている」という禅僧の鈴木俊隆の知恵にあふれる言葉を思い出してほしい。

自分自身に対して率直な問いかけを行えば、「自分が自分の人生の専門家だとは限らない」という事実に気づく第一歩になる。この気づきを受け入れ、自分がすべての答えを知っているわけではないことを受け入れるとき、新たな可能性が開ける。そして、それこそが、正しい道に進む一歩となる。

「私は重要な存在なのだろうか？」

二〇〇五年、研究チームは七〇代になったボストン都市部の被験者を招待し、昼食会を催した。サウシー（ボストン南部）、ロックスベリー、ウエストエンド、ノースエンド、チャールズタウンなど、ボストン市内の被験者の出身地区ごとにテーブルが用意された。被験者のなかには、小中学校からの知り合いや、同じ地区で育った幼なじみ同士もいた。遠方から精一杯のおめかしをして来たスーツとネクタイ姿の人もいれば、普段の服装のまますぐ近くの自宅から車に乗ってウエストエンドまで来た人もいた。妻や子ども（その多くは被験者になっている）を連れてきた人もいた。

被験者の研究に対する献身には頭が下がる。第一世代の被験者の八四％が生涯にわたって研究に参加し続けてくれた。一般的な縦断研究では脱落率はもっと高く、被験者の全生涯をなかなかカバーできない。さらに本研究では、被験者の子どもの六八％が第二世代の被験者になることに同意している。驚異的な参加率だ。すでに他界して久しい第一世代の被験者も、今後の研究のために大きな貢献をしている。彼らは血液を研究チームに提供してくれたが、彼らの健康データや心理学的データと、ボストン市内の各地区の病歴データと合わせて分析することで、鉛などの環境汚染物質による健康への長期的影響を調べられる。人生の終わりが近づいたとき、本研究に自らの脳を寄付することに同意してくれた被験者もいる。遺族も被験者の死に際して、悲しみのさなかにありながら、愛する家族の身体の一部を研究チームに献体するための手続きを取ってくれた。こうした貢献のおかげで、被験者の人生は価値あるものであり続けている。その遺産はこれからも生き続けるだろう。

本研究は、調査する側とされる側の両方の人生を豊かにするプロジェクトだ。研究スタッフは被験者とのつながりから生きる力をもらってきた。何百もの家族が科学史の中の特別な存在となったのは、スタッフの創造力や献身があればこそだ。生涯のほとんどを本研究のスタッフとして過ごしたルウィーズ・グレゴリー（第10章）がまさにそうだ。被験者が多忙と困難を極めた時期にも質問票に答えてくれたのは、研究の意義を信じていたからだけでなく、ルウィーズらスタッフに対して忠誠心を感じていたからだ。人間関係の価値を時間をかけて明らかにしていった本研究そのものが、つまるところ、人間関係によって支えられていたのだ。

本研究に関わる人々は、長い時間をかけて一種の目に見えない共同体を形成していった。被験者のなかには、晩年になってようやく他の被験者に会った人もいれば、自分以外の被験者を一生知らないままの人もいた。それでも、誰もが本研究との絆を感じていた。最初は自己開示（ありのままの自分をさらけだすこと）に慎重だったが、なんとか最後まで調査に協力してくれた被験者もいた。研究チームからの電話を心待ちにし、質問を受けたり話を聞いてもらったりすることを楽しむ人もいた。それに、被験者の大半は、自分というものを超えた大きな意義のある何かに貢献していることを誇りにしていた。本研究への参加によって、自分の足跡をこの世界に残すと同時に、次世代育成能力を発揮し、決して出会うことのない未来の人々の役に立てるだろう、と信じていた。

つまり、多くの人が抱く「私は重要な存在なのだろうか？」という疑問の答えがここにある。

読者のなかには、人生も半ばをとうに過ぎて過去を振り返る人もいれば、まだ若くて未来に目を向けている人もいるだろう。だが年齢を問わず、誰もが覚えておくべきことがある。自分は重要な存在なのか、未来の世代に何かを残せるか、自分を超えた意義ある何かに貢献できるか、という問いの答えは、個人としての成功だけではなく、他人に対して何ができるかによって決まる、ということだ。そして、そのためにできることを今始めても、決して遅すぎることはない。

科学が言えること

人類史という視点でとらえれば、「幸福に関する科学」が生まれたのは最近のことだ。生涯にわたって人に幸せをもたらすものを科学はゆっくりと、だが着実に明らかにしつつある。幸福に関する研究成果を現実世界に応用するための新しい発見や洞察、戦略も進化し続けている。筆者らの最新の取り組みを知りたい人は、非営利団体「ライフスパン研究財団」のウェブサイト（www.lifespanresearch.org 英語のみ）を参照していただきたい。

幸福研究の最大の課題は、研究成果を現実の人生にいかに応用するかだ。人生は千差万別だし、同じ社会集団の中でも生き方は一人ひとり違う。本書で紹介した発見や考えは科学的研究に基づいているが、あなたが心の中で感じている動揺や矛盾は科学では解明できない。ある友人から電話がかかってきたときの感情は数値化できない。あなたが夜眠れない原因や、後悔している出来事、愛を表現する方法も解明できない。子どもに電話をかける頻度が適切なのか、家族の誰かと久しぶりに連絡すべきかどうかも、科学ではわからない。近々会う予定の友人とコーヒーを飲みながら深い話をすべきなのか、一緒にバスケットボールをすべきなのか、散歩すべきなのかも、科学では埒《らち》があかない。答えを見つけるには、自分を振り返り、自分に合った方法を考えるしかない。本書の内容を活かすには、他の誰とも違う自分の人生経験を自分で理解し、学んだことを自分の人生に合わせて活用する必要があるだろう。

しかし、**科学が言えることもある。**

良好な人間関係は私たちを幸せにし、健康にし、長生きさせてくれるということだ。

これは、人生のどの段階にいても、どのような社会や文化の中で暮らしていても、どのような状況に置かれていても当てはまる。つまりあなたにとっても、これまで生きてきた人類全員にとっても、ほぼ当てはまる真実だ。

四つめの「R」

他人とのつながり、つまり人間関係ほど、私たちの生活の質に影響を与えるものはない。これまで何度も述べてきたように、人間は社会的な生き物だ。この事実が意味するものは、多くの人が考えるよりはるかに重要かもしれない。

基礎教育は読み（reading）、書き（writing）、算数（arithmetic）の三つが重要だとされ、各単語に「R」の文字があることから「３R」と呼ばれる。早期教育は、子どもたちが将来の人生に備えるためのものだ。だからこそ、筆者はこの基礎教育に、四つめの「R」として人間関係（relationship）を加えるべきだと考える。

読み書きは社会運営にとって不可欠なスキルだが、人間は生まれつき読み書きという技能を必要としているわけではない。数学がなければ現代社会は成り立たないが、人間は生まれつき数学というスキルを必要としているわけではない。しかし、人間は生まれつき他者とのつながりを必要としている。他者とのつながりは豊かな人生の基盤になるものだ。だから筆者は、運動や食事といった健康上の推奨事項と並んで、よい人間関係を育む方法、つまりソーシャル・フィットネスを高める方法を子どもたちに教えるべきだし、公共政策においても重要事項として検討するべきだと強く思っている。テクノロジーが急速に発達し、私たちのコミュニケーションのあり方や人間関係を育むスキルに影響を及ぼしている今こそ、ソーシャル・フィットネスを健康教育の中心に据えることがとりわけ重要だ。

世の中はこのことに気づきつつある。良好な人間関係が健康を高めることを示す研究結果は現在では数百件あり、本書でもその多くを引用した。生徒が自己を認識し、自分の感情を見極めてコントロールする方法を学び、対人スキルを高めることを目的とした「社会性と情動の学習（SEL）」と呼ばれる授業も、世界各地の教育現場で試験的に導入されている。研究によれば、こうした教育を受けた生徒は、年齢や人種、ジェンダー、階級を問わず、仲間といい関係を築き、成績が向上し、問題行動や薬物使用、精神的苦痛が少ないなどの効果が見られた。こうしたプログラムは私たちが進むべき道への一歩であり、人間関係を重視することの恩恵をはっきりと示すものだ。これらと同じ内容をさまざまな組織や職場、コミュニティ・センターにおいて大人に実践する取り組みも、着々と進められている。

幸せな人生への途上で

私たちは今、世界的な危機の中を生きている。そんななか、他人とのつながりがかつてないほど求められている。新型コロナウイルスのパンデミックは、こうしたつながりの必要性をはっきりと浮き彫りにした。感染が拡大してロックダウンが始まると、人々は絆や安心感を求めて大切な人たちとつながろうとした。ロックダウンが数週間、数ヵ月間と長引くにつれ、孤立がもたらす奇妙で深い影響を感じ始めた。分かちがたく結びついている私たちの心と身体は、孤立のストレスに反応した。世界中の人々が心身に不調をきたし始めた。小中高生は友人や教師とのふれあいを失い、大人は同僚と一緒に働けなくなった。結婚式は延期され、友人とは会えず、インターネットを使える人はコンピューターの画面越しのコミュニケーションで満足するしかなかった。人々は突如として、はっきりと認識した。学校や映画館、レストラン、野球場は、学習や映画鑑賞、食事、スポーツをするためだけの場所ではなかったことを。これらは、人々を結びつけるための場所だった。

さまざまな世界的な危機が、これからも人類のウェルビーイングを脅《おびや》かし続けるだろう。しかし、そうした危機への対処に悩むとき、私たちが忘れてはならないことがある。それは、一人ひとりの目の前には、今この瞬間、この場所しかないということだ。究極的に、どんな危機にも立ち向かえる防波堤になるのは、一つひとつの瞬間に対する生き方であり、人生、生活の中で出会う人——家族、友人、地域社会の人々——とのつながりだ。

本研究の被験者たちも、子どもの頃に、これから訪れる世界の危機や人生の苦難を想像できていたわけではない。レオ・デマルコは第二次世界大戦が迫りつつあることを知らなかったし、ヘンリー・キーンは家族を貧困に追い込んだ大恐慌に対して無力だった。そして、私たちも、この先に待ち受ける苦難を正確に予見することはできない。

幸せな人生は、ただのんびり気楽に待っていればやってくるものではない。ハーバード成人発達研究が集めた何千もの人生のストーリーは、私たちにそう教えてくれる。幸せな人生はむしろ、避けることのできない試練に立ち向かい、今この瞬間を精一杯生きることから生まれる。私たちが誰かを愛し、愛されるために心を開くとき、経験を重ねて成長するとき、そして喜びや苦難を通して他者と固く結び合うとき、幸せな人生《グッド・ライフ》は静かに姿を現すのだ。

今すぐ決断すべきこと

幸せな人生への道を歩んでいくには、どうすればいいのだろう？　まず、幸せな人生は目的地ではないと認識することだ。幸せな人生とは道そのもの、道をともに歩く人たちそのものだ。人生という道を歩みながら、一瞬ごとに、注意を誰に、何に向けるかを決めていこう。週を追うごとに、人との交流を優先し、大切な人といることを選択しよう。年を追うごとに、人生を豊かにし、人間関係を育むことで、人生の目的や意味を見出していこう。他者――家族、愛する人、職場の仲間、友人、知り合い、そして見知らぬ人も含まれる――への好奇心を発揮し、そのときどきに心を込めて声をかけ、真摯な注意を向けること。そうすれば、幸せな人生《グッド・ライフ》の基礎が揺るぎないものになっていく。

ここで、読者のみなさんが今すぐ幸せな人生を始められるよう、最後の提案をしよう。誰か一人、大切な人のことを思い浮かべよう。相手は、あなたにとってその人がどれほど大切な存在か気づいていないかもしれない。配偶者でも、恋人でも、友人でも、仕事仲間、きょうだい、親、子ども、あるいは若い頃に世話になった恩師でもいい。その人は、今この瞬間、本書を読んだり聞いたりしているあなたの隣に座っている人かもしれない。キッチンで食器を洗っているかもしれないし、よその街や外国にいるかもしれない。その人は今、どんな人生を送っているだろうか？　どんなことで悩み、苦しんでいるだろうか？　あなたにとってその人の存在は何を意味しているだろうか？　その人はあなたに何を与えてくれただろうか？　もしその人がいなかったら、あなたの人生はどうなっていただろうか？　今のあなたはあるだろうか？

もう二度と会えないとしたら、あなたはその人にどんな感謝の言葉を伝えるだろう？

今この瞬間に――今このときに――その人のほうを向いてみよう。電話をしよう。思いを伝えよう。

謝辞

本書の制作は、「人間関係こそが、人生を有意義にし、すばらしいものにしてくれる」という一つの根本的な真実を図らずも証明するものだ。執筆を支えてくれた多くの方々の優しさと知恵に深く感謝する。

筆者二人の友情と協力関係が始まったのは、三〇年近く前、マサチューセッツ精神保健センターのスチュアート・ハウザー研究室で研究員をしていたときだ。スチュアートは青年期の若者を対象にした縦断研究に取り組んでいた。この研究を通じて、私たちは長い年月をかけて人々の人生を追跡することで多くの知見が得られることを知った。また彼は、人々のストーリーに真摯に耳を傾けることの価値も教えてくれた。

ボブのハーバード大学医学部時代の恩師であるジョージ・ヴァイラントは、ハーバード成人発達研究の三代目の責任者だった。成人の発達科学に対する彼の洞察は、今では人間のライフサイクルに関する常識となっている。また、この貴重な縦断研究プロジェクトを次世代の研究者に託そうとした彼の意思は、未来に価値をつなぐ「ジェネラティビティ（次世代育成能力）」を発揮した行為そのものだ。当然ながら、私たちは、本研究の歴代の責任者の偉大な業績にも多くを負っている。ハーバード大学の学生コホートの研究を開始したクラーク・ヒース、アーリー・ボック、チャールズ・マッカーサー、そしてボストン都心部のコホート研究を始めたエレノアとシェルドンのグルエック夫妻らだ。こうした研究の実現には、資金が必要だった。ハーバード成人発達研究は、米国国立精神衛生研究所、米国国立老化研究所、WT研究助成財団、ハーバード大学ニューロディスカバリーセンター、フィデリティ財団、ブルーム・コブラー財団、ワイルメモリアル慈善財団、ケン・バーテルとジェーン・コンドンの支援がなければ成立しなかったはずだ。

これほど詳細な縦断研究を行うには、一つの村のように一致団結したスタッフによる献身と忍耐も不可欠だった。研究チームは一つのコミュニティだ。ルウィーズ・グレゴリーやエヴァ・ミロフスキー、ロビン・ウェスタンは、数十年にわたって事務を担当し、被験者との心のつながりを維持してくれた。現在も、優秀な博士研究員や大学院生、学部生、さらには一部の高校生など、名前を挙げ切れないほど多くのスタッフがこの業務を担い、好奇心や新鮮な視点によって研究に新たな力を与えている。第一世代の被験者の子どもたちにも被験者として研究に参加してもらえるようになったのは、マーギー・ラックマンやクリス・プリーチャー、テレサ・シーマン、ロン・スピロら優れた同僚たちの尽力のおかげだ。また、筆者らの同僚のマイク・ネバレスは、エンジニアとしての緻密さと医学の専門性を活かし、第二世代の被験者を対象として、最先端の生物学的手法とデジタルツールを導入した研究を統括している。

二〇一五年、ボブは本研究の成果をテーマにTEDトークで講演を行った。この講演は世界中に拡散され、人間の幸福をめぐる発達科学の知見をもっと知りたいと望む人が大勢いることが明らかになった。筆者の友人である同僚のジョン・ハンフリーは、生涯発達の研究成果を活用し、人々が意義やつながり、目的に満ちた健康な生活を送ることを使命に掲げる非営利団体、「ライフスパン研究財団」（www.lifespanresearch.org）を設立するという目標をもっていた。ジョンは二〇二二年五月に他界し、筆者らは今も喪失感を抱えている。だが、世の人々の役に立つ研究の設立に奮闘した彼のエネルギーと情熱は、私たちに勇気と刺激を与え続けるだろう。この財団のスタッフであるジョン、マリアンヌ・ドハーティ、スーザン・フリードマン、ベッツィ・ギリス、リンダ・ホッチキス、マイク・ネバレス、コニー・スチュワードらのおかげで、学術雑誌に埋もれがちな研究成果を取り出し、幸福に関する科学の知恵を求める人々にとって使いやすいツールに翻訳することができた。

本書は、出版界というもうひとつの村の創造物でもある。アイデア・アーキテクトのダグ・エイブラムスは、最初の段階から完成版に近い形で本書の構成を構想していた。本づくりのプロジェクトに対する彼の信念と、同社のチーム、とくにララ・ラブ、サラ・ライノーン、レイチェル・ノイマンの貢献は、ライフワークを本にするという私たちの漠然としたアイデアを形にするための明確な道筋を示してくれた。ロブ・ピロは、哲学的な視点から「幸せな人生《グッド・ライフ》」をめぐる深い見識を提供してくれた。原稿に目を通してくれた寛大な人たちにも感謝する。カリー・クロール、ミシェル・フラン、ケイト・ペトローバ、ジェニファー・ストーンがそれぞれの視点から貴重な意見を述べてくれたおかげで、アイデアと文章の精度を上げることができた。

出版社サイモン＆シュスターのジョナサン・カープとボブ・ベンダーは、世界が大いなる不確実性の時代にあるなかで、本書を刊行する意義を固く信じ続けてくれた。彼らの本書にかける情熱は周りの人にも伝わり、広がった。また、ベテラン編集者のボブ・ベンダーが熟練の手さばきで丁寧に原稿を見てくれたことは、私たちにとって幸運だった。ジョアンナ・リーは本書のすばらしいグラフィックデザインを手がけてくれた。コピーエディターのフレッド・チェイスにも感謝している。マーシュ・エージェンシー社のサリマン・セントクレア、ジェマ・マクドナー、ブリタニー・プーリン、カミーラ・フェリエ、そしてアブナー・スタイン社のカスピアン・デニス、サンディ・ヴィオレットは、国際出版契約を通じて本書を広い世界に届けるために尽力してくれた。また、本書を翻訳して世界中の人々に届けることに価値を見出してくれた、世界の三〇社以上の出版社にも感謝している。

本づくりのプロジェクトの価値を信じてくれた多くの人たちがいなければ、本書を書く勇気はもてなかった。タル・ベン・シャハー、アーサー・ブランク、リチャード・レイヤード、ヴィヴェック・マーシー、ローリー・サントス、ガイ・ラズ、ジェイ・シェティ、ティム・シュライバー、キャロル・ユーらは、筆者らがくじけそうなときに励ましてくれた。また同僚のアンジェラ・ダックワース、イーライ・フィンケル、ラモン・フローレンザーノ、ピーター・フォナギー、ジュリアン・ホルト＝ランスタッド、ドミニク・ショービは、科学的な研究の成果をわかりやすく、インパクトのある形で世の中に伝えるための見本を示し、制作の初期段階で筆者を励ましてくれた。

マーク・ヒッツは当初からプロジェクトの中心的な存在だった。マークは、人間の経験を鋭く、共感に満ちたまなざしで観察し、卓越した技能と繊細さで文章にする力をもつライターだが、彼にとって未知なる分野で私たちとダンスをしてくれた。彼のおかげで本書の言葉は音楽のように響き渡っている。また。膨大な研究記録から見つけた被験者たちのストーリーを使って研究成果に生命を吹き込む手助けもしてくれた。これはすべて、研究チームに自らのストーリーを語ってくれた被験者に対する彼の深い尊敬の念と、粘り強さ、忍耐力のなせる業《わざ》だ。マークがその才能をこの共同作業に注いでくれたことに、私たちはこれからも感謝し続けるだろう。

本書の最大の恩人は、ハーバード成人発達研究の被験者たちだ。人間についての豊かで深い理解を世の中に広めるべく、自らの人生を語ってくれる何世代もの人々への感謝の念は尽きない。彼らは自らの人生を語ることで、科学と全世界に贈り物をしてくれている。彼らの存在は、惜しみなく優しさを発揮すること、お互いを思いやることの大切さを教えてくれる。すべての恩に報いることはとてもできないが、本書がせめてもの恩返しになることを願っている。

ボブより

運であるにせよ縁であるにせよ、人生に大きな影響を与える人とのめぐりあいは、神秘に満ちている。私は多くの良き師に恵まれた。バーバラ・ローゼンクランツ教授は、古い史料に強い好奇心をもって向き合うことの面白さを教えてくれた。フィル・アイゼンバーグ、キャロリン・マルタス、ジョン・ガンダーソンらをはじめとする臨床分野の大勢の師は、心の苦しみからの救いを求めて診療室を訪れる人々の人生のストーリーに熱い好奇心をもって接することの大切さを教えてくれた。アベリー・ワイズマンは精神分析医兼研究者の手本を示してくれたし、トニー・クリスとジョージ・フィッシュマンは臨床診療と実証研究を日々の仕事の中でうまく両立させようと奮闘していた私に勇気を与えてくれた。ダン・ビューイとジル・ウィンザーは、人々——私もそのうちの一人だ——をあたたかく見守り、最高の能力を引き出す稀有な人たちだ。

この四〇年間、私は精神科医を目指す数百人もの若者たちを指導してきた。人間の行動を理解したいという共通の情熱を分かち合える彼らのおかげで、私はこの先もずっと、このテーマについて語り合う相手に困ることはないだろう。私は毎日、心理療法の現場で患者と会っている。人生の困難に直面しながらも、深い悩みを誰かと共有しようとする彼らの勇気は、幸せで充実した人生への道は無限にあることを教えてくれる。

座禅は私にとって、人として生きることを探求するもうひとつの方法であり、私に人生を変える力を与え続けている。禅の指導者仲間であるデヴィッド・ライニックとマイケル・フィーレケは、一瞬一瞬、怖れることなく生きることの意味を教えてくれた。禅の師であるメリッサ・ブラッカーは、人生に目覚めるための貴重かつ普遍的な方法を私に授けてくれた。私はこの教えを胸に、日々に出会うあらゆるものに向き合っていきたいと願っている。

ボストンのマサチューセッツ総合病院の精神科は、私の研究、教育、執筆の拠点だ。「精神力学プログラム」の教授陣やマウリツィオ・ファヴァ、ジェリー・ローゼンバウム、ジョン・ハーマンら大勢のスタッフは、この臨床医・研究者コミュニティに刺激と喜びを与えてくれる。

ジョン・マキンソンのユーモアにあふれる知恵と出版界での豊富な経験のおかげで、驚きと喜びが尽きない私たちの五〇年にわたる友情は新たな輝きを増した。アーサー・ブランクは以前から、私が本書を書くべきだと確信していた。私やマークたちが学術雑誌に発表してきた研究成果は、もっと広い読者層に届けるべきだ、と主張していた。ジョン・ベアは、本書の実現のための明確なビジョンをもっていた。

私という人間、そして本書を形づくったのは、私を生み育ててくれた家族である。父のデヴィッドは私が知る限り最も好奇心の強い人間で、出会った人すべての人生に限りない興味を抱いていた。母のミリアムは、何ごとにも共感し、つながりを大切にする人だった。家族の歴史に関心をもっていたきょうだいのマークは、過去に目を向け、人生を振り返ることの大切さを教えてくれた。妻のジェニファー・ストーンは三六年間、私の世界の中心であり続けている。彼女は臨床の仕事について賢明なアドバイスを与え、私の文章に注意深く目を通してくれる編集者であり、良き遊び仲間であり、子育てを楽しい共同作業にしてくれるパートナーでもある。二人の息子から学び、楽しくふざけ合うことで、私は謙虚でいられる。ダニエルはときにあっけにとられるほど鋭く分析的なことを言い、デヴィッドは遊び心にあふれているだけでなく鋭い洞察力があり、おかげで私はいつも新鮮な目で世界を眺められる。

そしてもちろん、本書の共著者であるマーク・シュルツに心からの感謝を。私たちの友情については本書でも言及したが、それだけでは三〇年にわたる毎週のミーティングや、家族ぐるみの付き合い、世界各地の学会への出張を通じてともに体験してきたすべては語り尽くせない。週に一度の電話での話題は、子どもたちが学校生活で抱えている問題から、お互いが臨床の現場で出会った難しい状況、幼少期のトラウマと成人の健康との関連性を分析する最良の統計手法など多岐にわたる。自分に足りない能力を補ってくれ、伸ばしてくれるマークのような友人には、おそらく一生に一度めぐりあえるかどうかだろう。この幸運を、私は決して当たり前と見なしてはいけないと思っている。

あなたたちは私に日々、良い人間関係が幸せな人生をもたらすことを思い起こさせてくれる。

マークより

本書『グッド・ライフ 幸せになるのに、遅すぎることはない』は文字どおり、私たちが人生を通じて培ってきた幸運なつながりの上に築かれている。愛情深い両親と祖父母は、私に世の中を探求し、喜びを見つけるよう促してくれた。優れた写真家だった母は、人をよく観察し、話に耳を傾けることの大切さや、何かを創造することの面白さ、人に教え、指導することの喜びを教えてくれた。父は学ぶことへの強い意欲と、知識を活かして人生や世の中を理解すること、たわいない時間を楽しむことのすばらしさを教えてくれた。義理の両親の限りなく大きな支えと寛容な心、愛情も、私の人生を計り知れないほど豊かにしてくれた。

祖父母、とくにグラディスとハンクは、幼い私にとってかけがえのない存在だった。私を励まし、信じてくれたことに大きな感謝を。両親と祖父母は、人生の試練に対処し、人間関係を大切にする方法について、貴重な手本を示してくれた。三人のすばらしいきょうだいは、さまざまな視点から家族や人生について学ぶ機会を与えてくれた。ジュリー、マイケル、スザンヌ、いつもそばで支えてくれてありがとう。

幼なじみや大学時代の親友たちは、人間の絆の大切さと、地理的な壁や人生の状況の違いを超えてつながり続ける方法を教えてくれた。懐かしい旧友のデヴィッド・ヘイゲンは、人と人をつなぐことの意味や、人生を肯定してくれる友人をもつことの意味を、身をもって示してくれた。

私が「幸せな人生」について本格的な勉強を始めたのは、大学生になり、社会学や人類学、政治理論、哲学などを学びながら進むべき道を探っていたときだ。ジェリー・ヒンメルスタイン教授とジョージ・カテブ教授は、書物に宿る神秘の鍵を開ける方法を辛抱強く教えてくれ、新しく興味深い方法で思考することを後押ししてくれた。

当時の私は、迷いを抱えながらも、カリフォルニア大学バークレー校で臨床心理学を学ぶ決心をした。今にして思えば、これは私の人生最大の決断の一つだった。私は人間の幸福と苦難について、新しいやり方で学び始めた。患者と接し、彼らを助けるための最善策を探りながら大きな学びを得られたことには、ずっと感謝し続けている。大学院とその後の臨床研修でめぐりあった数々のすばらしい師や臨床家にも深く感謝している。なかでもフィル・コーワンとキャロリン・コーワンは、研究、臨床、人間関係、そして人生について多くを教えてくれた偉大な師だった。コーワン夫妻からは他者の経験に耳を傾け、好奇心をもつことの真価も教わった。コーワン夫妻と、鋭く創造的な思想の持ち主だったディック・ラザロからは、感情や人間関係など人生の重要な要素のなかでも数値化が難しい面を研究する方法を教わった。本書には、彼らをはじめ多くの恩師の知恵がちりばめられている。

ペンシルベニア州のブリンマー大学を学究生活の本拠地としてから、二五年以上が経過した。これほど活気に満ちた協力的な学びのコミュニティの一員であることを、とても光栄に思う。心理学部の内外の同僚からの教育や学習、研究に対する支援と献身に感謝する。ブリンマー大学に着任して以来の同僚であるキム・キャシディには、この数年間の支えや励まし、友情に深く感謝している。ミッシェル・フランクル、ハンク・グラスマン、ティム・ハートらとの心理学以外の分野での共同研究は、私の考えを広げ、本書で紹介した考えのヒントを与えてくれた。

私は長年、さまざまなレベルで学んでいる優秀な学生たちに教え、ともに研究する喜びを味わってきた。彼らとのつながりは、筆舌に尽くしがたいほど私の人生を豊かにしてくれた。一緒に研究し、新たなアイデアをひらめき、古いアイデアを研ぎ澄ます手伝いをしてくれた学部生や大学院生には大変感謝している。なかでも五年近くの付き合いになるケイト・ペトローバは、本書で紹介した多くのアイデアについての私の考えを深めてくれた。彼女は本研究の次の段階の調査計画にも協力してくれている。マヘク・ニラブ・シャーは本書のために資料を整理し、被験者のライフストーリーを選ぶ際に重要な役割を担った。

ボブとの本づくりは、私たちが三〇年以上にわたって取り組んできたあらゆる共同作業や冒険と同様、実に楽しいことだった。ボブは、賢さ、洞察力、創造性、優しさ、有能さを兼ね備えた、本当にすばらしい人だ。これほど長きにわたり友人であり仕事仲間でいられたのは、とても幸運なことだった。二人のコラボレーションと友情は、私を自分一人では決して届かなかった高みに到達させてくれた。

妻と二人の息子は、私にとってかけがえのない存在だ。彼らは私の人生に何重もの意味や喜びを与えてくれている。ジェイコブとサムは、仕事をしていないときの私に、最高の気晴らしを与え続けてくれた。親切で思慮深い青年に成長した二人は、私たち夫婦の喜びであり誇りだ。ジェイコブは他者の経験や、道徳的・倫理的な大きな問題に強い関心をもっている。複雑な考えをわかりやすく伝える彼の才能には、いつも驚かされる。サムは、他人が気づかない物事のパターンやつながりに気づくことに長けていて、興味深い視点から自然界について学ぶことが大好きだ。彼らや彼らとの関係から教わったことが、本書の内容をより深めてくれた。

妻のジョーンは、もう三〇年以上も私のすばらしい伴侶であり続けてくれている。彼女は、私の研究者としての探求を励まし、落ち込んだときに自信を与え、私にはもったないくらいの喜びをもたらしてくれる。彼女の優しさ、知性、常識のおかげで、私は人生で本当に大切なものに目を向けることができた。ジョーンと一緒に家族の生活を育んでいくことは、私にとって人生最高のプロジェクトだ。残りの人生で何が起ころうと、二人で力を合わせて歩んでいきたい。

参考文献

Ainsworth, Mary D. “Reflections by Mary D. Ainsworth.” *In Models of Achievement: Reflections of Eminent Women in Psychology*, Agnes N. O'Connell and Nancy Felipe Russo, eds. New York: Columbia University Press, 1983.
Aknin, L., et al. “Mental Health During the First Year of the COVID-19 Pandemic: A Review and Recommendations for Moving Forward.” *Perspectives on Psychological Science* (January 2022). https://doi.org/10.1177/17456916211029964.
Allen, Joseph P., et al. “Longitudinal Assessment of Autonomy and Relatedness in Adolescent-Family Interactions as Predictors of Adolescent Ego Development and Self-Esteem.” *Child Development* 65, no. 1 (1994): 179–94. https://doi .org/10.2307/1131374.
Allibone, Samuel Austin. “Prose Quotations from Socrates to Macauley.” Philadelphia: J. B Lippincott, 1880.
Arendt, Hannah. *The Human Condition*, 2nd ed. Chicago: University of Chicago Press, 1958/1998.（ハンナ・アーレント『人間の条件』志水速雄訳、中央公論社、1973年［英語からの訳］／『活動的生』森一郎訳、みすず書房、2015年［ドイツ語からの訳］）
Aristotle. *Nicomachean Ethics* 1.5, W. D. Ross, trans. Kitchener, Ontario: Batoche Books, 1999.（アリストテレス『ニコマコス倫理学』高田三郎訳、岩波書店、1971年／『新版　アリストテレス全集15　ニコマコス倫理学』神崎繁訳、岩波書店、2014年）
Armour, Philip, et al. “The COVID-19 Pandemic and the Changing Nature of Work: Lose Your Job, Show Up to Work, or Telecommute?” RAND Corporation, Santa Monica, CA (2020). https://www.rand.org/pubs/research_reports/RRA308-4 .html.
Arrett, Jeffrey J. “Emerging Adulthood: A Theory of Development from the Late Teens Through the Twenties.” *American Psychologist* 55 (2000): 469–80.
Bailey, Marlon M. *Butch Queens Up in Pumps*. Ann Arbor: University of Michigan Press, 2013.
Baldwin, T. W. *William Shakespeare's Small Latine and Lesse Greeke*. Urbana: University of Illinois Press, 1944.
Baltes, Paul B. “On the Incomplete Architecture of Human Ontogeny.” *American Psychologist* 52 (1997): 366–80.
Bancroft, Anne. *The Wisdom of the Buddha: Heart Teachings in His Own Words*. Boulder, CO: Shambala, 2017.
Bandura, Albert. “The Psychology of Chance Encounters and Life Paths.” *American Psychologist* 37, no. 7 (1982): 747–55. https://doi.org/10.1037/0003-066X.37.7.747.
Barreto, Manuela, et al. “Loneliness Around the World: Age, Gender, and Cultural Differences in Loneliness.” *Personality and Individual Differences* 169 (2020): 110066. doi:10.1016/j.paid.2020.110066.
Barrick, Elyssa M., Alixandra Barasch, and Diana Tamir. “The Unexpected Social Consequences of

Diverting Attention to Our Phones." *PsyArXiv* (October 18, 2020). doi:10.31234/osf.io/7mjax.
Bianchi, Suzanne M., et al. "Who Did, Does or Will Do It, and How Much Does It Matter?" *Social Forces* 91, no. 1 (September 2012): 55–63. https://doi.org/10.1093 /sf/sos120.
Birkjaer, Michael, and Micah Kaats. "Does Social Media Really Pose a Threat to Young People's Well-being?" Nordic Council of Ministers (2019). http://dx.doi .org/10.6027/Nord2019-030.
Bohlmeijer, Ernst Thomas, Peter M. ten Klooster, and Martine Fledderus. "Psychometric Properties of the Five-Facet Mindfulness Questionnaire in Depressed Adults and Development of a Short Form." *Assessment* 18, no. 3 (2011): 308–20. https://doi.org/10.1177/1073191111408231.
Bonanno, G. A., et al. "The Importance of Being Flexible: The Ability to Both Enhance and Suppress Emotional Expression Predicts Long-Term Adjustment." *Psychological Science* 15 (2004): 482–87. http://dx.doi.org/10.1111/j.0956-7976.
Bonanno, George, and Charles L. Burton. "Regulatory Flexibility: An Individual Differences Perspective on Coping and Emotion Regulation." *Perspectives on Psychological Science* 8, no. 6 (2013): 591–612. https://doi.org/10.1177/1745691613504116.
Bosma, Hans, et al., "Low Job Control and Risk of Coronary Heart Disease in Whitehall II (Prospective Cohort) Study." *BMJ* 314 (1997): 558–65.
Bromfield, Richard. *Playing for Real*. Boston: Basil Books, 1992.
Buchholz, Laura. "Exploring the Promise of Mindfulness as Medicine." *JAMA* 314, no. 13 (October 2015): 1327–29. doi:10.1001/jama.2015.7023. PMID 26441167.
Buschman, Timothy J., et al. "Neural Substrates of Cognitive Capacity Limitations." *PNAS* 108, no. 27 (July 2011): 11252–55. https://doi.org/10.1073/pnas.1104666108.
Byron, Ellen. "The Pleasures of Eating Alone." *Wall Street Journal*, October 2, 2019. https://www.wsj.com/articles/eating-alone-loses-its-stigma-11570024507.
Cacioppo, John T., Stephanie Cacioppo, and Dorret I. Boomsma. "Evolutionary Mechanisms for Loneliness." *Cognition and Emotion* 28, no. 1 (2014): 3–21. doi:10 .1080/02699931.2013.837379.
Cacioppo, John, and William Patrick. *Loneliness: Human Nature and the Need for Social Connection*. New York: Norton, 2008.（ジョン・T・カシオポ、ウィリアム・パトリック『孤独の科学　人はなぜ寂しくなるのか』柴田裕之訳、河出書房新社、2010年）
Cacioppo, John T., and Stephanie Cacioppo. "The Phenotype of Loneliness." *European Journal of Developmental Psychology* 9, no. 4 (2012): 446–52. doi:10.1080/17 405629.2012.690510.
Cacioppo, John T., et al. "The Chicago Health, Aging and Social Relations Study." In *The Science of Subjective Well-Being*, Michael Eid and Randy J. Larsen, eds. New York: Guilford Press, 2008. Chapter 13, 195–219.
Cacioppo, John T., and Stephanie Cacioppo. "The Population-Based Longitudinal Chicago Health, Aging, and Social Relations Study (CHASRS): Study Description and Predictors of Attrition in Older Adults." *Archives of Scientific Psychology* 6, no. 1 (2018): 21–31.
Carnegie, Dale. *How to Win Friends and Influence People*. New York: Simon & Schuster, 1981.（D・カーネギー『人を動かす　文庫版』山口博訳、創元社、2016年）
Carroll, Lewis. *Through the Looking-Glass, and What Alice Found There*. London: Macmillan and Co., 1872.（ルイス・キャロル『鏡の国のアリス』河合祥一郎訳、角川文庫、2010年／『不思議の国のアリ

ス　鏡の国のアリス』高山宏訳、青土社、2019年、『不思議の国のアリス　鏡の国のアリス』高杉一郎訳、講談社、2022年）
Carstensen, Laura L. "The Influence of a Sense of Time on Human Development." *Science* 312, no. 5782 (2006): 1913–15. doi:10.1126/science.1127488.
Carstensen, Laura L., D. M. Isaacowitz, and S. T. Charles. "Taking Time Seriously: A Theory of Socioemotional Selectivity." *American Psychologist* 54, no. 3 (1999): 165–81. doi:10.1037//0003-066x.54.3.165.
Caspi, A., and T. E. Moffitt. "The Continuity of Maladaptive Behavior: From Description to Understanding in the Study of Antisocial Behavior." In Wiley series on personality processes. *Developmental Psychopathology* 2, *Risk, Disorder, and Adaptation*, D. Cicchetti and D. J. Cohen, eds. Hoboken, N.J.: John Wiley & Sons, 1995.
Chakkarath, Pradeep. "Indian Thoughts on Psychological Human Development." In *Psychology and Psychoanalysis in India*, G. Misra, ed. New Delhi: Munshiram Manoharlal Publishers, 2013, pp. 167–90.
Chamie, Joseph. "The End of Marriage in America?" *The Hill*, August 10, 2021. https://thehill.com/opinion/finance/567107-the-end-of-marriage-in-america.
Coan, James, Hillary S. Schaefer, and Richard J. Davidson. "Lending a Hand: Social Regulation of the Neural Response to Threat." *Psychological Science* 17, no. 12 (2006): 1032–39. doi:10.1111/j.1467-9280.2006.01832.x.
Coan, James. "Why We Hold Hands: Dr. James Coan at TEDxCharlottesville 2013." TEDx Talks, January 25, 2014. https://www.youtube.com/watch? v=1UMHUPPQ96c.
Cohen, Leonard. *The Future*. Sony Music Entertainment, 1992.
Cohen, Shiri, et al. "Eye of the Beholder: The Individual and Dyadic Contributions of Empathic Accuracy and Perceived Empathic Effort to Relationship Satisfaction." *Journal of Family Psychology* 26, no. 2 (2012): 236–45. doi:10.1037/a0027488.
Cohn, Deborah A., et al. "Working Models of Childhood Attachment and Couple Relationships." *Journal of Family Issues* 13, no. 4 (1992): 432–49.
Coltrane, Scott. "Research on Household Labor: Modeling and Measuring the Social Embeddedness of Routine Family Work." *Journal of Marriage and Family* 62, no. 4 (2000): 1208–33. http://www.jstor.org/stable/1566732.
Cox, Rachel Dunaway. *Youth into Maturity*. New York: Mental Health Materials Center, 1970.
Crick, N. R., and K. A. Dodge. "A Review and Reformulation of Social-Information Processing Mechanisms in Children's Development." *Psychological Bulletin* 115 (1994): 74–101.
Cronin, Christopher J., and William N. Evans. "Excess Mortality from COVID and Non-COVID Causes in Minority Populations." *Proceedings of the National Academy of Sciences* 118, no. 39 (September 2021): e2101386118. doi:10.1073 /pnas.2101386118.
Curtis, Gemma. "Your Life in Numbers." Creative Commons License, September 29, 2017 (last modified April 28, 2021). https://www.dreams.co.uk/sleep-matters -club/your-life-in-numbers-infographic/.
Czeisler, Mark É., et al. "Mental Health, Substance Use, and Suicidal Ideation During the

COVID-19 Pandemic." *Morbidity and Mortality Weekly Report*, United States, June 24–30, 2020: 1049–57. http://dx.doi.org/10.15585/mmwr.mm6932a1.

Dalai Lama. "Economics, Happiness, and the Search for a Better Life." *Dalailama .com*, February 2014. https://www.dalailama.com/news/2014/economics-happiness-and-the-search-for-a-better-life.

Dickinson, Emily. "Dickinson letter to Samuel Bowles (Letter 193)." *Letters from Dickinson to Bowles Archive* (1858). http://archive.emilydickinson.org/correspon dence/bowles/1193.html.

Donne, John. *Devotions Upon Emergent Occasions: Together with Death's Duel*. Ann Arbor: University of Michigan Press, 1959.

Dworkin, Jordan. D., et al. "Capturing Naturally Occurring Emotional Suppression as It Unfolds in Couple Interactions." *Emotion* 19, no. 7 (2019): 1224–35. https://doi .org/10.1037/emo0000524.

Eid, Michael, and Randy J. Larsen, eds. *The Science of Subjective Well-Being*. New York: Guilford Press, 2008.

Emerson, Ralph Waldo. "Gifts" (1844). In *Essays and English Traits*. The Harvard Classics, 1909–14. https://www.bartleby.com/5/113.html.

Emerson, Ralph Waldo. *Essays*. Boston: James Munroe & Co., 1841.（ラルフ・ウォルドー・エマソン『エマソン名著選　自然について』斎藤光訳、日本教文社、1996年、および、ラルフ・ウォルドー・エマソン『エマソン名著選　精神について　改装新版』入江勇起男訳、日本教文社、1996年）

Emerson, Ralph Waldo. *Letters and Social Aims*. London: Chatto & Windus, 1876.

Epley, Nicholas, and Juliana Schroeder. "Mistakenly Seeking Solitude." *Journal of Experimental Psychology* 143, no. 5 (2014): 1980–99. doi:10.1037/a0037323.

Erikson, Erik, and Joan M. Erikson. *The Life Cycle Completed: Extended Version*. New York: Norton, 1997.（エリク・エリクソン、ジョーン・エリクソン著『ライフサイクル、その完結』村瀬孝雄、近藤邦夫訳、みすず書房、増補版、2001年）

Erikson, Erik. *Childhood and Society*. New York: Norton, 1950.（エリク・エリクソン『幼児期と社会1・2』仁科弥生訳、みすず書房、1977年、1980年）

Erikson, Erik. *Identity and the Life Cycle*. New York: International Universities Press, 1959.（エリク・エリクソン『アイデンティティとライフサイクル』西平直、中島由恵訳、誠信書房、2011年）

Fallows, James. "Linda Stone on Maintaining Focus in a Maddeningly Distractive World." *The Atlantic*, May 23, 2013. https://www.theatlantic.com/national/archive/2013/05/ linda-stone-on-maintaining-focus-in-a-maddeningly-distractive-world/276201/.

Farson, Richard, and Ralph Keyes. *Whoever Makes the Most Mistakes*. New York: Free Press, 2002.（リチャード・ファーソン、ラルフ・キース『たくさん失敗した人ほどうまくいく』遠藤真美訳、角川書店、2003年）

Fiese, Barbara H. *Family Routines and Rituals*. New Haven: Yale University Press, 2006.

Fiese, Barbara H., et al. "A Review of 50 Years of Research on Naturally Occurring Family Routines and Rituals: Cause for Celebration?" *Journal of Family Psychology* 16, no. 4 (2002): 381–90. https://doi.org/10.1037/0893-3200.16.4.381.

Finkel, Eli J. *The All-or-Nothing Marriage: How the Best Marriages Work*. New York: Dutton, 2017.

Fishel, Anne K. "Harnessing the Power of Family Dinners to Create Change in Family Therapy." *Australian and New Zealand Journal of Family Therapy* 37 (2016): 514–27. doi:10.1002/anzf.1185.

Fraiberg, Selma, et al. "Ghosts in the Nursery: A Psychoanalytic Approach to the Problems of Im-

paired Infant-Mother Relationships." *Journal of American Academy of Child Psychiatry* 14, no. 3 (1975): 387–421.

Fung, Helene H., and Laura L. Carstensen. "Sending Memorable Messages to the Old: Age Differences in Preferences and Memory for Advertisements." *Journal of Personality and Social Psychology* 85, no. 1 (2003): 163–78.

Gable, Shelly L. "Approach and Avoidance Social Motives and Goals." *Journal of Personality* 74 (2006): 175–222.

Giattino, Charlie, Esteban Ortiz-Ospina, and Max Roser. "Working Hours." *ourworld indata.org*, 2013/2020. https://ourworldindata.org/working-hours.

Giles, L. C., et al. "Effects of Social Networks on 10 Year Survival in Very Old Australians: The Australian Longitudinal Study of Aging." *Journal of Epidemiology and Community Health* 59 (2004): 547–79.

Granovetter, Mark S. "The Strength of Weak Ties." *American Journal of Sociology* 78, no. 6 (1973): 1360–80.

Grant, Adam. "Friends at Work? Not So Much." *New York Times*, September 4, 2015. https://www.nytimes.com/2015/09/06/opinion/sunday/adam-grant-friends-at -work-not-so-much.html?_r=2&mtrref=undefined&gwh=52A0804F85EE4EF9D 01AD22AAC839063&gwt=pay&assetType=opinion.

Griffin, Sarah C., et al. "Loneliness and Sleep: A Systematic Review and Meta-analysis." *Health Psychology Open* 7, no. 1 (2020): 1–11. doi:10.1177/2055102920913235.

Gross, James J. "Emotion Regulation: Affective, Cognitive, and Social Consequences." *Psychophysiology* 39, no. 3 (2002): 281–91. doi:10.1017/s0048577201393198.

Gross, James. J., and Robert W. Levenson. "Emotional Suppression: Physiology, Selfreport, and Expressive Behavior." *Journal of Personality and Social Psychology* 64, no. 6 (1993): 970–86. https://doi.org/10.1037/0022-3514.64.6.970.

Gustavson, Kristin, et al. "Attrition and Generalizability in Longitudinal Studies: Findings from a 15-Year Population-Based Study and a Monte Carlo Simulation Study." *BMC Public Health* 12, article no. 918. doi:10.1186/1471-2458-12-918.

Hall, Jeffrey A. "How Many Hours Does It Take to Make a Friend?" *Journal of Social and Personal Relationships* 36, no. 4 (April 2019): 1278–96. https://doi .org/10.1177/0265407518761225.

Hall, Jeffrey A. "Sex Differences in Friendship Expectations: A Meta-Analysis." *Journal of Social and Personal Relationships* 28, no. 6 (September 2011): 723–47. https://doi.org/10.1177/0265407510386192.

Hammond, Claudia. "Who Feels Lonely? The Results of the World's Largest Loneliness Study." BBC Radio 4, May 2018. https://www.bbc.co.uk/programmes/arti cles/2yzhfv4DvqVp5nZyxBD8G23/who-feels-lonely-the-results-of-the-world-s -largest-loneliness-study.

Hanh, Thich Nhat. *The Miracle of Mindfulness: An Introduction to the Practice of Meditation.* Boston: Beacon Press, 2016.（ティク・ナット・ハン『〈気づき〉の奇跡　暮らしのなかの瞑想入門』池田久代訳、春秋社、2014年）

Harris, Judith Rich. *The Nurture Assumption: Why Children Turn Out the Way They Do.* New York: Free Press, 1998.（ジュディス・リッチ・ハリス『子育ての大誤解——重要なのは親じゃない〔新版〕（上下）』

石田理恵訳、早川書房、2017年）
Hawkley, Louise C., and John T. Cacioppo. "Loneliness Matters: A Theoretical and Empirical Review of Consequences and Mechanisms." *Annals of Behavioral Medicine: A Publication of the Society of Behavioral Medicine* 40, no. 2 (2010): 218–27. doi:10.1007/s12160-010-9210-8.
Hayes, Steven. C., et al. "Measuring Experiential Avoidance: A Preliminary Test of a Working Model." *The Psychological Record* 54, no. 4 (2004): 553–78. https://doi .org/10.1007/BF03395492.
Healy, Kieran. "Income and Happiness." *Kieran Healy* (blog). January 26, 2021. https://kieranhealy.org/blog/archives/2021/01/26/income-and-happiness/.
Helson, R., et al. "The Growing Evidence for Personality Change in Adulthood: Findings from Research with Inventories." *Journal of Research in Personality* 36 (2002): 287–306.
Hill-Soderlund, Ashley L., et al. "Parasympathetic and Sympathetic Responses to the Strange Situation in Infants and Mothers from Avoidant and Securely Attached Dyads." *Developmental Psychobiology* 50, no. 4 (2008): 361–76. doi:10.1002 /dev.20302.
Hochschild, Arlie Russell, and Anne Machung. *The Second Shift*. New York: Penguin, 1989/2012.（アーリー・ホックシールド『セカンド・シフト――アメリカ共働き革命のいま』田中和子訳、朝日新聞社、1990年）
Hoffmann, Jessica D., et al. "Teaching Emotion Regulation in Schools: Translating Research into Practice with the RULER Approach to Social and Emotional Learning." *Emotion* 20, no. 1 (2020), 105–9. https://doi.org/10.1037/emo00 00649.
Holmes, Thomas H., and Richard H. Rahe. "The Social Readjustment Rating Scale." *Journal of Psychosomatic Research* 11, no. 2 (1967), 213–18. https://doi .org/10.1016/0022-3999(67)90010-4.
Holt-Lunstad, Julianne, Timothy B. Smith, and J. Bradley Layton. "Social Relationships and Mortality Risk: A Meta-analytic Review." *PLoS Medicine* 7, no. 7 (2010): e1000316. https://doi.org/10.1371/journal.pmed.1000316.
Holt-Lunstad, Julianne, et al. "Loneliness and Social Isolation as Risk Factors for Mortality: A Meta-Analytic Review." *Perspectives on Psychological Science* 10, no. 2 (2015): 227–37. doi:10.1177/1745691614568352.
House, James S., et al. "Social Relationships and Health." *Science* New Series 241, no. 4865 (July 1988): 540–45.
Howard, Jane. *Families.* New York: Simon & Schuster, 1998.
Huang, Grace Hui-Chen, and Mary Gove. "Confucianism and Chinese Families: Values and Practices in Education." *International Journal of Humanities and Social Science* 2, no. 3 (February 2012): 10–14. http://www.ijhssnet.com/journals /Vol_2_No_3_February_2012/2.pdf.
Hwang, Tzung-Jeng, et al. "Loneliness and Social Isolation During the COVID-19 Pandemic." *International Psychogeriatrics* 32, no. 10 (2020): 1217–20. doi:10.1017 /S1041610220000988.
Impett, E. A., et al. "Moving Toward More Perfect Unions: Daily and Long-term Consequences of Approach and Avoidance Goals in Romantic Relationships." *Journal of Personality and Social Psychology* 99 (2010): 948–63.
IPSOS. "2020 Predictions, Perceptions and Expectations" (March 2020).
IWG. "The IWG Global Workspace Survey." International Workplace Group (March 2019). https://assets.regus.com/pdfs/iwg-workplace-survey/iwg-workplace-survey -2019.pdf.

Jaffe, Sara. "Queer Time: The Alternative to 'Adulting.'" *JStor Daily*, January 10, 2018. https://daily.jstor.org/queer-time-the-alternative-to-adulting/.

Jeffrey, Karen, et al. "The Cost of Loneliness to UK Employers." New Economics Foundation, February 2017. https://neweconomics.org/uploads/files/NEF_COST-OF -LONELINESS_DIGITAL-Final.pdf.

Jeste, Dilip V., Ellen E. Lee, and Stephanie Cacioppo. "Battling the Modern Behavioral Epidemic of Loneliness: Suggestions for Research and Interventions." *JAMA Psychiatry* 77, no. 6 (2020): 553–54. doi:10.1001/jamapsychiatry.2020.0027.

Jha, Amishi, et al. "Deploying Mindfulness to Gain Cognitive Advantage: Considerations for Military Effectiveness and Well-being." *NATO Science and Technology Conference Proceedings* (2019): 1–14. http://www.amishi.com/lab/wp-content/up loads/Jhaetal_2019_HFM_302_DeployingMindfulness.pdf.

Johnson, Sue. *Love Sense: The Revolutionary New Science of Romantic Relationships*. New York: Little, Brown, 2013.

Kahneman, Daniel, and Amos Tversky. "Prospect Theory: An Analysis of Decision Under Risk." *Econometrica* 47 (1979): 263–91.

Kahneman, Daniel, and Angus Deaton. "High Income Improves Evaluation of Life but Not Emotional Well-being." P*roceedings of the National Academy of Sciences* 107, no. 38 (September 2010): 16489–93. doi:10.1073/pnas.1011492107.

Kiecolt-Glaser, Janice K. "WEXMED Live: Jan Kiecolt Glaser." October 6, 2016, Ohio State Wexner Medical Center. Video, 14:52. https://www.youtube.com /watch?v=hjUW2YC1OYM.

Kiecolt-Glaser, Janice K., et al. "Slowing of Wound Healing by Psychological Stress." *Lancet* 346, no. 8984 (November 1995): 1194–96. doi:10.1016/s0140-6736(95)92899-5.

Killgore, William D. S., et al. "Loneliness: A Signature Mental Health Concern in the Era of COVID-19." *Psychiatry Research* 290 (2020): 113117. doi:10.1016/j.psy chres.2020.113117.

Killingworth, Matthew. "Experienced Well-Being Rises with Income, Even Above $75,000 Per Year." *Proceedings of the National Academy of Sciences of the United States of America* 118, no. 4 (2021): e2016976118.doi:10.1073/pnas2016976118.

Killingsworth, Matthew, and Daniel T. Gilbert. "A Wandering Mind Is an Unhappy Mind." *Science* 330, no. 6006 (2010): 932. doi:10.1126/science.1192439.

Krause, Sabrina, et al. "Effects of the Adult Attachment Projective Picture System on Oxytocin and Cortisol Blood Levels in Mothers." F*rontiers in Human Neuroscience* 8, no. 10 (2016): 627. doi:10.3389/fnhum.2016.00627.

Kroenke, Candyce H., et al. "Social Networks, Social Support, and Survival After Breast Cancer Diagnosis." *Journal of Clinical Oncology* 24, no. 7 (2006): 1105–11. doi:10.1200/JCO.2005.04.2846.

Kross, Ethan, Ozlem Ayduk, and W. Mischel. "When Asking 'Why' Does Not Hurt. Distinguishing Rumination from Reflective Processing of Negative Emotions." *Psychological Science* 16, no. 9 (2005): 709–15. doi:10.1111/j.1467-9280.2005.01600.x.

Kross, Ethan, et al. (2013). "Facebook Use Predicts Declines in Subjective Well-being in Young Adults." *PLoS ONE* 8, no. 8: e69841.

Kross, Ethan, and Ozlem Ayduk. "Self-Distancing: Theory, Research, and Current Direc-

tions." *Advances in Experimental Social Psychology* 55 (2017): 81–136. https:// doi.org/10.1016/bs.aesp.2016.10.002.
Kross, Ethan. *Chatter.* New York: Crown, 2021.（イーサン・クロス『Chatter:「頭の中のひとりごと」をコントロールし、最良の行動を導くための26の方法』鬼澤忍訳、東洋経済新報社、2022年）
Kumashiro, M., and X. B. Arriaga. "Attachment Security Enhancement Model: Bolstering Attachment Security Through Close Relationships." In *Interpersonal Relationships and the Self-Concept*, B. Mattingly, K. McIntyre, and G. Lewandowski Jr., eds. (2020). https://doi.org/10.1007/978-3-030-43747-3_5.
La Fontaine, Jean de. *The Complete Fables of Jean de La Fontaine*. Norman R. Shapiro, ed. Urbana: University of Illinois Press, 2007.（ラ・フォンテーヌ『ラ・フォンテーヌ寓話』市原豊太訳、白水社、1967／『寓話』今野一雄訳、岩波書店、1972年）
Lazarus, Richard S., and Susan Folkman. *Stress, Appraisal, and Coping.* New York: Springer, 1984.（リチャード・S・ラザルス、スーザン・フォルクマン『ストレスの心理学　認知的評価と対処の研究』本明寛ほか監訳、実務教育出版、1991年）
Lazarus, Richard S. *Emotion and Adaptation*. New York: Oxford University Press, 1991.
Lee, Ellen, et al. "High Prevalence and Adverse Health Effects of Loneliness in Community-Dwelling Adults Across the Lifespan: Role of Wisdom as a Protective Factor." *International Psychogeriatrics* 31, no. 10 (2019): 1447–62. doi:10.1017 /S1041610218002120.
L'Engle, Madeleine. *Walking on Water: Reflections on Faith and Art*. New York: Convergent, 1980.
Levesque, Amanda. "The West End Through Time." *Mit.edu* (Spring 2010). http:// web.mit.edu/aml2010/www/throughtime.html.
Levinson, Daniel. *The Seasons of a Woman's Life*. New York: Random House, 1996.
Luo, Ye, and Linda J. Waite. "Loneliness and Mortality Among Older Adults in China." *The Journals of Gerontology: Series B* 69, no. 4 (July 2014): 633–45. https:// doi.org/10.1093/geronb/gbu007.
Lyubomirsky, Sonja, Kennon M. Sheldon, and David Schkade. "Pursuing Happiness: The Architecture of Sustainable Change." *Review of General Psychology* 9, no. 2 (2005): 111–31. doi:10.1037/1089-2680.9.2.111.
Magan, Christopher. "Isolated During the Pandemic Seniors Are Dying of Loneliness and Their Families Are Demanding Help," *Twin Cities Pioneer Press,* June 19, 2020. https://www.twincities.com/2020/06/19/isolated-during-the-pandemic-seniors -are-dying-of-loneliness-and-their-families-are-demanding-help/.
Mann, Annamarie. "Why We Need Best Friends at Work." Gallup, January 2018. https://www.gallup.com/workplace/236213/why-need-best-friends-work.aspx.
Manner, Jane. "Avoiding eSolation in Online Education." In *Proceedings of SITE 2003—Society for Information Technology and Teacher Education International Conference*, C. Crawford, et al., eds. Albuquerque: Association for the Advancement of Computing in Education (AACE) (2003): 408–10.
Marmot, Michael G., et al. "Contribution of Job Control and Other Risk Factors to Social Variations in Coronary Heart Disease Incidence." *Lancet* 350 (1997): 235–39.
Matthews, Timothy, et al. "Lonely Young Adults in Modern Britain: Findings from an Epidemiological Cohort Study." *Psychological Medicine* 49, no. 2 (January 2019): 268–77. doi:10.1017/

S0033291718000788. Epub April 24, 2018.

McAdams, Kimberly, Richard E. Lucas, and M. Brent Donnellan. "The Role of Domain Satisfaction in Explaining the Paradoxical Association Between Life Satisfaction and Age." *Social Indicators Research* 109 (2012): 295–303. https://doi .org/10.1007/s11205-011-9903-9.

McGraw, A. P., et al. "Comparing Gains and Losses." *Psychological Science* 21 (2010): 1438–45.

Moors, A., et al. "Appraisal Theories of Emotion: State of the Art and Future Development." *Emotion Review* 5, no. 2 (2013): 119–24. doi:10.1177/1754073912468165.

Murayama, Kou. "The Science of Motivation." *Psychological Science Agenda*, June 2018. https://www.apa.org/science/about/psa/2018/06/motivation.

Neugarten, Bernie. "Adaptation and the Life Cycle." *The Counseling Psychologist* 6, no. 1 (1976): 16–20. doi:10.1177/001100007600600104.

Nevarez, Michael, Hannah M. Lee, and Robert J. Waldinger. "Friendship in War: Camaraderie and Posttraumatic Stress Disorder Prevention." *Journal of Traumatic Stress* 30, no. 5 (2017): 512–20.

Nielsen Report. "Q1 2018 Total Audience Report." 2018. https://www.nielsen.com /us/en/insights/report/2018/q1-2018-total-audience-report/.

Novick, Tessa K., et al. "Health-Related Social Needs and Kidney Risk Factor Control in an Urban Population." *Kidney Medicine* 3, no. 4 (2021): 680–82.

Oberst, Ursula, et al. "Negative Consequences from Heavy Social Networking in Adolescents: The Mediating Role of Fear of Missing Out." *Journal of Adolescence* 55 (2015): 51–60. https://doi.org/10.1016/j.adolescence.2016.12.008.

Okumura, S. *Realizing Genjokoan: The Key to Dogen's Shobogenzo*. Boston: Wisdom Publications, 2010.（奥村正博『「現成公按」を現成する 「正法眼蔵」を開く鍵』宮川敬之訳、春秋社、2021年）

Olsson, Craig A., et al. "A 32-Year Longitudinal Study of Child and Adolescent Pathways to Well-being in Adulthood." *Journal of Happiness Studies* 14, no. 3 (2013): 1069–83. doi:10.1007/s10902-012-9369-8.

Orben, A. "The Sisyphean Cycle of Technology Panics." *Perspectives on Psychological Science* 15, no. 5 (2020): 1143–57. https://doi.org/10.1177/1745691620919372.

Orth-Gomér, Kristina, and J. V. Johnson. "Social Network Interaction and Mortality. A Six Year Follow-up Study of a Random Sample of the Swedish Population." *Journal of Chronic Diseases* 40, no. 10 (1987): 949–57. doi:10.1016/0021-9681(87)90145-7.

Overall, Nickola C., and Jeffry A. Simpson. "Attachment and Dyadic Regulation Processes." *Current Opinion in Psychology* 1 (2015): 61–66. https://doi.org/10.1016/j .copsyc.2014.11.008.

Overstreet, R. Larry. "The Greek Concept of the 'Seven Stages of Life' and Its New Testament Significance." *Bulletin for Biblical Research* 19, no. 4 (2009): 537–63. http://www.jstor.org/stable/26423695.

Park, Soyoung Q., et al. "A Neural Link Between Generosity and Happiness." *Nature Communications* 8, no. 15964 (2017). https://doi.org/10.1038/ncomms15964.

Parker, Kim, et al. "Marriage and Cohabitation in the U.S." Pew Research Center (November 2019).

Pearson, Helen. *The Life Project*. Berkeley: Soft Skull Press, 2016.（ヘレン・ピアソン『ライフ・プロジェクト』大田直子訳、みすず書房、2017年）

Petrova, Kate, and Marc S. Schulz. "Emotional Experiences in Digitally Mediated and In-Person Interactions: An Experience-Sampling Study." *Cognition and Emotion* (2022): https://doi.org/10.1080/02699931.2022.2043244.

Petrova, Kate, et al. "Self-Distancing and Avoidance Mediate the Links Between Trait Mindfulness and Responses to Emotional Challenges." *Mindfulness* 12, no. 4 (2021): 947–58. https://doi.org/10.1007/s12671-020-01559-4.

Plato. *The Symposium,* Christopher Gill, trans. London: Penguin, 1999.（プラトン『饗宴』久保勉訳、岩波書店、2009年／『饗宴:恋について』山本光雄訳、角川学芸出版、2012年／『饗宴』中澤務訳、光文社、2013年）

Pressman, S. D., et al. "Loneliness, Social Network Size, and Immune Response to Influenza Vaccination in College Freshmen." *Health Psychology* 24, no. 3 (2005): 297–306. doi:10.1037/0278-6133.24.3.297.

Puleo, Stephen. *The Boston Italians: A Story of Pride, Perseverance and Paesani, from the Years of the Great Immigration to the Present Day.* Boston: Beacon Press, 2007.

Rheault, Magali. "In U.S., 3 in 10 Working Adults Are Strapped for Time." Gallup, July 20, 2011. https://news.gallup.com/poll/148583/working-adults-strapped -time.aspx.

Riordan, Christine M., and Rodger W. Griffeth. "The Opportunity for Friendship in the Workplace: An Underexplored Construct." *Journal of Business Psychology* 10 (1995): 141–54. https://doi.org/10.1007/BF02249575.

Roberts, Max, Eric N. Reither, and Sojoung Lim. "Contributors to the Black-White Life Expectancy Gap in Washington, D.C." *Scientific Reports* 10, article no. 13416 (2020). https://doi.org/10.1038/s41598-020-70046-6.

Roder, Eva, et al. "Maternal Separation and Contact to a Stranger More than Reunion Affect the Autonomic Nervous System in the Mother-Child Dyad: ANS Measurements During Strange Situation Procedure in Mother-Child Dyad." *International Journal of Psychophysiology* 147 (2020): 26–34. https://doi.org/10.1016/j .ijpsycho.2019.08.015.

Rogers, Carl. *On Becoming a Person.* Boston: Houghton Mifflin, 1961.（カール・ロジャーズ『ロジャーズが語る自己実現への道』諸富祥彦、末武康弘、保坂亨訳、岩崎学術出版社、2005年）

Rogers, Kenny. "You Can't Make Old Friends." Track 1 on Kenny Rogers, *You Can't Make Old Friends.* Warner Music Nashville, 2013.

Ruavieja. "Ruavieja Commercial 2018 (English subs): #WeHaveToSeeMoreOfEachO ther." November 20, 2018. https://www.youtube.com/watch?v=kma1bPDR-rE.

Rung, Ariane L., et al. "Work-Family Spillover and Depression: Are There Racial Differences Among Employed Women?" *SSM—Population Health* 13 (2020): 100724. https://doi.org/10.1016/j.ssmph.2020.100724.

Saffron, Inga. "Our Desire for Quick Delivery Is Bringing More Warehouses to Our Neighborhoods." *Philadelphia Inquirer,* April 21, 2021. https://www.inquirer.com/ real-estate/inga-saffron/philadelphia-amazon-ups-distribution -fulfillment-lan-duse-bustleton-residential-neighborhood-dhl-office-industrial-parks-20210421. html.

Sandstrom, Gillian M., and Elizabeth W. Dunn. "Is Efficiency Overrated?: Minimal Social Interac-

tions Lead to Belonging and Positive Affect." *Social Psychological and Personality Science* 5, no. 4 (May 2014): 437–42. https://doi.org /10.1177/1948550613502990.

Sandstrom, Gillian M., and Erica J. Boothby. "Why Do People Avoid Talking to Strangers? A Mini Meta-analysis of Predicted Fears and Actual Experiences Talking to a Stranger." *Self and Identity* 20, no. 1 (2021): 47–71. doi:10.1080/15298868 .2020.1816568.

Schulz, Marc, and Richard S. Lazarus. "Emotion Regulation During Adolescence: A Cognitive-Mediational Conceptualization." In *Adolescence and Beyond: Family Processes and Development,* P. K. Kerig, M. S. Schulz, and S. T. Hauser, eds. London: Oxford University Press, 2012.

Schulz, M. S., et al. "Coming Home Upset: Gender, Marital Satisfaction and the Daily Spillover of Workday Experience into Marriage." *Journal of Family Psychology* 18 (2004): 250–63.

Schulz, Marc S., P. A. Cowan, and C. P. Cowan. "Promoting Healthy Beginnings: A Randomized Controlled Trial of a Preventive Intervention to Preserve Marital Quality During the Transition to Parenthood." *Journal of Clinical and Consulting Psychology* 74 (2006): 20–31.

Seneca. *Letters from a Stoic*, trans. Robin Campbell (New York: Penguin, 1969/2004), pp. 49–50.（セネカ『道徳書簡集　倫理の手紙集』茂手木元蔵訳、東海大学出版会、1992年）

Sennett, Richard, and Jonathan Cobb. *The Hidden Injuries of Class.* New York: Knopf, 1972.

Shankar, Aparna, et al. "Social Isolation and Loneliness: Relationships with Cognitive Function During 4 Years of Follow-up in the English Longitudinal Study of Ageing." *Psychosomatic Medicine* 75, no. 2 (February 2013): 161–70. doi:10.1097 /PSY.0b013e31827f09cd.

Sharif, M. A., C. Mogilner, and H. E. Hershfield. "Having Too Little or Too Much Time Is Linked to Lower Subjective Well-being." *Journal of Personality and Social Psychology.* Advance online publication (2021). https://doi.org/10.1037/pspp 0000391.

Sheehy, Gail. *New Passages: Mapping Your Life Across Time.* New York: Ballantine, 1995.

Smith, C. A. "Dimensions of Appraisal and Physiological Response in Emotion." *Journal of Personality and Social Psychology* 56, no. 3 (1989): 339–53. https://doi org/10.1037/0022-3514.56.3.339.

Someshwar, Amala. "War, What Is It Good for? Examining Marital Satisfaction and Stability Following World War II." Undergraduate thesis, Bryn Mawr College, 2018.

Spangler, Gottfried, and Michael Schieche. "Emotional and Adrenocortical Responses of Infants to the Strange Situation: The Differential Function of Emotional Expression." *International Journal of Behavioral Development* 22, no. 4 (1998): 681–706. doi:10.1080/016502598384126.

Steinbeck, John. *Travels with Charley: In Search of America.* New York: Penguin, 1997.（ジョン・スタインベック『チャーリーとの旅』竹内真訳、ポプラ社、2007年）

Suzuki, Shunryu. *Zen Mind, Beginners Mind: Informal Talks on Zen Meditation and Practice.* Boulder, CO: Shambala Publications, 2011.（鈴木俊隆『禅マインドビギナーズ・マインド』松永太郎訳、サンガ、2010年）

Tan, Pia. "The Taming of the Bull. Mind-Training and the Formation of Buddhist Traditions." http://dharmafarer.org/wordpress/wp-content/uploads/2009/12/8.2 -Taming-of-the-Bull-piya.pdf, 2004.

Tarrant, John. *The Light Inside the Dark: Zen, Soul, and the Spiritual Life*. New York: HarperCollins, 1998.

Taylor, Rebecca D., et al. "Promoting Positive Youth Development Through SchoolBased Social and

Emotional Learning Interventions: A Meta-Analysis of Follow-up Effects." *Child Development* 88, no. 4 (July/August 2017): 1156–71. https://doi .org/10.1111/cdev.12864.
Thompson, Derek. "The Myth That Americans Are Busier Than Ever." theatlantic.com, May 21, 2014. https://www.theatlantic.com/business/archive/2014/05/the -myth-that-americans-are-busier-than-ever/371350/.
Thoreau, Henry David. *The Writings of Henry David Thoreau (Journal 1, 1837–1846).* Edited by Bradford Torrey. Boston: Houghton Mifflin, 1906.（ヘンリー・ソロー『ヘンリー・ソロー全日記　1851年』山口晃訳、而立書房、2020年）
Twenge, Jean M., et al. "Generational Differences in Young Adults' Life Goals, Concern for Others, and Civic Orientation, 1966–2009." *Journal of Personality and Social Psychology* 102, no. 5 (May 2012): 1045–62. doi:10.1037/a0027408.
Ueland, Brenda. "Tell Me More." *Ladies' Home Journal*, November 1941.
U.S. Bureau of Labor Statistics (retrieved October 2021). https://data.bls.gov/time series/ LNS11300000.
U.S. Department of Health and Human Services, Centers for Disease Control and Prevention, National Center for Chronic Disease Prevention and Health Promotion, Office on Smoking and Health. "The Health Consequences of Smoking—50 Years of Progress: A Report of the Surgeon General." Atlanta, 2014. https://www.cdc.gov/tobacco/data_statistics/sgr/50th-anniversary/index.htm.
Vaillant, George. *Aging Well*. Boston: Little, Brown, 2002.（ジョージ・ヴァイラント『50歳までに「生き生きした老い」を準備する』米田隆訳、ファーストプレス、2008年）
Vaillant, George. *Triumphs of Experience*. Cambridge: Harvard University Press, 2015.
Vaillant, George, and K. Mukamal. "Successful Aging." *American Journal of Psychiatry* 158 (2001): 839–47.
Verduyn, Philippe, et al. "Passive Facebook Usage Undermines Affective Well-being: Experimental and Longitudinal Evidence." *Journal of Experimental Psychology: General* 144, no. 2 (2015): 480–88. https://doi.org/10.1037/xge0000057.
Verduyn, Philippe, et al. "Do Social Network Sites Enhance or Undermine Subjective Well-being? A Critical Review." *Social Issues and Policy Review* 11, no. 1 (2017): 274–302.
Vespa, Jonathan. "The Changing Economics and Demographics of Young Adulthood, 1975–2016." United States Census Bureau, April 2017. https://www.census.gov/content/dam/Census/library/ publications/2017/demo/p20-579. pdf.
Vlahovic, Tatiana A., Sam Roberts, and Robin Dunbar. "Effects of Duration and Laughter on Subjective Happiness Within Different Modes of Communication." *Journal of Computer-Mediated Communication* 17, no. 4 (July 2012): 436–50. https://doi.org/10.1111/j.1083-6101.2012.01584.x.
Waldinger, Robert J., and Marc S. Schulz. "Facing the Music or Burying Our Heads in the Sand?: Adaptive Emotion Regulation in Midlife and Late Life." *Research in Human Development* 7, no. 4 (2010): 292–306. doi:10.1080/15427609.2010.526527.
Waldinger, Robert J., and Marc S. Schulz. "The Long Reach of Nurturing Family Environments: Links with Midlife Emotion-Regulatory Styles and Late-Life Security in Intimate Relationships." *Psychological Science* 27, no. 11 (2016): 1443–50.

Waldinger, Robert J., and Marc S. Schulz. "What's Love Got to Do with It? Social Functioning, Perceived Health, and Daily Happiness in Married Octogenarians." *Psychology and Aging* 25, no. 2 (June 2010): 422–31. doi:10.1037/a0019087.

Waldinger, Robert J., et al. "Reading Others' Emotions: The Role of Intuitive Judgments in Predicting Marital Satisfaction, Quality and Stability." *Journal of Family Psychology* 18 (2004): 58–71.

Wallace, David Foster. "David Foster Wallace on Life and Work." *Wall Street Journal*, September 19, 2008. https://www.wsj.com/articles/SB122178211966454607.（デヴィッド・フォスター・ウォレス『これは水です』阿部重夫訳、田畑書店、2018年）

Wang, Wendy. "More Than One-Third of Prime-Age Americans Have Never Married." *Institute for Family Studies Research Brief*, September 2020. https://ifstudies.org/ifs-admin/resources/final2-ifs-single-americansbrief2020.pdf.

Way, Niobe. "Boys' Friendships During Adolescence: Intimacy, Desire, and Loss." *Journal of Research on Adolescence* 23, no. 2 (2013): 201–13. doi:10.1111/jora.12047.

Weil, Simóne. *Gravity and Grace.* New York: Routledge, 2002.（シモーヌ・ヴェイユ『重力と恩寵』冨原眞弓訳、岩波書店、2017年）

Werner, Emmy, and Ruth. S. Smith. *Overcoming the Odds: High Risk Children from Birth to Adulthood.* Ithaca: Cornell University Press, 1992.

Werner, Emmy E., and Ruth S. Smith. *Journeys from Childhood to Midlife: Risk, Resilience, and Recovery*. Ithaca: Cornell University Press, 2001.

Werner, Emmy E., and Ruth S. Smith. "An Epidemiologic Perspective on Some Antecedents and Consequences of Childhood Mental Health Problems and Learning Disabilities (A Report from the Kauai Longitudinal Study)." *Journal of American Academy of Child Psychiatry* 18, no. 2 (1979): 293.

Werner, Emmy. "Risk, Resilience, and Recovery: Perspectives from the Kauai Longitudinal Study." *Development and Psychopathology* 5, no. 4 (Fall 1993): 503–15. https://doi.org/10.1017/S095457940000612X.

Whillans, Ashley V., et al. "Buying Time Promotes Happiness." *PNAS* 114, no. 32 (2017): 8523–27. https://doi.org/10.1073/pnas.1706541114.

Whillans, Ashley. "Time Poor and Unhappy." *Harvard Business Review,* 2019. https:// awhillans.com/uploads/1/2/3/5/123580974/whillans_03.19.19.pdf.

White, Judith B., et al. "Frequent Social Comparisons and Destructive Emotions and Behaviors: The Dark Side of Social Comparisons." *Journal of Adult Development* 13 (2006): 36–44.

Whitton, Sarah W., et al. "Prospective Associations from Family-of-Origin Interactions to Adult Marital Interactions and Relationship Adjustment." *Journal of Family Psychology* 22 (2008): 274–86. https://doi.org/10.1037/0893-3200.22.2.274.

Wile, Daniel. *After the Honeymoon: How Conflict Can Improve Your Relationship*. Hoboken, NJ: Wiley & Sons, 1988.

Williams, J. M., et al. *The Mindful Way Through Depression*. New York: Guilford Press, 2007.（マーク・ウィリアムズ、ジョン・ティーズデール、ジンデル・シーガル、ジョン・カバットジン『うつのためのマインドフルネス実践　慢性的な不幸感からの解放』越川房子、黒澤麻美訳、星和書店、2012年）

Wilson, Timothy, and Daniel T. Gilbert. "Affective Forecasting." In *Advances in Experimental Social*

Psychology. Mark P. Zanna, ed., vol. 35, pp. 345–411. San Diego: Academic Press, 2003.
Wilson, Timothy D., and Daniel T. Gilbert. "Affective Forecasting: Knowing What to Want." *Current Directions in Psychological Science* 14, no. 3 (June 2005): 131–34.
Wohn, Donghee Y., and Robert LaRose. "Effects of Loneliness and Differential Usage of Facebook on College Adjustment of First-Year Students." *Computers & Education* 76 (2014): 158–67. https://doi.org/10.1016/j.compedu.2014.03.018.
Wolf, Anthony. *Get Out of My Life, but First Could You Drive Me and Cheryl to the Mall?* New York: Farrar, Straus & Giroux, 2002.（アンソニー・ウルフ『10代の子のために、親ができる大切なこと』古草秀子訳、PHP研究所、2004年）
Zagorski, Nick. "Profile of Elizabeth F. Loftus." *Proceedings of the National Academy of Sciences* 102, no. 39 (September 2005): 13721–23. doi:10.1073/pnas.0506223102.
Zanesco, Anthony P., et al. "Mindfulness Training as Cognitive Training in High-Demand Cohorts: An Initial Study in Elite Military Servicemembers." *Progress in Brain Research* 244 (2019): 323–54. https://doi.org/10.1016/bs.pbr.2018.10.001.

原注

凡例　各注の冒頭の算用数字は掲載ページを、太字部分が本文の該当部分を示す。
　　　すべてのウェブサイトのURLは原著刊行当時（2023年）のもの。

第1章　幸せな人生《グッド・ライフ》の条件とは？

7　**「かくも短き人生に……」**　マーク・トウェインことサミュエル・クレメンスが1886年8月20日にクララ・スポールディングに宛てた手紙のなかで書いた言葉。 https://en.wikiquote.org/wiki/Mark_Twain.

7　**ミレニアル世代……に人生の第一目標を尋ねた二〇〇七年の調査**　Jean M. Twenge and colleagues (2012), "Generational Differences in Young Adults' Life Goals, Concern for Others, and Civic Orientation" から引用。

9　**幸せな人生とは……時間をかけて展開していく一つの過程（プロセス）だ**　心理学者のカール・ロジャーズも、幸せな人生の追求を旅としてとらえていた。1961年には著書 *On Becoming a Person* (p. 186)において「幸せな人生とは、状態ではなく、過程である。それは目的地ではなく、方向である」と述べている。（カール・ロジャーズ『ロジャーズが語る自己実現の道』、諸富祥彦、末武康弘、保坂亨訳、岩崎学術出版社、2005年）

17　**思い出すという行為が実は記憶の内容を書き換えてしまう**　ワシントン大学のエリザベス・ロフタスは、この分野について広範な研究を行っている。彼女のプロフィールと「虚偽記憶」に関する論文の要約についてはNick Zagorski (2005), "Profile of Elizabeth F. Loftus" を参照。

21　**人間の健康や行動に関する科学的研究は、一般に「横断研究」と「縦断研究」の二つに大別される**　被験者を異なる条件に無作為（ランダム）に割り当てて行う対照実験（ランダム化対照実験）は人間の健康や行動を理解するためのもう一つの重要な方法である。短期間の実験が多いが、長期にわたる現象の研究に使用されることもある。

22　**順調に運営されている前向き縦断研究は被験者の三〇～七〇%を維持している**　Kristin Gustavson and colleagues (2012), "Attrition and Generalizability in Longitudinal Studies."

25　**インド出身のアナンヤ**　本書においてハーバード成人発達研究の被験者以外で本名を伏せたのはこの人物のみである。被験者と同様、プライバシー保護のため、名前を変更した。

30　**イギリス出生コホート研究**　ユニバーシティ・カレッジ・ロンドン縦断研究センターは、イギリス出生コホート研究の対象となった5世代のうち4世代の研究の拠点である（https:// cls.ucl.ac.uk/cls-studies/）。この研究については科学ジャーナリストのヘレン・ピアソンの著書 *The Life Project* (2016)に詳しい。（ヘレン・ピアソン『ライフ・プロジェクト』大田直子訳、みすず書房、2017年）

30　**ダニーデン健康と発達に関する学際研究**　Olsson and colleagues (2013), "A 31-Year Longitudinal Study of Child and Adolescent Pathways to Well-Being in Adulthood."

30　**カウアイ縦断研究**　Emmy Werner (1993), "Risk, Resilience, and Recovery."

30　**シカゴ健康加齢社会関係研究**　John T. Cacioppo and Stephanie Cacioppo (2018), "The Population-Based Longitudinal Chicago Health, Aging, and Social Relations Study."

30 **多様性地域における生涯の健全な老いに関する研究** Tessa K. Novick and colleagues (2021), "Health-Related Social Needs."

31 **学生自治会研究** 最近、オリジナルデータと研究資料が再発見され、将来のアーカイブ化に備えてハーバード成人発達研究が管理している。アール・ボンド医学博士が計画・開始した研究を、レイチェル・ダナウェイ・コックス博士が引き継いで実施した。コックスの1970年の著書*Youth into Maturity*はこの研究の記録である。

31 **中国では近年、高齢者のあいだで孤独を感じる人が著しく増えている** Ye Luo and Linda J. Waite (2014), "Loneliness and Mortality Among Older Adults in China."

32 **成人の発達に関する研究全般を見ていくと** 本章で紹介したミルズ縦断研究における調査（R. Helson and colleagues, 2002, "The Growing Evidence for Personality Change in Adulthood"）は、成人期にも人格の発達は続くという証拠を示している。

33 **群衆の中で孤独を感じることもあれば** John Cacioppo and William Patrick (2008), *Loneliness: Human Nature and the Need for Social Connection*.（ジョン・T・カシオポ、ウィリアム・パトリック『孤独の科学　人はなぜ寂しくなるのか』柴田裕之訳、河出書房新社、2010年）

33 **五〇歳のときの人間関係の満足度が高い人ほど……健康な八〇歳を迎えていた** George Vaillant and K. Mukamal (2001), "Successful Aging"を参照。

33 **パートナーがいて幸福度も最高レベルの八〇代の男女** Robert J. WaldingerとMarc S. Schulzによる2010年の論文 "What's Love Got to Do with It?"を参照。

33 **代表的な例をいくつか** 「多様性地域における生涯の健全な老いに関する研究」についてはTessa K. Novick and colleagues (2021), "Health-Related Social Needs" を参照。シカゴ健康加齢社会関係研究の知見についてはJohn T. Cacioppo and colleagues (2008), "The Chicago Health, Aging, Social Relations Study" を参照。また、ダニーデン健康と発達に関する学際研究の知見についてはOlsson and colleagues (2013), "A 32-Year Longitudinal Study"を参照。

第2章　なぜ人間関係が重要なのか

38 **「至高の叡智は暗がりの奥に……」** Richard Farson and Ralph Keyes (2002), *Whoever Makes the Most Mistakes Wins*.（リチャード・ファーソン、ラルフ・キース『たくさん失敗した人ほどうまくいく』遠藤真美訳、角川書店、2003年）

39 **激しいものからかすかなものまで、感情はすべて……ストレスという感覚の大半は、この反応が原因だ** John T. Cacioppo and colleagues (2014), "Evolutionary Mechanisms for Loneliness."

48 **シカゴ大学の研究者たちは通勤電車を舞台にして感情予測の実験を行った** Nicholas Epley and Juliana Schroeder (2014), "Mistakenly Seeking Solitude."

49 **人間は自分の感情を予測するのが不得手だという事実を示す研究は、他にもたくさんある** 例えば、Timothy D. Wilson and Daniel T. Gilbert (2005), "Affective Forecasting: Knowing What to Want"、およびWilson and Gilbert (2003), "Affective Forecasting" を参照。

49 **潜在コストを重視し、メリットを小さく見積もってしまう** ダニエル・カーネマンとエイモス・トベルスキーの独創的な研究と理論（「プロスペクト理論」）は、まさにこの点を指摘している。カーネマンはこの研究と理論によってノーベル賞を受賞した。Daniel Kahneman and Amos Tversky

(1979), "Prospect Theory: An Analysis of Decision Under Risk"を参照。また、A. P. McGraw and colleagues (2010), "Comparing Gains and Losses"、およびGillian M. Sandstrom and Erica J. Boothby (2021), "Why Do People Avoid Talking to Strangers? A Mini Meta-analysis of Predicted Fears and Actual Experiences Talking to a Stranger"を参照。

50 **デヴィッド・フォスター・ウォレスは一つの寓話によって** 2005年のケニオン大学の卒業式でウォレスが行った演説は次の新聞記事に引用されている。"David Foster Wallace on Life and Work," *Wall Street Journal*, September 19, 2008.（デヴィッド・フォスター・ウォレス『これは水です』阿部重夫訳、田畑書店、2018年）

52 **「金儲けのために生きるのは、衝動に突き動かされて生きるのと同じである」** アリストテレスが紀元前350年に『ニコマコス倫理学』第5章に記した言葉。W. D. Rossによる英訳は、次のウェブサイトより引用。http://classics.mit.edu//Aris totle/nicomachaen.html

53 **「金が人間を幸福にしたことはないし、これからもない」** ベンジャミン・フランクリンのこの言葉はSamuel Austin Alliboneの1880年の著書 *Prosse Quotations from Socrates to Macaulay* のp.128に掲載されている。

53 **「お金を目標にしてはいけない」** マヤ・アンジェロウのこの言葉は2009年5月1日に彼女のフェイスブックページに投稿された。

54 **お金について語るときに私たちの語ること** 心理学者のアブラハム・マズローは「マズローの欲求段階説」として知られる人間の欲求のモデルを考案した。5段に分かれたピラミッドや三角形をで示すことが多く、最下段が食物、水、休息などの「生理的欲求」、最上段に「自己実現」、中段に「社会的帰属欲求」が置かれる。自己実現を重視しすぎているという批判もあるが、人生に最も大きな意味をもたらす領域の土台になっているのは基本的欲求だという視点の正しさは、長年の研究が証明している。「人生にとって本当に重要なことは何か」という問いに正直に答えるなら、まず生理的欲求と安全の欲求に対処しなければならない。マズローの理論の第3段にある「社会的帰属欲求」は、これこそすべての中心であるという点で適切な場所に配置されている、と筆者らは考えている。

54 **経済学者アンガス・ディートンと心理学者ダニエル・カーネマンは……お金と幸福の関係の定量化を試みた** ダニエル・カーネマンとアンガス・ディートンの2010年の論文、"High Income Improves Evaluation of Life but Not Emotional Well-being"を参照。

54 **七万五〇〇〇ドル（調査時の米国の平均世帯年収に近い）** セントルイス連邦準備銀行によると、カーネマンとディートンの研究が発表された2010年の米国の平均世帯収入は7万8180ドルであった。https://fred.stlouisfed.org/series/MAFAINUSA646N

54 **生活の基本的なニーズを満たせるお金があれば、人生をある程度コントロールできる** 職場でのコントロール（一般的に地位の低い仕事では低くなる）に関する顕著な例として、イギリスのホワイトホール縦断研究によれば、仕事のスケジュールや賃金をどれだけコントロールできるかが、健康格差の主要な予測因子になっていた。コントロールの低い労働者ほど病気にかかっていた。Michael G. Marmot and colleaguesによる1997年の論文 "Contribution of Job Control and Other Risk Factors to Social Variations in Coronary Heart Disease Incidence"を参照。また、Hans Bosma and colleagues (1997), "Low Job Control and Risk of Coronary Heart Disease in Whitehall II (Prospective Cohort) Study"を参照。

55 **「幸福はお金で買えるわけではないが……感情面の苦痛をもたらす」** Kahneman and

Deaton (2010)を参照。

56 **「有能であることを示すバッジ」** Richard Sennett and Jonathan Cobb (1972), *The Hidden Injuries of Class.*

56 **他人と比較すればするほど……幸福度は下がる** Philippe Verduyn and colleaguesによる2015年の論文 "Passive Facebook Usage Undermines Affective Well-being: Experimental and Longitudinal Evidence"を参照。また、Judith B. White and colleagues (2006), "Frequent Social Comparisons and Destructive Emotions and Behaviors: The Dark Side of Social Comparisons"を参照。

60 **ラインホルド・ニーバーの「平安の祈り(ニーバーの祈り)」** この祈りは現在、「アルコール依存者更生会」や「12ステップのプログラム」(嗜癖や強迫性障害といった問題行動からの回復を促すプログラム)において広く使用されている

61 **『サイエンス』誌に掲載された驚くべき重要な論文** James S. House and colleagues(1988), "Social Relationships and Health" を参照。

61 **黒人のほうが全年齢層で白人より死亡リスクが高かったが、この差は……比較的小さかった** こうした格差は今も存在している。米国では白人は黒人より3.6年長生きする(Max Roberts, Eric N. Reither, and Sojoung Lim, 2020, "Contributors to the Black-White Life Expectancy Gap in Washington D.C.")。2016年生まれの人の平均寿命は米国では78.7歳。フィンランドの平均寿命は81.4歳である。これらのデータは以下のウェブサイトから得た。https://data.worldbank .org/indicator/SP.DYN.LE00.FE.IN?end=2019&locations=FI&start=2001

62 **はるかに大規模なもう一つの研究によって、人間関係と死亡リスクの関連性は揺るぎないものになった** Julianne Holt-Lunstad and colleagues (2010), "Social Relationships and Mortality: A Meta-analytic Review"を参照。

62 **予防可能な死因の筆頭** U.S. Department of Health and Human Services, Centers for Disease Control and Prevention, National Center for Chronic Disease Prevention and Health Promotion, Office on Smoking and Health: "The Health Consequences of Smoking-50 Years of Progress: A Re-port of the Surgeon General." Atlanta: 2014. https://www.cdc.gov/tobacco/data_statistics/sgr/50th-anniversary/index.htm

62 **数多くの研究が……良好な人間関係と健康にはつながりがあると裏付けた** 2015年、ジュリアン・ホルト=ランスタッドらは別のメタ分析を発表し、社会的孤立と孤独はどちらも死亡率の上昇と関連していることを示した。Holt-Lunstad and colleagues (2015), "Loneliness and Social Isolation as Risk Factors for Mortality: A Meta-analytic Review"を参照。

62 **場所や年齢、民族、背景にかかわらず** 例えば、以下の3つの研究は社会的つながりと健康(身体的、心理的)の関連性を示すサンプルの多様性を示している。

黒人と白人の成人3,720人 (35-64歳) のコホートを対象としたボルチモア市の「多様性地域における生涯の健全な老いに関する研究」では、社会的支援を多く受けていると報告した被験者は抑うつを報告する割合が少なかった。Novick and colleagues (2021), "Health Related Social Needs."

ニュージーランドのダニーデンで実施された「出生コホート研究」では、学業上の成績よりも青年期の社会的つながりのほうが成人期の幸福度を予測していた。Olsson and colleagues (2013), "A 32-Year Longitudinal Study."

シカゴの住民を対象とした「シカゴ健康加齢社会関係研究」では、人間関係に満足している

人のほうが幸福度が高かった。John Cacioppo and colleagues (2018), "The Population-Based Longitudinal Chicago Health, Aging, and Social Relations Study."

65 **幸福の半分近くは自分の行動や選択で決まる**　この試算は2005年にSonja Lyubomirskyらが実施した興味深い研究 "Pursuing Happiness: The Architecture of Sustainable Change" に基づいている。

65 **ケニオン大学の卒業式のスピーチ**　Wallace (2018), "David Foster Wallace on Life and Work."

67 **「愛はその本質において、世俗的価値を超越する」**　Hannah Arendt (1958), *The Human Condition*.（ハンナ・アレント『人間の条件』志水速雄訳、中央公論社、1973年［英語からの訳］／『活動的生』森一郎訳、みすず書房、2015年［ドイツ語からの訳］）

第3章　紆余曲折の人生を俯瞰して見てみよう

70 **「運命を避けようと進んだ道で、運命が私たちを待ち受けている」**　ラ・フォンテーヌの寓話「星占い」より。フランス語から英語への一般的な翻訳を採用した。また、"Fearing the fate that would skirt, it / often befalls that, rather than avert it, / One takes the path that leads directly to it."（人は、運命を恐れるあまり、その運命が自分から逸れていっているにもかかわらず、それを避けようとせず、むしろその運命に直結する道を歩もうとする。）と訳されることもある。La Fontaine, *The Complete Fables*, p. 209.（ラ・フォンテーヌ『ラ・フォンテーヌ寓話』市村豊太訳、白水社、1951年／『寓話』今野一雄訳、岩波書店、1972年）

75 **古代ギリシャ人のライフステージ論は諸説……学校でそう教わったのだろう**　ギリシャのライフステージ論についてはR. Larry Overstreet (2009), "The Greek Concept of the 'Seven Stages of Life' and Its New Testament Significance"を参照。シェイクスピアが述べたライフステージの起源についてはT. W. Baldwin (1944), *William Shakespeare's Small Latine and Lesse Greeke*を参照。

76 **イスラムの教えにも**　イスラム教の「人間の魂の七段階」の概要についてはhttps://www.pressreader.com/nigeria/thisday/20201204/281977495192204を参照。

76 **仏教では、悟りへの道を牛を飼うことになぞらえ一〇段階で説明する「十牛図」**　Pia Tan (2004), "The Taming of the Bull"を参照。

76 **ヒンドゥー教では人生を四段階に分けて**　Pradeep Chakkarath (2013), "Indian Thoughts on Psychological Human Development"を参照。

77 **エリクソン夫妻は、成人は老いに向かう途上で重要な課題に……発達する**　この考え方は以下の書籍を含む一連の出版物で紹介された。Erik Erikson (1950), *Childhood and Society*; Erik Erikson (1959), *Identity and The Life Cycle*; and Erik Erikson and Joan M. Erikson (1997), *The Life Cycle Completed: Extended Version*.（エリク・エリクソン『幼児期と社会』仁科弥生訳、みすず書房、1977 -1980年／エリク・エリクソン『アイデンティティとライフサイクル』西平直・中島由恵訳、誠信書房、2011年／エリク・エリクソン、ジョーン・エリクソン『ライフサイクル、その完結』村瀬孝雄、近藤邦夫訳、みすず書房、1989年、増補版2001年）

77 **もう一人の成人発達研究の先駆者であるバーニス・ニューガーテンの見解……「社会の時計」（暗黙のスケジュール）になる**　バーニス・ニューガーテンによる1976年 の論文、"Adaptation and the Life Cycle"を参照。

78 **LGBTQ+の人の多くは、自分の人生が「スケジュールから外れている」と感じている**

Sara Jaffe (2018), "Queer Time"を参照。

79 **ライフサイクルに関する膨大な研究文献**　前述のエリクソン夫妻とバーニス・ニューガーテンの著作に加え、ライフサイクルに関する書籍や論文には以下のようなものがある。Gail Sheehy (1996), *New Passages: Mapping Your Life Across Time*; David Levinson (1996), *The Seasons of a Woman's Life*; George Vaillant (2002), *Aging Well* (ジョージ・ヴァイラント『50歳までに「生き生きした老い」を準備する』米田隆訳、ファーストプレス、2008年); and Paul B. Baltes (1997), "On the Incomplete Architecture of Human Ontogeny."

80 **リチャード・ブロムフィールドの言葉は、この時期の「綱渡り」のような親子関係をよくとらえている**　ブロムフィールドの綱渡りのメタファーとそれに続く引用部分は彼の1992年の著書から引用した。*Playing for Real*, pp.180-81.

82 **アンソニー・ウルフの育児書**　ウルフの2002年の著作、*Get Out of My Life, but First Could You Drive Me and Cheryl to the Mall?* を参照。(アンソニー・ウルフ『10代の子のために、親ができる大切なこと』古草秀子訳、PHP研究所、2004年)

83 **親との関係を維持しながら自立していった若者のほうが、人生において大きなメリットを得ている**　Joseph Allenらによる1994年の論文、"Longitudinal Assessment of Autonomy and Relatedness in Adolescent-Family Interactions as Predictors of Adolescent Ego Development and Self-Esteem"を参照。

83 **「学生自治会研究」……のある被験者**　「学生自治会研究」をテーマにしたRachel Dunaway Coxの1970年の著書*Youth into Maturity*, p. 231から引用。

83 **マーク・トウェインの有名なジョーク**　この被験者が言及している言葉はマーク・トウェインのものとされることが多い、次のような話である。「私が14歳の少年だったころ、父があまりにも無知なので、そばにいるのが耐えられなかった。だが私が21歳になったとき、父がこの7年間でどれだけ多くを学んだかについて驚かされた」

91 **ジェフリー・アーネットは……名付けた**　Jeffrey Arnett (2000), "Emerging Adulthood: A Theory of Development from the Late Teens Through the Twenties."

92 **二〇一五年の調査では、一八〜三四歳の米国人の三分の一が親元で生活しており……二二〇万人が就学も就労もしていない**　Jonathan Vespa (2017), "The Changing Economics and Demographics of Young Adulthood, 1975-2016."

100 **二〇〇三年に行われたある研究で、二つの被験者グループ……に……広告を見せた**　Helene H. Fung and Laura L. Carstensen (2003), "Sending Memorable Messages to the Old: Age Differences in Preferences and Memory for Advertisements."

101 **時間があまりないと思えば、今この瞬間を大事にしようとする**　これらの考えはLaura Carstensenが自身の「社会情動的選択性理論」の一部として明確に説明したものだ。彼女の研究はそれらを支持する多くの証拠を生み出している。例えば、Laura Carstensen and colleagues (1999), "Taking Time Seriously: A Theory of Socioemotional Selectivity." Carstensen (2006)や"The Influence of a Sense of Time on Human Development"を参照。

102 **老年になるほど幸福感が増す**　Carstensen (1999), "Taking Time Seriously"を参照。

105 **人生が進む方向を決め、人を成長へと導くのは、思いもかけなかった出来事であって**　Albert Bandura (1982), "The Psychology of Chance Encounters and Life Paths"を参照。

106 **「ダニーデン研究」も同様の結果を示している**　A.Caspi and T. E. Moffittによる論文 (1995)、

"The Continuity of Maladaptive Behavior: From Description to Understanding in the Study of Antisocial Behavior"を参照。

第4章　ソーシャル・フィットネス——よい人間関係を維持するために

111 **「悲しい魂は、細菌よりもはるかにすばやく人を殺す」**　スタインベックの1962年の著書、*Travels with Charley: In Search of America*, p. 38からの引用。（ジョン・スタインベック『チャーリーとの旅』竹内真訳、ポプラ社、2007年）

112 **ジャニス・キーコルト=グレイザーは、心理的ストレスを調べていた**　キーコルト=グレイザーはストレスが免疫系に及ぼす影響に関する世界屈指の専門家である。彼女は2016年のWexMedでの講演で、自身の研究と介護ストレスに関する個人的な経験について語っている（https://www.youtube.com/watch?v=hjUW2YClOYM）。介護者と傷の治癒に関する研究はKiecolt-Glaserらによる1995年の論文、"Slowing of Wound Healing by Psychological Stress"において発表された。

120 **孤独で寂しいときは、痛みを感じるものだ**　孤独の影響に関する学術的レビューとし以下の2件を紹介する。Louise Hawkley and John Cacioppo (2010), "Loneliness Matters: A Theoretical and Empirical Review of Consequences and Mechanisms," Cacioppo and Cacioppo (2012), "The Phenotype of Loneliness." John CacioppoとWilliam Patrick は孤独に関連する研究を要約した一般読者向けの書籍を2008年に出版している。.

120 **孤独感があると痛みに敏感になり、免疫系の働きが抑制され、脳機能が低下し、睡眠の質が悪くなり**　免疫系の働きの抑制について：S. D. Pressman and colleagues (2005), "Loneliness, Social Network Size, and Immune Response to Influenza Vaccination in College Freshmen."
睡眠の質の悪化について：Sarah C. Griffin and colleagues (2020), "Loneliness and Sleep: A Systematic Review and Meta-analysis."
脳機能の低下について：Aparna Shankar and colleagues (2013), "Social Isolation and Loneliness: Relationships with Cognitive Function During 4 Years of Follow-up in the English Longitudinal Study of Ageing."

120 **孤独感は肥満の二倍健康に悪く**　Holt-Lunstad and colleagues (2010), "Social Relationships and Mortality Risk: A Meta-analytic Review."

120 **慢性的な孤独感は……死亡率を二六%も高める**　Holt-Lunstad and colleagues (2015), "Loneliness and Social Isolation as Risk Factors for Mor-tality: A Meta-analytic Review."

120 **英国の「環境リスクに関する縦断的双生児研究」は最近、成人期初期における孤独感と、体調不良やセルフケアの関連を報告**　Timothy Matthews and colleagues (2019), "Lonely Young Adults in Modern Britain: Findings from an Epidemiological Cohort Study."

120 **オンライン調査によれば……三人に一人が……孤独を感じている**　BBC Loneliness Experiment（BBC孤独実験）と呼ばれるこの研究の概要は以下にまとめられている。Claudia Hammond, "Who Feels Lonely? The Results of the World's Largest Loneliness Study," BBC Radio 4, May 2018, https://www.bbc.co.uk/programmes/articles/2yzhfv4DvqVp5nZyxBD8G23/who-feels-lonely-the-results-of-the-world-s-largest-loneliness-study. この研究の主な

知見に関する学術論文は以下で見ることができる。Manuela Barreto and colleagues (2021), "Loneliness Around the World: Age, Gender, and Cultural Differences in Loneliness." この研究の結果は、孤独感が個人主義的 (集団主義的ではない) 価値観の社会において広まっていること、男性のほうがが孤独を感じやすいことも示唆している。これらの知見はMatthewsらによる2018年の論文にまとめられている。もちろん、これらの相関的な知見が、貧弱な対処戦略、メンタルヘルスの問題、高リスクの身体的健康行動の孤独感への寄与を示唆しうる点にも留意すべきである。因果関係は両方向に作用している可能性が高い。

120 **孤独がもたらす経済的損失**　Karen Jeffrey and colleagues (2017), "The Cost of Loneliness to UK Employers."

120 **日本では、二〇一九年の調査において、成人の三二%が「……孤独に過ごす一年になる」** IPSOS (March 2020), "2020 Predictions, Perceptions and Expectations," p. 39.

121 **米国の二〇一八年の研究によれば……中程度から高程度の孤独感を抱いている**　Ellen Lee and colleagues (2019), "High Prevalence and Adverse Health Effects of Loneliness in Community-Dwelling Adults Across the Lifespan: Role of Wisdom as a Protective Factor."

121 **二〇二〇年には、社会的孤立が原因と見られる死者の数が一六万二〇〇〇人と推定** Dilip Jeste and colleagues (2020), "Battling the Modern Behavioral Epidemic of Loneliness: Suggestions for Research and Interventions."

121 **孤立していると感じると、身体と脳は孤立状況を生き残るためのしくみを発動させる**　人類を社会的な動物にした進化の影響については次の論文を参照。John Cacioppo and colleagues (2014), "Evolutionary Mechanisms for Loneliness."

123 **今後数年間の見通しはどうだろうか**　2018年に制作された次のスペインのリキュールの広告はこの計算を見事にドラマ化したものだと言えるだろう。"Ruavieja Commercial 2018 (English subs): #WeHaveToSeeMoreOfEachOther," Ruavieja, November 20, 2018.

124 **米国人は……メディアに一日一一時間も費やしていた**　Nielsen Report (2018), "Q1 2018 Total Audience Report."

125 **二〇〇八年、研究チームは被験者……に……電話をかけた**　Waldinger and Schulz (2010), "What's Love Got to Do with It? Social Functioning, Perceived Health, and Daily Happiness in Married Octogenarians"を参照。

137 **「今から旧友はつくれない」**　ケニー・ロジャースのアルバム、*You Can't Make Old Friends* (Warner Music Nashville, 2013) の1曲目 "You Can't Make Old Friends"より。

137 **未婚者の割合は……増加している**　この数字は以下の米国国勢調査と米国全国調査のデータを用いた次の報告書に基づいている。Wendy Wang (2020), "More Than One-Third of Prime-Age Americans Have Never Married."

140 **人間の動機づけは、それだけで一つの研究分野**　この研究に関する議論についてはKou Murayama (2018), "The Science of Motivation"を参照。

142 **「人間は自己中心的で利己的……時間がかかるだろう」**　アメリカン・エンタープライズ研究所の会合におけるダライ・ラマの講演より。"Economics, Happiness, and the Search for a Better Life," February 2014.

143 **寛大な行動は……また他者を助けようという気持ちになりやすい**　Soyoung Q. Park and colleagues (2017), "A Neural Link Between Generosity and Happiness."

145 **配偶者との間に信頼感で結ばれた関係……心の平安を得ることはある**　関連の研究については次の論文を参照。Nickola Overall and Jeffrey Simpson (2014), "Attachment and Dyadic Regulation Processes"; Deborah Cohen and colleagues (1992), "Working Models of Childhood Attachment and Couple Relationships"; and M. Kumashiro and B. Arriaga (2020), "Attachment Security Enhancement Model: Bolstering Attachment Security Through Close Relationships."

146 **「私が出会う人たちはみな、何らかの点で私より優れている」**　Ralph Waldo Emerson (1876), Letters and Social Aims, p. 280.

第5章　人生への最高の投資――「注意」と「気配り」のすすめ

152 **「私たちにできる唯一の贈り物は、自身の一部を与えることである」**　エマーソンの贈り物に関するエッセイから引用。ハーバード・クラシックス版の*Essays and English Traits by Emerson* (1844)のp. 2に掲載されており、同書はBartleby.comが作成したGreat Booksオンライン版でも閲覧可能。

152 **ハーバード成人発達研究、第二世代への質問票（二〇一五年）**　Ernst Thomas Bohmeijer and colleagues (2011)が"Psychometric Properties of the Five-Facet Mindfulness Questionnaire in Depressed Adults and Development of a Short Form"において作成したthe Short Form of the Five Facets of Mindfulness Questionnaire (FFMQ-SF)の質問を使用した。

155 **「注意を向けること（アテンション）は、寛大さの最も貴重で純粋な形である」**　Simone Weil, *Gravity and Grace* (2002)を参照。(シモーヌ・ヴェイユ『重力と恩寵』冨原眞弓訳、岩波書店、2017年)

155 **「注意は愛の最も基本的な形である」**　John Tarrant, *The Light Inside the Dark*, 1998を参照。

157 **忙しくて時間的余裕のない人ほどストレスが増え、健康状態も悪くなっている**　Ashley V. Whillans and colleagues (2017), "Buying Time Promotes Happiness." 時間的なプレッシャーと不幸についてはAshley Whillans (2019)の一般読者向けの論文 "Time Poor and Unhappy"も参照。

157 **世界的に、平均労働時間は大幅に短くなった**　Charlie Giattino and colleagues (2013), "Working Hours." また、Derek Thompson (2014) "The Myth That Americans Are Busier Than Ever"も参照。

157 **労働者のタイプ別の補足説明**　Magali Rheault (2011), "In U.S., 3 in 10 Working Adults Are Strapped for Time."

158 **現代人は時間が全然足りないと感じている**　自由時間は主観的に経験されるという性質についての詳細は、次の論文を参照。M. A. Sharif and colleagues (2021), "Having Too Little or Too Much Time Is Linked to Lower Subjective Well-being." 彼らは自由時間の量だけではなく、その時間をどう使うかも非常に重要であることを明らかにした。

159 **心理学者のマット・キリングスワースとダニエル・ギルバートは二〇一〇年の研究において**　Matthew Killingsworth and Daniel T. Gilbert (2010), "A Wandering Mind Is an Unhappy Mind"を参照。

160 **タスクの切り替えには、労力と時間（この時間は測定可能）がかかる**　Timothy J. Buschman and colleagues (2011), "Neural Substrates of Cognitive Capacity Limitations."

160 **「注意力が常に断片化される」**　James Fallows (2013), "Linda Stone on Maintaining Focus in a Maddeningly Distractive World."

164 **注意こそ人生の本質であり、時代を超えた、変わらぬ価値がある** 技術の進歩に関する過去の懸念についてはA. Orben (2020), “The Sisyphean Cycle of Technology Panics”を参照。

165 **関係維持のために使えば、絆や一体感が強まるのが、SNSのよい面だ** Philippe Verduyn and colleagues (2017), “Do Social Network Sites Enhance or Undermine Subjective Well-being? A Critical Review.”

166 **本研究(や他の多くの研究)のデータが示すように……他者との関係のつくり方と関連している** 私たち自身の研究から、幼少期の人間関係とその後の人生における人間関係の機能との関連性を示す2つの例を紹介する。Robert J. Waldinger and Marc S. Schulz (2016), “The Long Reach of Nurturing Family Environments: Links with Midlife Emotion-Regulatory Styles and Late-Life Security in Intimate Relationships,”; and Sarah W. Whitton and colleagues (2008), “Prospective Associations from Family-of-Origin Interactions to Adult Marital Interactions and Relationship Adjustment.”

166 **オンライン空間と物理的空間は別物だということだ。また、とくに、子どもが他人と実際に一緒にいることで身につける対人能力については、オンラインでも身につくとは考えられない** これは急速に拡大している研究分野である。例えば、関連する研究は次の通り。Kate Petrova and Marc Schulz (2022), “Emotional Experiences in Digitally Mediated and In-Person Interactions: An Experience-Sampling Study”; Tatiana A. Vlahovic and colleagues (2012), “Effects of Duration and Laughter on Subjective Happiness Within Different Modes of Communication”; Donghee Y. Wohn and Robert LaRose (2014), “Effects of Loneliness and Differential Usage of Facebook on College Adjustment of First-Year Students”; and Verduyn and colleagues (2017), “Do Social Network Sites Enhance or Undermine Subjective Well-being? A Critical Review.”

167 **高齢者介護施設ではSNSやビデオ通話がめったに使われないため……社会的孤立のほうが……死因の一つになった** Christopher Magan (2020), “Isolated During the Pandemic Seniors Are Dying of Loneliness and Their Families Are Demanding Help.”

168 **オンラインでつながっていたにもかかわらず、パンデミック一年目には絶望感や抑うつ、不安などの症状を訴える人が増え、住民の孤独感が高まった** 新型コロナウイルスのパンデミックが孤独やメンタルヘルスにどのような影響を与えたかについては以下を参照。Tzung-Jeng Hwang and colleagues (2020), “Loneliness and Social Isolation During the COVID-19 Pandemic”; Mark E. Czeisler and colleagues (2020), “Mental Health, Substance Use, and Suicidal Ideation During the COVID-19 Pandemic”; William D. S. Killgore and colleagues (2020), “Loneliness: A Signature Mental Health Concern in the Era of COVID-19”; and Christopher J. Cronin and William N. Evans (2021), “Excess Mortality from COVID and Non-COVID Causes in Minority Populations.” ロックダウンは広範な地域に影響を与えたにもかかわらず、コロナ禍全体における孤独感の傾向は複雑であり、研究結果も完全な一致に至っていない。例えば、ある有名なレビューによれば、コロナ禍の1年めには、世界的に(平均して)孤独感が増加しなかった。L. Aknin and colleagues (2021), “Mental Health During the First Year of the COVID-19 Pandemic: A Review and Recommendations for Moving Forward.”

168 **プラットフォームは、個人がどう使うかが重要だ** この研究に関する議論については次の研究を参照。Verduyn and colleagues (2015), “Passive Facebook Usage Undermines Affective

Well-being: Experimental and Longitudinal Evidence,"; Ethan Kross and colleagues (2013), "Facebook Use Predicts Declines in Subjective Well-Being in Young Adults."

169 **フェイスブックの使い方が受動的な人** P. Verduyn and colleagues (2015), "Passive Facebook Usage Undermines Affective Well-being: Experimental and Longitudinal Evidence."

169 **ノルウェーで実施された研究でも、同じ結論に達している** Michael Birkjaer and Micah Kaats (2019), "Does Social Media Really Pose a Threat to Young People's Well-being?"

169 **他人と自分を頻繁に比べている人ほど、幸福感が下がる** この議論については次の研究を参照。Verduyn and colleagues (2015), "Passive Facebook Usage Undermines Affective Well-being: Experimental and Longitudinal Evidence." また、中南米地域の青年1,400人を対象にした次の研究も参照。Ursula Oberst and colleagues (2015), "Negative Consequences from Heavy Social Networking in Adolescents: The Mediating Role of Fear of Missing Out."

170 **あなたのネットの使い方は、身近な人にどんな影響を与えているだろうか?** Elyssa M. Barrick and colleagues (2020), "The Unexpected Social Consequences of Diverting Attention to Our Phones."

171 **「私たちが支配できる時間は、今この瞬間しかない」** この言葉はThich Nhat Hanh (2016) の*The Miracle of Mindfulness* のp.74から引用した。(ティク・ナット・ハン『〈気づき〉の奇跡　暮らしのなかの瞑想入門』池田久代訳、春秋社、2014年)

171 **マインドフルネスのコースを受講できる医学部も増えている** Laura Buchholz (2015), "Exploring the Promise of Mindfulness as Medicine."

172 **「今この瞬間、判断を加えることなく、あるがままの物事に意図的に注意を向けることによって生じる意識」** J. M. Williams and colleagues (2007), *The Mindful Way Through Depression.* (マーク・ウィリアムズ、ジョン・ティーズデール、ジンデル・シーガル、ジョン・カバットジン『うつのためのマインドフルネス実践　慢性的な不幸感からの解放』越川房子、黒澤麻美訳、星和書店、2012年)

172 **米軍までもがマインドフルネスを訓練に取り入れ** Anthony P. Zanesco and colleagues (2019), "Mindfulness Training as Cognitive Training in High-Demand Cohorts: An Initial Study in Elite Military Servicemembers"を参照。Amishi Jha and colleagues (2019), "Deploying Mindfulness to Gain Cognitive Advantage: Considerations for Military Effectiveness and Well-being"も参照。

174 **筆者はこの問題の答えを探るべく実験を行った……さまざまな背景をもつ** この研究(Cohen and colleagues, 2012)では、カップルの半数が正式に結婚しており、残りの半数のカップルは信頼し合う長期的な関係にあった。31%の学歴が高校卒業以下で、29%が有色人種であった。Shiri Cohen and colleagues (2012), "Eye of the Beholder: The Individual and Dyadic Contributions of Empathic Accuracy and Perceived Empathic Effort to Relationship Satisfaction"を参照。

第6章　問題から目を背けずに立ち向かう
――人間関係の課題を乗り越えるための5ステップ

182 **「あらゆるものには罅(ひび)がある/光はそこから差し込んでくる」** ミュージシャン、詩人

のレナード・コーエンが書いた歌詞。アルバム *The Future* (1992) の5曲目 "Anthem"より。同様の言葉は昔からいくつもあるが、おそらくラルフ・ウォルドー・エマーソンの次の言葉が起源だろう。"There is a crack in everything God has made." (神がつくったものにはみな罅がある。*Essays* , p. 88)

183 **「幸せの柱は二つある……愛を遠ざけない生き方を見つけること」** George Vaillant, *Triumphs of Experience*, p. 50.

190 **多くの研究によれば、人間関係の問題に背を向けると、問題が解決しないどころか悪化する** 関連研究の例として次の2つがある。Shelly L. Gable (2006), "Approach and Avoidance Social Motives and Goals,"; E. A. Impett and colleagues (2010), "Moving Toward More Perfect Unions."

190 **人間関係の問題に正面から立ち向かう場合……本研究のデータを活用して研究した** 筆者らは次の論文の中でこの研究を他の関連研究とともに紹介した。Waldinger and Schulz (2010), "Facing the Music or Burying our Heads in the Sand."

191 **研究から得られた一つの教訓は、柔軟に対応することの大切さだ** Richard S.Lazarus (1991), *Emotion and Adaptation*は、課題に対応する際の努力はすべて、その状況が求めるものにあったものでなければならない、という説得力と影響力のある主張を行った。George Bonannoの研究と考えも、課題に柔軟に対応することの利点を雄弁に物語っている。例えば、Bonanno and Burton (2013) やBonanno and collegers (2004) を参照。Lazarus とBonannoの考えを基にして、筆者らは人間関係の課題への柔軟な対処法と人間関係の満足度の関連を示す証拠を提供した(Dworkin and colleagues, 2019)。

192 **出来事に対する認識が感情を左右する** この考えをめぐる詳しい議論についてはLazarus (1991) およびMoors and colleagues (2013) を参照。

192 **「人が不安になるのは、出来事そのものではなく、それに対する解釈によってである」** エピクテトスのこの言葉は135年に*Enchiridion*のなかで書かれたものだ。Elizabeth Carter (http://classics.mit.edu/Epictetus/epicench.html)は少し違った訳を提示している。"Men are disturbed, not by things, but by the principles and notions which they form concerning things." (人は物事によってではなく、物事に関して形成される原理や概念によって不安になる)。(エピクテトス『語録 要録』鹿野治助訳、中央公論新社、2017年、およびエピクテトス『人生談義』國方栄二訳、岩波書店、2020年)

192 **ブッダは……述べている** この言葉は仏教の経典『サンユッタ・ニカーヤ(相応部)』によるもの。Anne Bancroft (2017), *The Wisdom of the Buddha: Heart Teachings in His Own Words*, p.7より引用。

193 **WISERモデルで……コントロールする** ここで示すモデルはLazarus and Folkman (1984) やCrick and Dodge (1994) をはじめとする重要な研究が提示した、感情と課題への対処に関する既存モデルに基づいて構築されている。

198 **たいていの場合、感情が生じるのは、自分にとって重要な何かが起こっているサインだ** この考え方はLazarus (1991)の重要な研究など、影響力のあるいくつかの感情理論に由来している。こうした考え方の概要についてはSchulz and Lazarus (2012) も参照のこと。

208 **「私たちは自分がつくりあげた世界に生きている」** Shohaku Okumura, *Realizing Genjokoan: The Key to Dogen's Shobogenzo*を参照。(奥村正博『「現成公按」を現成する 「正法眼蔵」を開く鍵』宮川敬之訳、春秋社、2021年)

209 **自分を客観的に振り返ると、いつもの悩みが今までと違って見えてくる** 自己距離化(自分を客観的に見ること)の利点についてはEthan KrossとOzlem Adukが数多くの研究を行い探究

してきた。例えば、Kross (2021), *Chatter*やKross, Ayduk, and Mischel (2005)による関連研究の要約を参照のこと。(イーサン・クロス『Chatter：「頭の中のひとりごと」をコントロールし、最良の行動を導くための26の方法』鬼澤忍訳、東洋経済新報社、2022年)

209 **「初心者には、熟達者が忘れてしまったさまざまな可能性が見えている」** 次の書籍より引用した。Shunryu Suzuki's 2010 book, *Zen Mind, Beginner's Mind* (p. 1). (鈴木俊隆『禅マインドビギナーズ・マインド』松永太郎訳、サンガ、2010年)

210 **戦地に赴いた人たちは、戦友との絆を語っていた** Michael Nevarez, Hannah Yee, and Robert Waldingerによる2017年の論文を参照。

210 **部分的であっても妻に戦争体験を話せたことが非常に大きかったと話す人が多かった** Someshwar (2018)を参照。

第7章　パートナーとのグッド・ライフ――隣に寄り添う人とのつながり

215 **「子どもの頃は……」** Madeleine L'Engle, *Walking on Water: Reflections on Faith and Art* (New York: Convergent, 1980), pp. 182-83.

215 **プラトンの『饗宴』の中で、喜劇作家のアリストファネスが……演説をする** Plato, *The Symposium*, trans. Christopher Gill (London: Penguin, 1999), pp. 22-24. (プラトン『饗宴』久保勉訳、岩波書店、2009年、『饗宴:恋について』山本光雄訳、角川学芸出版、2012年、『饗宴』中澤務訳、光文社、2013年)

216 **今日では愛の形は多様化し** これらの数字は以下の論文から引用した。Joseph Chamie (2021), "The End of Marriage in America?" and Kim Parker and colleagues (2019), "Marriage and Cohabitation in the U.S."

217 **城と王たちのこと** ジェームズとマリアンヌはルイス・キャロルを愛読していたようだ。

「時は来た」とセイウチは言った。
「何もかも、語りつくそう
　靴や――船や――封蝋や――
　キャベツや――王や――
　なぜ海は煮え――
　ブタにつばさがあるのかどうかについて」
　――「セイウチと大工」

Lewis Carroll, *Through the Looking-Glass, and What Alice Found There*, pp. 73-74. (ルイス・キャロル『鏡の国のアリス』河合祥一郎訳、角川文庫、2010年、『不思議の国のアリス　鏡の国のアリス』高山宏訳、青土社、2019年／『不思議の国のアリス　鏡の国のアリス』高杉一郎訳、講談社、2022年)

226 **安定型の愛着を身につけている子どもは……生理学的・心理学的メリットがあるからだ** 次のような関連研究がある。Hills-Soderlund and colleagues (2008), Spangler and colleagues (1998), and Order and colleagues (2020).

227 **被験者の人間関係は、リアルタイムで身体に影響を与えていたのだ** James Coanは2013年にバージニア州シャーロッツビルで開催されたTEDx Talkにおいて "Why We Hold Hands"と題した講演を行った。研究論文は次の通り。Coan and colleagues (2006) .

227 **大切な人を想うだけで……さまざまな器官や組織に影響を及ぼす**　この結論を支持する研究は、思考を感情や感情喚起と結びつける基礎研究(例:Smith, 1989)をはじめ、さまざまな情報源を基にしている。母親の生理的反応と、対人的な文脈における個人の関係についてはKrause and colleagues (2016)も参照のこと。

228 **感情は、自分の心の中で重要な何かが作動中であることを示すシグナルだ**　Lazarus (1991)を参照。

229 **筆者らは……関係の安定度と感情の関連性を調べた**　次の論文に要約がある。Waldinger and colleagues (2004).

229 **心理学の専門知識のない評価者でも……成人には他人の感情を正確に読み取る力がある**　この研究において心理学の知識が少ない「ナイーブな」評価者と他者の感情を読み取る専門的な訓練を積んだ評価者との集計結果も比較したところ、非常に高い一致が見られた。

230 **二人の間に違いがあるのは当然だ**　違いはカップルの間に強い感情を引き起こす。違いの役割に関する関連する研究や考察の大半はカップルセラピーに関する研究に由来している。例えば、次の研究を参照のこと。Sue Johnson (2013), Daniel Wile (2008), and Schulz, Cowan, and Cowan (2006).

242 **本研究や多数の研究がもたらした重要な教訓……人間関係は(親密な関係はとくに)、人生のどの時点においても満足度に非常に大きく影響する**　人間関係の満足度と生涯にわたる人生の満足度の関連については縦断研究「英国世帯パネル調査」を基にした論文McAdams and colleagues (2012)を参照。

243 **人生に変化が起こると、親密な関係にストレスが生じる……ポジティブな変化でさえ**　1967年、Thomas HolmesとRichard Raheは人生の変化に伴うストレスを測定するための尺度を開発した。この尺度には結婚、就職、妊娠、親友の死、退職などのライフイベントが含まれていた。各ライフイベントにおける人生の変化を0-100点で評価したところ、人生の変化の合計点数が高い人ほど、身体疾患が多かった。この尺度は文化の異なるさまざまな集団において使用され、その有用性が長年にわたり証明されている。注目すべきは、この尺度が、あるライフイベントがどれだけ「ネガティブ」か「ポジティブ」かではなく、そのライフイベントが引き起こす変化の大きさに基づいている点である。

243 **多くの研究によれば、子どもの誕生後は夫婦関係の満足度が低下する**　例えば、Schulz, Cowan, and Cowan (2006)を参照。

248 **「愛の治療法はただ一つ。もっと愛することだ」**　ソローの日記の第1巻、p.88(1839年7月25日)より引用。(ヘンリー・ソロー『ヘンリー・ソロー全日記(1851年)』山口晃訳、而立書房、2020年)

251 **マインドフルネスとも共通点が多いテクニックであり……有用性を示している**　例えば、Kross (2021) and Kross and Ayduk (2017)を参照。自己距離化とマインドフルネスを結びつける研究についてはPetrova and colleagues (2021)を参照。

第8章　家族のグッド・ライフ――ライフステージによってつながり方は変化する

253 **「一族、ネットワーク、部族、家族……」**　Jane Howardの1998年の書籍、*Families* (p. 234)から引用。

254 **ローウェル通り(現在のロマスニー通り)**　Levesque, "The West End Through Time"を参照。

ボストンのウエストエンドをはじめとする、ハーバード成人発達研究の被験者の出身地域の大部分は1950年代に始まった再開発の時期にブルドーザーで取り壊され、かつてとは似ても似つかぬ場所になっている。ウエストエンドの変遷については以下を参照。http://web .mit.edu/aml2010/www/throughtime.html

255 **心理学者のあいだで今も議論が続いている。幼少期の家族との経験が人となりを決めるという意見もある** よく知られているように、ジークムント・フロイト及びフロイト派精神分析学の信奉者の多くは幼児期の経験が成人の人格と機能を形成するうえで大きな役割を果たしていると強調した。1998年に出版されたJudith Rich Harrisの著書*The Nurture Assumption: Why Children Turn out the Way They Do*は幼児期の環境とその後の機能の関連の大半は遺伝的影響によって説明できると主張し、幼児期の環境がその後の機能形成に与える影響の程度をめぐる議論を引き起こした。この問題については現在も賛否両論があり、議論が続いている。(ジュディス・リッチ・ハリス『子育ての大誤解――重要なのは親じゃない〔新版〕(上下)』石田理恵訳、早川書房、2017年)

259 **「人間は島ではない……」** ジョン・ダンのこの言葉は*Devotions Upon Emergent Occasions: Together with Death's Duel*, pp.108-9 に掲載されている。

260 **古代中国では、家族という概念は……この家族モデルは根強く残っている。** 例えば、Huang and Gove (2012)を参照。

260 **「ボール・カルチャー」** Marlon M. Bailey, *Butch Queens Up in Pumps.*

261 **「一般的に『ハウス』は……社会の内側に息づく聖域となる」** Marlon M. Bailey, *Butch Queens Up in Pumps*, p. 5.

261 **現在の人生がどうであれ、人は子ども時代のおぼろげな記憶、育ててくれた人たちの思い出を抱えながら生きていく** 米国の精神分析医・ソーシャルワーカーのSelma Fraibergは幼少期の遺産の影響について "Ghosts in the Nursery" (1975)と題した影響力のある論文を書いている。

264 **一九五五年、発達心理学者のエミー・ワーナー** Emmy WernerとRuth S. Smithはこの研究を次の2冊にまとめている。*Overcoming the Odds: High Risk Children from Birth to Adulthood* (1992); *Journeys from Childhood to Midlife: Risk, Resilience, and Recovery* (2001).

264 **(被験者たちは)東南アジアや欧州からハワイに移住し……そして少数のアングロサクソン系白人である** Emmy E. Werner and Ruth S. Smith, "An Epidemiologic Perspective on Some Antecedents and Consequences of Childhood Mental Health Problems and Learning Disabilities (A Report from the Kauai Longitudinal Study)," p. 293.

264 **被験者をこの年にカウアイ島で生まれた子どもの一部に限定せず……三〇年以上追跡調査した点だ** Werner (1993)に研究の要約がある。

265 **子ども時代に逆境を体験した人の三分の一は……安定した大人に成長していた** Werner and Smith (1979).

265 **ハーバード成人発達研究の成人の被験者の場合も……他者の支えを引き出せているようだ** 課題を認識し、それについて話すことのメリットに関する証拠は Waldinger and Schulz (2016)に示されている。

283 **家族が集まって語り合うためなら、理由はどんなことでもかまわない……抑うつの発生率が低いことがわかっている** これらの知見はAnne Fishel (2016), "Harnessing the Power of

Family Dinners to Create Change in Family Therapy" にまとめられている。

284 **米国の成人は食事の約半分が孤食になっており** Ellen Byron (2019), "The Pleasures of Eating Alone"に報告がある。

284 **家族の物語は絆を強くし、維持していくうえで重要だ** Barbara Fieseは2006年の著書 *Family Routines and Rituals* や、同僚と執筆した2002年の論文において家族の物語や他の儀式の価値を取り上げている。

第9章　職場でのグッド・ライフ――つながりに投資しよう

287 **「一日の成果は、収穫量ではなく、蒔いた種の数で判断すべきだ」** この言葉の出典については諸説ある。19世紀のロバート・ルイス・スティーヴンソンの言葉とされることが多いが、もう少し後のウィリアム・アーサー・ウォードのものである可能性が高い。スティーヴンソンのバージョンの引用は "Don't judge each day by the harvest you reap but by the seeds that you plant"とされることが多い(本書の第九章冒頭に引用されていた原文は "Judge each day not by the harvest you reap but by the seeds you plant.")。この言葉の出典については以下を参照。https://quoteinvestigator .com/2021/06/23/seeds/#note-439819-1

294 **英国の平均年間労働時間は世界最長でも……(二〇一七年の調査では……最短はドイツだった)** Charlie Giattino and colleagues (2013), "Working Hours."

294 **平均的な英国人は、八〇歳になるまでに……(一三年間!)を費やす** 生活時間調査は多くの国で実施されている。米国では、労働統計局が*American Time Use Survey (ATUS)*(米国生活時間調査)の一環として、人々が様々な活動に費やす時間を定期的に測定している。これらの生活時間調査は、人々が生涯にわたって諸活動に費やす総時間の推定値を算出するためのデータとして用いられることが多い。これらの推定値は、使用されるデータや予測のための方法によって異なる。筆者が用いた説明は次の投稿から引用した。Gemma Curtis(2017)(最終修正日は2021年4月)

294 **一六歳以上の米国人の六三%は有給労働をしている** 米国労働統計局(2021年10月時点のデータ)、https://data.bls.gov/timeseries/LNS11300000.

298 **親密なパートナーとの関係にどのような影響……研究を組み立てた** この研究は次の論文にまとめられている。Schulz and colleagues (2004), "Coming Home Upset: Gender, Marital Satisfaction and the Daily Spillover of Workday Experience into Marriage."

300 **感情を無視したり、パートナーに悟られないように抑え込む……怒りの反応が表れてしまう** James Grossらは他人に感情を隠すことが身体に与える影響について重要な研究を行っている。例えば、Gross and Levenson (1993) やGross (2002) を参照。この研究によれば、積極的に他人に感情を隠そうとすると、心臓血管系が興奮の兆候を示し、汗の量が増える(これも体内の生理的興奮の兆候である)。また、強い否定的感情を繰り返し無視したり避けたりしようとすると、その感情と、それに伴う困難が増加することを示す他の研究もある(例:Hayes and colleagues, 2004)。

300 **仕事をしていれば、つらい日が必ずあるものだ** (社会的・経済的な地位ゆえに、仕事からウェルビーイングへの悪影響の波及に対してより脆弱な人がいると考えられる。例えば米ルイジアナ州で実施されたRung and colleagues (2020)の研究では、黒人女性は特に仕事での体験が家庭生活に波及することに関して脆弱である可能性が示唆されている。

301 **ノースエンドはイタリア系移民が非常に多い**　ボストンにおけるイタリア系移民の歴史についてはStephen Puleo (2007), *The Boston Italians*を参照。

303 **孤独感、寂しさは喫煙や肥満と同じくらい死亡リスクを高める**　Julianne Holt-Lunstadら(2010)によるメタ分析レビューの結果を参照。

303 **世論調査会社のギャラップは、三〇年間にわたって……「職場に親友はいますか?」という質問だ**　Annamarie Mann (2018), "Why We Need Best Friends at Work."

304 **職場に親友がいる人ほど、仕事に意欲的に取り組んでいる**　Annamarie Mann (2018)が報告したギャラップ関連の調査結果、および友情の機会と仕事の満足度やエンゲージメントとの関連性を調べたChristine Riordan and Rodger Griffethによる1995年の調査結果を参照。

304 **雰囲気のいい職場はストレスが少ないため健康に働ける……幸福度が高まる**　Mann (2018)、ニューヨークタイムズ紙に掲載されたAdam Grant (2015) の記事、Riordan and Griffethの1995年の研究を参照。

305 **メアリー・エインズワース……も職場で性差別を受けた**　Mary AinsworthはAgnes N. O'Connell and Nancy Felipe Russo, eds. (1983), *Models of Achievement: Reflections of Eminent Women in Psychology* のある章においてこの経験を含めたさまざまな人生経験を書き綴っている。

305 **職場における女性の役割が大きく変化……家庭内の女性の役割には、それに見合った変化が起こっていない**　こうした傾向はArlie Hochschild (1989/2012) の著書 *The Second Shift* に記されている。同様の傾向と不平等を記録したScott Coltraneによる2000年のレビューも参照。(アーリー・ホックシールド『セカンド・シフト　第二の勤務――アメリカ 共働き革命のいま』田中和子訳、朝日新聞社、1990年)

306 **今も女性のほうが家事時間の負担が大きい** 例えば、Bianchi and colleagues (2012) を参照。

313 **フィラデルフィアの北東にある郊外……広大な土地がある……貨物運送会社UPSの仕分けセンターに生まれ変わろうとしている**　Inga Saffron (2021), "Our Desire for Quick Delivery Is Bringing More Warehouses to Our Neighborhoods." こうした変化に関する記録は以下のサイトでも見ることができる。https://www.inquirer.com/philly/blogs/inq-phillydeals/ne-phila-ex-budd-site-sold-for-18m-to-cdc-for-warehouses-20180308.html; https://www.workshopoftheworld.com/northeast/budd.html; https://philadelphianeighborhoods.com/2019/10/16/northeast-residents-look-to-city-for-answers-about-budd-site-development/

315 **職場が人間同士の交流やつながりをもたらす非常に重要な場である**　Adam Grant (2015), "Friends at Work? Not So Much"を参照。

315 **仕事仲間や顧客、同僚と会えなくなり、私たちは孤立した**　Philip Armourらによるランド研究所の2020年の報告書を参照。

316 **テクノロジーの進歩は避けられない**　ある種の仕事の性質の変化とその影響については"The IWG Global Workspace Survey" (2019)を参照。

第10章　友情とグッド・ライフ――友とのつながりが人生を左右する

320 **「友人は私の『財産』だ。だから貪欲に貯め込む私を許してほしい」**　エミリー・ディキンソンが1858年にサミュエル・ボウルズに宛てた手紙に書かれていた言葉。

320 **「ある日、弟子のアーナンダがブッダに……」**　仏教の経典『サンユッタ・ニカーヤ（相応

部)』XLV.2の「ウパダ・スッタ」からの引用。英訳は以下のサイトで参照できる。http://www.buddhismtoday.com/english/texts/samyutta/sn45-2.html.［訳注：次の訳書では第1集・第III篇・第2章・第8節となっている。ブッダ『神々との対話　サンユッタ・ニカーヤI』中村元訳、岩波書店、1986年］

320 **「友人がいなければ……」** アリストテレスが、紀元前350年の『ニコマコス倫理学』(第八巻)所収の友人関係についてのエッセイの冒頭で書いた言葉。(アリストテレス『ニコマコス倫理学』高田三郎訳、岩波書店、1971年、『新版　アリストテレス全集15　ニコマコス倫理学』神崎繁訳、岩波書店、2014年)

323 **セネカは書いている。「友人をつくる目的は何か？　この人のためなら死ねるという相手、地の果てまでついていこうと思える相手をもつためだ」** セネカのこの言葉は彼の著書*Letters from a Stoic*に掲載されている。(セネカ『道徳書簡集　倫理の手紙集』茂手木元蔵訳、東海大学出版会、1992年)

327 **ジュリアン・ホルト=ランスタッドらが……健康や長寿に及ぼす影響を調べた研究をとりあげた** *PLOS Medicine*に掲載されたHolt-Lunstadらによる2010年の論文を参照(第2章に既出)。

327 **オーストラリアの大規模な縦断研究によれば、友人とのつながりが最も強い** L.C. Gilesらによる2004年の論文“Effects of Social Networks on 10 Year Survival in Very Old Australians: The Australian Longitudinal Study of Aging”を参照。

327 **乳がんになった看護師の女性二八三五人を対象にした縦断研究……高かった** Candyce Kroenkeらによる2006年の論文“Social Networks, Social Support, and Survival After Breast Cancer Diagnosis”を参照。

327 **スウェーデンの……縦断研究によれば……死亡リスクが四分の一ほど低下していた** これらの結果は次の論文に報告がある。Kristina Orth-Gomer and J.V. Johnson(1987), “Social Network Interaction and Mortality. A Six Year Follow-up Study of a Random Sample of the Swedish Population.”

331 **「私の研究に参加した被験者たちによれば、親友の定義とは、秘密を共有し親密な話をする相手、だった」** Niobe Wayによる2013年の論文“Boys' Friendships During Adolescence: Intimacy, Desire, and Loss”(p.202)からの引用。

333 **文化が与える影響を考慮すれば、男女が友情に求めるものの違いは、一般的に思われているよりも小さかった** 例えばJeffrey Hallが2011年に発表した、36の異なるサンプル、合計8,825人を対象とした、友人関係への期待の性差に関するレビューとメタ分析を参照されたい。このメタ分析によれば、友情に対する期待において性差は概ね小さい。つまり、友情に対する期待において男女間では差異より重なることのほうが有意に多かった。例えば女性の被験者は平均して、男性の被験者よりも友情に対する期待が若干大きかったが、その差は小さく、男女の分布は85%以上重なっている。

336 **興味深い研究がある……人に高揚感を与えてくれる** これらの知見はGillian M. Sandstrom and Elizabeth U. Dunnによる2014年の研究“Is Efficiency Overrated?: Minimal Social Interactions Lead to Belonging and Positive Affect”から得られたものだ。

336 **親密な友情は、何気ない交流の繰り返しによって結ばれ、育まれていく** Jeffrey Hall (2019), “How Many Hours Does It Take to Make a Friend?”は繰り返し接触することが友情に及

ぼす影響についての研究だ。

337 **マーク・グラノヴェッターの研究は……重要だ**　弱いつながりに関するグラノヴェッターの代表的な論文に “The Strength of Weak Ties” (1973)がある。

342 **「耳を傾けることは、魅力的で不思議なこと……」**　Brenda Ueland, “Tell Me More.”

結論　幸せになるのに、遅すぎることはない

354 **一般的な縦断研究では脱落率はもっと高く、被験者の全生涯をなかなかカバーできない**　Kristin Gustavsonらは2012年の研究で、縦断研究における脱落について論じている。

358 **対人スキルを高めることを目的とした「社会性と情動の学習（SEL）」と呼ばれる授業も……試験的に導入**　Rebecca Taylorらは社会性と情動の学習（SEL: Socio-Emotional Learning）介入を2017年のメタ分析によりレビューしている。Hoffmanらは2020年の論文でSEL介入の代表的な例について論じている。

358 **これらと同じ内容をさまざまな組織や職場、コミュニティ・センターにおいて大人に実践する取り組み**　筆者ら（ボブとマーク）は「ライフスパン研究財団」（https://www.lifespanresearch.org/）との関わりを通じて、こうした大人向けの学習を促進するための取り組みを行い、本書で引用した研究を基に、より幸せで満足感の高い人生を送るための5セッションのコースを2つ開発した。あらゆるライフステージの成人向けコース “Road Maps for Life Transitions”（「人生の変遷のロードマップ」コース https://www.lifespanresearch.org/course-for-individuals/）と50〜70歳に特化したコース“Next Chapter”（「人生の次の章」コース https://www.lifespanresearch.org/next-chapter/）だ。

グッド・ライフ
幸せになるのに、遅すぎることはない

2023年6月20日　初版第1刷発行
2024年5月25日　初版第5刷発行

著者
ロバート・ウォールディンガー
マーク・シュルツ

訳者
児島《こじま》 修《おさむ》

発行者
廣瀬和二

発行所
辰巳出版株式会社
〒113-0033 東京都文京区本郷1-33-13 春日町ビル5階
TEL：03-5931-5920（代表）／ FAX：03-6386-3087（販売部）
https://tg-net.co.jp

印刷・製本所
中央精版印刷株式会社

ISBN978-4-7778-3039-8　C0030　Printed in Japan